中國學術思想

研究輯刊

二一編

林慶彰 主編

第 **14** 冊

干寶生平與學術研究

鄭妹珠 著

花木蘭文化出版社

國家圖書館出版品預行編目資料

干寶生平與學術研究／鄭妹珠 著 -- 初版 -- 新北市：花木蘭文
化出版社，2015〔民 104〕
目 4+226 面；19×26 公分
（中國學術思想研究輯刊 二一編；第 14 冊）
ISBN 978-986-404-054-4（精裝）
1.（晉）干寶 2. 學術思想
030.8   103027156

ISBN-978-986-404-054-4

9 789864 040544

中國學術思想研究輯刊
二一編　第十四冊　　　　　　ISBN：978-986-404-054-4

干寶生平與學術研究

作　　者　鄭妹珠
主　　編　林慶彰
總 編 輯　杜潔祥
副總編輯　楊嘉樂
編　　輯　許郁翎
出　　版　花木蘭文化出版社
社　　長　高小娟
聯絡地址　235 新北市中和區中安街七二號十三樓
　　　　　電話：02-2923-1455 ／傳眞：02-2923-1452
網　　址　http://www.huamulan.tw 信箱 hml 810518@gmail.com
印　　刷　普羅文化出版廣告事業
封面設計　劉開工作室
初　　版　2015 年 3 月
定　　價　二一編 27 冊（精裝）台幣 50,000 元
版權所有・請勿翻印

干寶生平與學術研究

鄭妹珠　著

作者簡介

鄭妹珠居處台南，任教嘉義，為中學國文教師。大學時代醉心浪漫，以詩詞情懷讀文，揀擇的是文人的閒逸；歷經年歲，再次撥揀，反倒敬重時代濁流中，文人於順逆中透微的人格及氣度。有幸師事江建俊老師，沉浸魏晉一多變、唯美、受挫，敢於青白眼的時代，完成干寶相關研究，驚然人之出口同出一氣，生命的長養在順逆間一呼一吸，透光能明，後人讀之，深重如心。

提　要

　　學界研究干寶其人者不多，但研究其著作《搜神記》者卻朗朗可觀，何以後人略過作者，逕往《搜神記》研究；又干寶著作遍及四部，何以獨耀眼於子部《搜神記》，實在值得探研。因之，干寶其人、其全著作，成為本研究兩大對象。

　　本論文凡六章來自二方向：一為干寶之生平；一為學術研究。前者為輔，屬外緣背景研究，置於第二章；後者為本論文的主要重點，將干寶著作依四庫經、史、子、集分類，藉以辨析干寶的學術思想，唯因集部資料亡佚過多，已難有全貌，故與子部合一章，則分別置於第三、四、五章，最後再置結論一章。

　　每一部皆著手於時代背景、著作動機與思想內涵、價值影響四大面向，藉以從中剖析干寶著作的縱向思想，此縱向大抵由順儒與反儒兩大脈絡構成，前者主要源自《易注》陽主陰輔的讖緯元素，後者則是反天命，重人事的史家自省所構成；前者是順承，比重多，後者為反思，比重較少，但卻是干寶最大成就所在，即為後人推崇《晉紀·總論》的史論地位與《搜神記》子部成就的部分。

　　故通本《搜神記》為經部陽主陰輔與史部自省、子部小說反儒思想所構成；故《搜神記》有史部省思，並非殘叢小語之作，然因尚在轉型，亦未進化至純小說創作的階段。故本論文乃提供《搜神記》之研究者，子部之外更多思考面向，亦為《搜神記》的時代價值，做一重新定位。

誌　謝

　　讀了四年，相當於一個大學的年歲，首先感謝系上願意釋出在職進修的名額，給予進修的機會；更感念系上嚴格把關，令我們得以實收這「眞槍實彈」的榮耀。若果四年前空乏的我，至今能有一絲一毫的沈潛思維，都將是系上老師們薰染的結果。

　　感謝指導教授江建俊老師的督促，打從進入老師四部兼俱的研究室，成爲老師的入門弟子起，就知這是「自投羅網」的開始。果眞敲定題目便費了好大功夫；「發人所未發，做人所未做」的堅持，眞格令我吃足苦頭；這四年花在檢索四庫原典的日子，遠遠多過觀雲覽月，令人不堪回首；但至末統整收網時，才知嚴師的堅持所爲何來。這期間接到老師詢問進度的電話，遠遠多過自己去電的求救，實在是汗顏所下功夫不足，以致遲遲未敢現身，但正因老師的緊迫盯人，令學生不敢怠慢，於是一切在慢工細火中，終煉得令老師尚稱滿意的結果，這一趟路好遠，但回首一風光處處極值得，感激恩師。

　　感恩林金泉老師，在個人探析干寶象數《易》瓶頸處處時的熱心指導，那段日子不僅老師提供獨門筆記借閱觀覽，並指引學生旁聽了幾門及時雨的課程，以致令學生得以解除危機；也感謝高美華老師爲學生修改小論文，撰寫推薦函，遂令學生得以順利完成期刊的發表，這是場溫煦的相遇，至今難忘。

　　感激口考老師—蔡崇名教授與陳昌明院長的指導，兩位老師以敦厚的提問、鼓勵，代替質問的提攜，令學生至今難忘。亦感謝諸多長輩、家人及眾好友的支持與陪伴，令自己得以完成四年的艱難任務。

目次

第一章　緒　論

第一節　研究動機

　　干寶所處年代橫跨西東晉，歷經強勢的司馬炎時代，接著數帝積弱不振，直至元帝司馬睿興起，歷史上已步入東晉偏安時期，此間晉室已歷經賈后專權、八王之亂、永嘉之禍與王敦、蘇峻之亂，以及多起流民叛變，滿目瘡痍、百廢待舉，而干寶正在此時，受王導引薦撰修國史：

> 干寶……以才器召爲著作郎……中興草創，未置史官，中書監王導上疏曰：「……陛下聖明，當中興之盛，宜建立國史，撰集帝紀，上敷祖宗之烈。下紀佐命之勳。務以實錄爲後代之準。厭率土之望。悅人神之心。斯誠雍熙之至美。王者之弘基也。宜備史官，敕佐著作郎干寶等漸就撰集。……寶於是始領國史。」……王導請爲司徒右長史，遷散騎常侍，著晉紀。〔註1〕（《晉書・干寶傳》）

干寶任著作郎的任務是「上敷祖宗之烈，下紀佐命之勳」以宣揚「王者之弘基」。然翻開晉室的開國，以篡奪起始，自此宗子、后妃、臣屬無一不亂。故身爲東晉輔臣的干寶，如何在諸多敗壞中重建，首先在《晉紀・總論》一文中，提出多角度的針砭，其由「觀阮籍之行」、「察庾純賈充之事」、「考平吳之功」、「思郭欽之謀」、「覽傅玄劉毅之言」、「核傅咸之奏，錢神之論」，

〔註 1〕唐・房玄齡《二十五史・晉書斠注・干寶傳》（台北：新文豐出版公司 1975 年），頁 1394。

而知「禮教崩弛」、「師尹之多僻」、「將帥之不讓」、「戎狄之有釁」、「百官之邪」、「寵賂之彰」六大弊端，〔註2〕歸其源頭，來自多貪、不讓、名份失序，故回歸禮教，端正名份，正是輔臣干寶救輔的主張。因之，其爲存德而論《周易》；爲行禮教而論禮制、注《周禮》；爲正名而論列《春秋》、《左傳》……企盼以著作廣開天下言教，此即干寶著作遍及四部的原因。干寶著作：經部凡十八部：（第一類關於《周易》：《周易注》、《周易爻義》、《周易宗塗》、《周易玄品》、《周易問難》（後兩書待新證考訂，故可議）；第二類關於禮制：《周禮注》、《周官駁難》、《雜議》、《七廟議》、《司徒儀》、《後養議》；第三類原屬史部，後列經部者：《春秋序論》、《春秋左氏義》、《左氏函傳義》、《左氏承傳義》；第四類有關音韻之考證者：《詩音》、《易音》、《周禮音》；凡史部二部：《晉紀》、《史議》；子部四部：《搜神記》、《正言》、《立言》、《干子》；集部：《百志詩集》、《雜文集》、《干寶集》。

而令人遺憾的是，干寶著作亡佚多，留存少，發展至今，獨《搜神記》一書揚名於後，且名氣遠遠高過干寶，此點可由研究干寶其人、其思想者，兩岸博碩論文並無一人，但以《搜神記》爲研究題材者比比皆是，且題材之廣超乎想像，實已凌駕其他志怪子書之上。因之，今之學界常以《搜神記》概括干寶，而非以干寶角度言《搜神記》，這是一個極特殊的現象，然個人深信凡一著作，作者在時代背景與著作動機衝擊下所隱藏的思想脈絡，絕對是牽繫該著作的重要靈魂，若果僅以橫切面逕自研究《搜神記》一書，而漠視干寶個人縱向著作的貫串性是危險的，因之將干寶亡佚的著作還原，並且由四部建立縱向思想理路，是絕對有必要的。

故如何在干寶亡佚的著作中，搜尋干寶的著作脈絡，建立干寶完整的思想架構，應是目前所值得著手進行，亦是前人所未有的研究；因之，遂先由干寶生平及著作，論述干寶的思想，以提供後人較全面的干寶思想面向，以爲研究干寶或直接將《搜神記》列入子部思維的研究者，另一層面的思維。

〔註2〕「故觀阮籍之行，而覺禮教崩弛之所由；察庚純賈充之事，而見師尹之多僻。（姦邪）考平吳之功，知將帥之不讓；思郭欽之謀，而悟戎狄之有釁。覽傅玄劉毅之言，而得百官之邪；核傅咸之奏，錢神之論，而睹寵賂之彰。」（干寶《晉紀‧總論》）），見《黃氏逸書考（三）》（京都：中文出版社 1986 年），頁 2890。

第二節　研究現況與回顧

　　干寶集著作等身，唯今多亡佚，今日我們見兩岸學位論文，大陸地區的學位論文題名有「干寶」者僅二筆：〔註3〕寧雯《干寶《搜神記》研究》、〔註4〕楊淑鵬《干寶與《搜神記》研究》，〔註5〕前者以《搜神記》為主，後者以第二專章介紹干寶之生平、經歷、思想；而題名「搜神記」者，高達二十一筆。再者台灣國家圖書館之資料，題名「干寶」者竟無一筆；而題名「搜神記」者，則達十筆。

　　若進一步分析兩岸研究《搜神記》者，不外以下數大方向：

　　泛論全書者，國內博碩論文並未見，大陸亦不多：僅楊淑鵬《干寶與《搜神記》研究》，〔註6〕除以第二專章介紹干寶個人外，該論文之重心乃在《搜神記》一書內涵、性質、體例、創作宗旨、敘事特色等問題的探討；另王冠波《論干寶及其搜神記》〔註7〕，此論文就產生背景及發展現況與文學價值及干寶思想的矛盾性做論析；又張亞南《搜神記研究》〔註8〕，乃由小說論點出發，並論述其對唐傳奇、宋話本、明清文言小說的影響。

　　以語言學角度作研究者，國內無此研究，但大陸研究者不少，如：苗太琴《《搜神記》人稱代詞研究》〔註9〕、吳冬《《搜神記》名詞同義詞研究》〔註10〕、溫振興《《搜神記》連詞研究》〔註11〕、劉秀芬《《搜神記》介詞系統及其歷史定位》〔註12〕……等，皆針對《搜神記》活潑、多變的語法，作橫切面的比較與歸納。

　　以神怪小說及故事類型角度之研究：此類研究內涵最豐富數量也最多，如：大陸研究者余作勝《《搜神記》精怪故事研究》〔註13〕，將《搜神記》分

〔註3〕以《中國學位論文文摘數據庫》（萬方數據股份有限公司）所收錄1977～2008年，中國博碩學位論文為範圍，進行搜索。

〔註4〕寧雯《干寶《搜神記》研究》（遼寧大學碩士論文2007年）。

〔註5〕楊淑鵬《干寶與《搜神記》研究》（西北師範大學碩士論文2006年）。

〔註6〕同上

〔註7〕王冠波《論干寶及其搜神記》（內蒙古大學碩士論文2004年）。

〔註8〕張亞南《搜神記研究》（山東大學碩士論文2005年）。

〔註9〕苗太琴《搜神記》人稱代詞研究》（東北師範大學碩士論文2006年）。

〔註10〕吳冬《搜神記》名詞同義詞研究》（長春理工大學碩士論文2006年）。

〔註11〕溫振興《搜神記》連詞研究》（山西大學碩士論文2003年）。

〔註12〕劉秀芬《搜神記》介詞系統及其歷史定位》（山西大學碩士論文2005年）。

〔註13〕余作勝《搜神記》精怪故事研究》（四川師範大學碩士論文2005年）。

降妖除怪、人妖婚戀、報恩報怨三大類來做研究；任曉卉《二十卷本《搜神記》故事類型及其文化意蘊研究》〔註14〕，以故事類型為研究對象，最後歸納社會共象，以此演繹該作所蘊含的文化意義；蔚立娜《《搜神記》經典故事原型及嬗變研究》〔註15〕，探尋《搜神記》中經改寫流傳的名故事（如：董永、韓馮者），予以追溯其流變。而台灣學者方面，有歷史系研究生以史學觀點，看《搜神記》者，如：金克斌《魏晉志怪小說中的世界——以搜神記為中心的研究》，〔註16〕，就史書的民間性與簡短性文學創作的兩大面向予以探究；蘇榮彬《神道設教——《搜神記》感應類故事研究》，〔註17〕以為干寶思想不脫陰陽災異——遂分別由「兆應」、「果報」兩端，陳述干寶於《搜神記》所展現「神道設教」，力圖挽救倫理喪亡的努力。

　　仍歸屬小說故事類研究，但以主題性研究為中心，予以橫向比較分析者，如：以女性角色切入研究者，此風潮以大陸較流行。侯興祥《搜神記女性形象研究》〔註18〕、沈曉梅《魏晉南北朝志怪小說中的女性形象研究》〔註19〕等；或將《搜神記》放入魏晉小說做研究，如：林佳慧《從非小說到小說——「志怪」論述研究》，〔註20〕以「志怪」為主題中心，做橫切面研究；賴采蘋《《搜神記》中的動物類型研究——以動物與人類的關係為中心》，〔註21〕抓住《搜神記》動物出現比例佔三分之一強的特色，予以特色分析；陳佩玫《《搜神記》的民間故事類型研究——以「地陷為湖」及「羽衣仙女」型故事的演變為主之考察》〔註22〕，及針對「地陷為湖」及「羽衣仙女」兩大主

〔註14〕任曉卉《二十卷本《搜神記》故事類型及其文化意蘊研究》（北京師範大學碩士論文 2006 年）

〔註15〕蔚立娜《《搜神記》經典故事原型及嬗變研究》（遼寧大學碩士 2006 年）。

〔註16〕金克斌《魏晉志怪小說中的世界——以搜神記為中心的研究》（東海大學歷研所碩士論文 1984 年）。

〔註17〕蘇榮彬《神道設教——《搜神記》感應類故事研究》（中興中研所碩士論文 94 年）。

〔註18〕侯興祥《搜神記如性形象研究》（寧夏大學碩士 2004 年）。

〔註19〕沈曉梅《魏晉南北朝志怪小說中的女性形象研究》（廣西師範大學碩士論文 2006 年）。

〔註20〕林佳慧《從非小說到小說——「志怪」論述研究》（中央大學中研所碩士論文 1999 年）。

〔註21〕賴采蘋《《搜神記》中的動物類型研究——以動物與人類的關係為中心》（中正中研所碩士論文 2003 年。）

〔註22〕陳佩玫《《搜神記》的民間故事類型研究——以「地陷為湖」及「羽衣仙女」型故事的演變為主之考察》（政大中研所碩士論文 2004 年）。

題，溯源偉人神話階段及鳥崇拜階段，對《搜神記》故事型變的影響與變化。

以民間文學角度研究者，如：蔡麗雲《中國民間動物故事類型研究》，〔註23〕以動物爲主題，從事分類研究；吳曉《《搜神記》中的民間文學作品研究》，〔註24〕考探《搜神記》反映出的民間信仰；甚或由童話觀點著眼者，如：林淑珍《論《搜神記》的民間童話質素》，〔註25〕將《搜神記》故事分爲「奇人異事」、「神鬼信仰」、「妖精變化」、「事物推原」四大類型，並篩選出四十七篇故事，分析其所具有的「民間童話」質素。

其他亦有與他書作比較，顯示《搜神記》對不同文化的影響，如：林翠萍《《搜神記》與《嶺南摭怪》之比較研究》，〔註26〕論六朝志怪小說對越南漢文小說產生的影響。另亦有隱身在其他研究中，並具主導地位者，如：張榮和《論《三國志注》之嗜奇愛博──裴松之《三國志注》特徵初探》〔註27〕作者以爲裴松之《三國志注》將陳壽《三國志》活化，主要來自雜史雜傳──《搜神記》及《世說新語》志怪、志人之風，所發展成嗜奇愛博特徵的影響；崔俊夏《枕中記南柯太守傳與九雲夢之比較研究》，〔註28〕則是論及《搜神記》在中、韓文獻中的重要影響。

我們欣見《搜神記》發展至今，展衍出如此龐大的研究體系；但不得不質疑，《搜神記》跳過干寶縱線思想的分析，逕入橫向面的小說故事與民間文學，甚或語言學的研究，是否有失之一隅的遺憾；更甚者有可能衍生諸多待解的問題，如：以《搜神記》涵蓋干寶的思想，是否失之偏？後人不究作者全面性的思維，逕著眼《搜神記》小說面向的研究，是否有違干寶當初著作的眞意？……都是待解之謎。故本研究著手點，在回歸干寶縱線思想的研究，企圖由《搜神記》及更多干寶著作的點集結起，以期集點成面，統歸干寶的中心思想，如此再重新爲干寶著作做定位，才能得出應有高度。

〔註23〕 蔡麗雲《中國民間動物故事類型研究》（文化大學中研所碩士論文 1996 年）。

〔註24〕 吳曉《《搜神記》中的民間文學作品研究》（湘潭大學碩士論文 2000 年）。

〔註25〕 林淑珍《論《搜神記》的民間童話質素》（台南大學國民研究所碩士論文 2001 年）。

〔註26〕 林翠萍《《搜神記》與《嶺南摭怪》之比較研究》（成功大學中研所碩士 1995 年）。

〔註27〕 張榮和《論《三國志注》之嗜奇愛博──裴松之《三國志注》特徵初探》（曲阜師範大學碩士論文 2004 年）。

〔註28〕 崔俊夏《枕中記南柯太守傳與九雲夢之比較研究》（台灣師範大學中研所碩士 1985 年）。

第三節　研究方法與步驟

　　本論文題名為《干寶的生平與學術研究》,「生平」部分,為干寶個人背景資料的考探,為次重點;本研究的主重心在翻檢干寶四部著作,考探干寶的思想。然在檢索過程中,發現干寶著作亡佚情形極嚴重,處理時應取其輕重。如:《春秋》系書,已亡佚殆盡,然尚可在各家文論中見干寶舉揚此部編年體的蹤跡;〔註29〕又《詩音》、《易音》、《周禮音》等音韻之書,後人散引於各著作中,或取其音,或引其字義,實無關乎干寶思想,故此部分將不列入干寶學術研究的重點;另干寶四部著作,紛然散引於後人著作中,若逐條引出,一一整理,將耗時費工,故在此極需借助於各輯佚書,如:清·黃奭《黃氏逸書考》、清·馬國翰《玉函山房輯佚書》等;再兼及北宋·劉昫撰《舊唐書》;唐·魏徵《隋書》、《隋書·經籍志》;宋·歐陽脩、宋祁撰《唐書》等史著目錄的參考;與唐·陸德明撰《經典釋文》;宋·余蕭客《古經解鉤沉》;明·顧起元《說略》;清·王應麟《玉海》等書,對前人著作篇目的收集,再一一還原干寶的四部書目,方能做到初步匯歸。

　　待干寶著作四部書目皆就定位後,為免旁雜,大抵每一部有一主重心(集部因資料散佚過多,思想考定有其困難性,故不多言);經部為《周易注》,採黃慶萱《魏晉南北朝易學考佚》一書為文本〔註30〕;史部為《晉紀》則採黃奭《黃氏逸書考》〔註31〕;子部為《搜神記》,見汪紹楹校本〔註32〕,因之,

---

〔註29〕干寶對《春秋》、《左傳》編年體的嘉許,雖今無法在干寶的《史議》與春秋系書中見得,但尚好唐朝劉知幾的《史通》還原了些許樣貌。如:「班、荀二體,角力爭先,欲廢其一,固亦難矣。後來作者,不出二途,故晉史有王、虞,而副以《干紀》;《宋書》有徐、沈,而分為《裴略》。各有其美,並行於世。異夫令升之言,唯守一家而已。」(《史通·二體篇》);「當漢代史書以遷固為主,而紀傳互出,表志相重,於文為煩,頗難周覽。至孝獻帝始命荀悅,撮其書為編年體,依附左傳,著漢紀三十篇,自是每代國史,皆有斯作。起自後漢,至於高齊,如:張璠、孫盛、干寶、徐賈、裴子野、吳均、何之元、王邵等,其所著書,或謂之春秋,或謂之紀,或謂之略,或謂之典,或謂之志,雖名各異,大抵皆依左傳以為的準焉。」(《史通·六家》) 分見唐·劉知幾著、清·淵起龍釋、民國呂思勉評《史通釋評·卷一內篇·六家第一》(台北:華世出版社 1981 年),頁 37、頁 11。

〔註30〕黃慶萱《魏晉南北朝易學考佚》(台北:幼獅文化事業公司 1975 年 11 月出版)。

〔註31〕清·黃奭《黃氏逸書考》(京都:中文出版社 1986 年)。

〔註32〕晉·干寶撰·汪紹楹校注《搜神記》(台北:里仁書局 1982 年)。

本論文的切入點，將以此三者為主重點，再兼及旁枝，以期在干寶具代表性的著作中，分析干寶的核心思想。

研究方法：大抵以問題法出發，對干寶思想僅存《搜神記》小說一脈的思維提出質疑。解決此問題須以歸納法與文獻考探法還原干寶之著作，待干寶四部著作定位，方能建立質疑問題的可能。其中第二章「干寶經歷考」與第三章干寶《周易注》「以史為注」的部分，將以表格法整理，尤其後者為本論文最著力處，將逐一把干寶《易注》涉及史注的部分一一列表，並從中以分析法歸納干寶在史注上所形成的思想脈絡。待分析干寶「陽主陰輔」、「輔臣之德」的主思想後，以演繹法推論各部思想內涵及價值，再以歸納法匯歸其他各部與此主思想的呼應情況，若此干寶的主脈思想自能出現。若於演繹過程中，遇有他書對干寶思想失偏歸類或立論者，則將以例證法回應辨駁；最後再以綜合分析法定下最後一章結論，期能以干寶縱向脈絡糾補干寶思想僅子部《搜神記》一書的侷限，使本論文之應有價值得以釋出。

第四節　預期研究之成果與限制

干寶於《搜神記》自序中言及其著作動機：「苟有虛錯，願與先賢前儒分其譏謗。及其著述，亦足以明神道之不誣也」，乃是以一史家嚴謹訪實的態度成書。〔註33〕然再見其後言「好事之士，錄其根體，有以游心寓目，而無尤焉」似乎又在昭示，著作動機中亦有嚴謹之外「游心寓目」的可能。〔註34〕

據唐《隋書·經籍志》，將《搜神記》列史部，視為雜傳〔註35〕；北宋劉昫等編修的《舊唐書·經籍志》亦同，放於史部·雜傳，視為鬼神類，〔註36〕；

〔註33〕「寶以此遂撰集古今神祇靈異人物變化，名為搜神記，凡三十卷。以示劉惔，惔曰：『卿可謂鬼之董狐。』」唐·房玄齡等《二十五史·晉書·干寶傳》，頁1418。

〔註34〕《搜神記·序》：「收遺逸於當時，蓋非一耳一目之所親聞睹也，亦安敢謂無失實者哉！今之所集，設有承於前載者，則非余之罪也。若使採訪近世之事，苟有虛錯，願與先賢前儒分其譏謗。及其著述，亦足以明神道之不誣也。……幸將來好事之士，錄其根體，有以游心寓目，而無尤焉。」清·嚴可均（朝代）《全上古三代秦漢三國六朝文·全晉文》，（中國商務印書館·香港分館，出版年不詳），頁2193。

〔註35〕唐·長孫無忌等撰《經籍志》收錄於《叢書集成初編·隋書》（北京：中華書局1985年），頁54～55。

〔註36〕北宋·劉昫等修《經籍志》收錄於《叢書集成初編·舊唐書》，頁45。

直至北宋歐陽脩撰《唐書‧藝文志》才將之置於子部‧小說家類。〔註37〕這意味干寶《搜神記》兼俱子史之功，亦是志怪小說由史部轉子部的重要橋樑，因之研究《搜神記》者實不能僅以子部小說類，即望概括全貌。

另值得再思考者，乃在：並非所有志怪類小說皆兼俱此兩方之功能，如：《新唐書‧藝文志》即將葛洪《神仙傳》、劉向《列仙傳》列子部道家類，〔註38〕乃因此類著作並無關政教，無「以史為鑑」的功能，只能單純歸為道家宣揚義法之作，〔註39〕此即《搜神記》的價值所在。

因之，研究《搜神記》者不能只朝子部單一方向思維，實因史部「殷鑑」的功能，方是牽涉干寶主要的思想脈絡，唯有以此脈絡回探干寶的經、史、子三部的著作，方能呈顯出干寶思想的精蘊。反之，亦不能無視干寶透微反向省思的部分。亦即唯有干寶承《易》學「陽主陰輔」的脈絡與反向思想的同時俱足，方能在《晉紀‧總論》中找到西晉滅亡的主因，從而看見干寶在〈總論〉中據實由人事針砭西晉之非的努力；亦因之干寶的史評與史論，方有高度。故研究《搜神記》者，不能逕因干寶「游心寓目」人格化的小說精采可期，而全然不見干寶於《搜神記》足足佔有全書四成比例，有關譏諱政治現象及人倫階級者的重要部分。

故本研究的貢獻在，還原干寶四部著作，條析干寶「陽主陰輔」的思想縱線，提供研究《搜神記》者：承儒之讖緯與反道、儒之思想，所建構的史鑑與的小說的兩大功能的思維空間，並令後出之學者，深思是否須先將《搜神記》定位於史部轉子部的進化作品，而非一起始即著眼小說創作的思維。

又本研究有其侷限性，亦即干寶著作亡佚甚多，亟需更多後出之研究者加入收攬，以還原著作的真象。而其中最釜底抽薪的方法，乃是重回《四庫全書》或《叢書初編集成》等搜羅齊全的重要叢書，集腋成裘地將干寶散見於各家的著作，一一重新找回。若此，干寶的中心思想，將隨回尋之佚文，而更臻完善。

〔註37〕北宋‧歐陽修《藝文志》收錄於《叢書集成初編‧唐書》，頁54。

〔註38〕唐‧長孫無忌等撰《經籍志》收錄於《叢書集成初編‧隋書‧經籍志》，頁45。

〔註39〕舉凡宗教性質濃厚，歸屬道家與佛家的小說，主題明確也單一，前者如：《十洲記》、《洞冥記》、《漢武故事》、《博物志》、《神仙傳》、《神異記》、《述異記》等，後者如：《觀世音應驗記》、《冥祥記》、《宣驗記》，此類作品，因以宣教為目的，文學價值不高。

第二章　干寶生平與著作探析

　　干寶生卒年，一直無法在學界取得一致性說法。今據大陸學者李劍國之主張 276～336〔註 1〕及王盡忠 283～351 年〔註 2〕的界定，取其最寬值 276～351 爲計，先解決干寶生平與外環背景的考探。

第一節　時代背景

　　干寶所處的時代橫跨西晉與東晉，由西晉開國起始，即歷經西晉四帝：武帝（十四年）、惠帝（十六年）、懷帝（七年）、愍帝（四年）；東晉五帝：元帝（五年）、明帝（三年）、成帝（十七年）、康帝（二年）、穆帝（七年），共計九帝。惠帝受挾持，懷帝受漢王青衣行酒之辱，愍帝出降，劉聰封爲光祿大夫，又受命爲聰執戟前導，行酒洗盃，如廁執蓋，西晉四帝五十二年，僅武帝未受辱，餘則下場堪憐；而東晉自元帝、明帝、成帝、康帝、穆五帝，成帝是唯一一位在位超過十年者，乃因能臣陶侃、郗鑒、溫嶠、王導、庾亮、卞壼齊聚，共輔國政。

　　對內自武帝始，大封宗室，各宗王擁有出鎮督軍之權；加上君臣競爭奢華；惠帝時賈后干政，加速八王之亂的發生（八王之亂始於公元二九一年賈后殺外戚楊駿至三〇六年惠帝亡）；加上大臣趙廞、張軌、張方、王敦、蘇峻、祖約等先後叛亂，張軌子張寔，更自立稱國前涼。民間流民四出：惠帝時即

〔註 1〕李劍國・南開大學中文系《干寶考》（文學遺產 2001 年 02 月），頁 19～25。
〔註 2〕王盡忠〈干寶生平略考——紀念干寶逝世 1650 周年〉，（《中州今古》2001 年第六期），頁 11～15。

飽受氐人李庠兄弟三人及其子李雄先後作亂；懷帝時則有劉淵手下將領王彌寇襄城、秦州人鄧定饑餓率眾爲盜、流人王如及平陽人李洪先後作亂；愍帝有楊武攻陷梁州等。

對外：異族紛紛自立爲王：匈奴劉淵、劉聰、劉粲一系自稱漢王，劉曜改漢國號爲前趙；羯人石勒亦建後趙；鮮卑慕容皝建前燕、鮮卑拓跋什翼犍代王建國；後趙部將石閔自立，更國號爲衛；衛李閔自立爲魏國；氐苻健建立前秦。後趙滅前趙，最後亡於冉魏，冉魏爲前燕所滅，前燕亡於前秦。

晉室在西晉僅擁有三十九年的統一歲月（公元二六五～三〇四）惠帝始，異族先後自立稱王至干寶死，共計歷經：漢（前趙）、成漢、前涼、後趙、冉魏、前燕、前秦、衛、魏、拓跋氏的代建國。干寶所歷朝代，實已經五胡亂華的前期。〔註3〕在此期間大體晉室內憂外患更甚前朝之因，實不外以下數點：

一、儒德喪失，君臣關係失據

司馬氏本身篡位得天下，故《晉紀·總論》干寶指爲：〔註4〕

今晉之興也，功烈於百王，事捷於三代。宣景遭多難之時，誅庶孽以便事，不及修公劉、太王之仁也。受遺輔政，屢遇廢置，故齊王不明，不獲思庸於亳；高貴沖人，不得復子明辟也。二祖逼禪代之期，不暇待參分八百之會也。是其創基立本，異於先代者也。

所謂「二祖逼禪代之期」，實是來自司馬氏相魏的前身，時「司馬氏三世相魏，懿已拜丞相，加九錫，不敢受，師更加黃鉞，劍履上殿，亦不敢受。昭進位相國，加九錫，封十郡，爵晉公亦辭十餘次，晚始受晉王之命，建天子旌旗，如操故事，然及身亦未稱帝。至其子炎始行禪代。」（《二十二史箚記》）〔註5〕亦即司馬懿、師、昭三人，乃承曹魏逼禪的模式，唯曹操是挾獻帝以令諸侯，直接取而代之；而司馬氏三公則是婉曲以退爲進，凡加錫則不受，至司馬昭始有所行動，最後再由司馬炎代魏，封帝奐爲陳留王。表面上司馬氏委屈求全歷三人至司馬炎始篡，亦尚守君臣之義，然事實上司馬氏野心並非小於曹操：曹操當漢室大壞之時，而司馬氏則始於魏國勢未頹之時：「司馬氏則當文

〔註3〕 參考張福裕、劉占武編著《中國歷史大事編年（三）》（台北：黎明文化事業公司 1994 年），頁 17～157。

〔註4〕 清·黃奭《黃氏逸書考（三）》，（京都：中文出版社 1986 年），頁 2889。

〔註5〕 清·趙翼撰《二十二史箚記·三國之主各不同》收錄於《叢書集成簡編》（台北：台灣商務印書館印行 1965 年），頁 128。

帝明帝國勢方隆之日，猝遇幼主嗣位，得竊威權，其時中外臣工，尚皆魏帝所用之人，內有張緝、蘇鑠等伺隙相圖，外有王陵、毋邱儉、諸葛誕等相繼起兵聲討，司馬氏惟挾天子以肆其奸，一離京輦，則禍不可測。故父子三人執國柄，終不敢出國門一步，亦時勢使然。」（《二十二史箚記》）〔註6〕因之，晉室本身本無強烈君主臣輔的觀念，加上司馬炎建國之初又大封同姓之王，並給予軍備：

> 咸寧三年……而諸王之支庶，皆皇家之近屬至親，亦各以上推恩受
> 封。其大國次國始封王之支子為公，承封王之支子為侯，繼承封王
> 之支子為伯。小國五大戶以上，始封王之支子為子。不滿五千戶始
> 封王之支子及始封公侯之支子皆為男。……其公之制度如五千戶
> 國。侯之制度如不滿五千戶國。亦置一軍，千人中尉領之。伯子男
> 以上各有差，而不置軍。大國始封之孫罷下軍，曾孫又罷上軍。次
> 國始封之孫亦罷下軍。……大國中軍二千人，上下軍各千五百人。
> 次國上軍二千人，下軍千人。（《晉書・志・職官》）〔註7〕

由武帝初始的分封制度，實已顯示武帝期盼藉皇室自家子孫之力，以建立鞏固的自我防衛陣線。因之「諸王之支庶皆皇家之近屬至親」；再由此一代代傳承所施行的推恩政策，可知日後龐大的官制世襲，必定成為國家的負擔。更重要的是，這些分封，各以其大小國而給予軍備，此無疑給予諸王極大方便。又以武帝在咸寧三年，更徙封諸王於都督所在地：〔註8〕

> 衛將軍楊珧等建議，以為古者封建諸侯，所以藩衛王室，今諸王公
> 皆在京師非干城之義，又異姓諸將居邊，宜參以親戚。帝乃詔……
> 諸王為都督者，各徙其國使相近。八月，徙扶風王亮為汝南王，出
> 為鎮南大將軍，都督豫州諸軍事；琅邪王為趙王，都督鄴城守事；
> 渤海王輔為太原王，監並州諸軍事……（《通鑑》）

武帝接受大臣建議，以同姓諸王「藩衛王室」，八王在君臣關係不厚的情形下，又掌兵權，致八王之亂共歷十六年，方才止息。西晉有同姓八王之亂，至東晉異姓大臣作亂者，更不在少數。如：元、明時有王敦；成帝時代有祖約、

〔註6〕清・趙翼撰《二十二史箚記・魏晉禪代不同》收錄於《叢書集成簡編》，頁132。

〔註7〕唐・房玄齡《職官志》收錄於《二十五史・晉書斠注》（台北：新文豐出版公司1975年），頁527～528。

〔註8〕宋・司馬光撰《資治通鑑・卷八十》收錄於《文淵閣四庫全書》，頁661。

蘇峻；哀廢簡文時代有桓溫；安帝時代有王恭、庾楷、殷仲堪、楊佺期、桓
玄、孫恩及盧循等。〔註9〕不僅朝廷內部失據，也因之令流民與戎狄有機可乘。

二、清談盛行，國乏務實能臣

　　東漢黨錮之禍，重傷許多文人，在人人自危下已無法實踐儒家的入世之
志，於是老莊玄虛，成為文人心靈的依歸，至後經魏晉發展成足以腐國的清
談思想，其間始末，萬繩楠有其完整見地：〔註10〕

> 自漢末諸名流積極參政，遭受黨錮之禍。於是才秀之士腐心莊老，
> 轉入玄虛。至於正始而有王何諸名士出現。……初期領袖王弼、何
> 晏革意在揉合儒道，別立新說。未及有所成就，已為司馬懿所宰割。
> 繼起之嵇阮諸子仍欲追求真理，純任自然，亦為師昭兄弟壓迫，一
> 則被其枉殺，一則放狂趨於墮落。及晉武代魏，貴介公子如王衍、
> 王澄等皆附庸風雅，以玄理釣名譽，以放狂逃現實。朝野上下，靡
> 然從風。所謂清談全成「口頭禪」。專逞舌辨，絕少追求真理精神。
> 遂成漢民族衰弱之主因。

清談在漢時為清議，後因黨錮之禍致文人由儒家積極入世走向老莊出世玄
虛，遂成為名教與自然之爭。即便王弼、何晏企圖揉合兩家，然司馬氏卻不
容自然派介入，損及君主權勢的權威；因之，名士願屈服者為臣；反之，則
予以離析加害，故強勢派若嵇康者亡，嵇康死，原與嵇康同屬狷介之士的向
秀，隨即入仕〔註11〕，更點出名士自保的無奈，於是屈從者多；至於茫然不
知所之者則狂放趨於墮落。因之，朝野放任之性靡然成風，更附庸風雅以成
名士風流，因之追求真理之清議遂失，徒留口舌強辯者多。類此放浪之風充
斥官場，自有礙國家的發展，此點干寶早已看出，所以在《晉紀・總論》中
言：〔註12〕

〔註 9〕參考薩孟武《中國社會政治史（二）》（台北：三民書局 1975 年 7 月），頁 173
　　　　～176。
〔註10〕萬繩楠著《魏晉南北朝文化史》（台北：雲龍出版社 1995 年六月初版），頁
　　　　228。
〔註11〕「康既被誅，秀應本郡計入洛，文帝問曰：『聞有箕山之志，何以在此。』秀
　　　　曰：『以為巢許狷介之士，未達堯心，豈足多慕』，帝甚悅。」《二十五史・向
　　　　秀傳》（台北：藝文印書館 1958 年），頁 943
〔註12〕清・黃奭《黃氏逸書考（三）》（京都：中文出版社 1986 年 10 月），頁 2889
　　　　～2890。

學者以莊老爲宗而黜六經，談者以虛蕩爲辨而賤名檢，行身者以放
濁爲通而狹節信，進仕者以苟得爲貴而鄙居正，當官者以望空爲高
而笑勤恪。是以目三公爲蕭杌之稱，標上議以虛談之名；劉頌屢言
治道，傅咸每糾邪正，皆謂之俗吏；其倚杖虛曠，依阿無心者皆名
重海內。若夫文王日旰不暇食，仲山甫夙夜匪懈者，蓋共嗤黜以爲
灰塵矣。

干寶舉述消極的清談作風，以「老莊」、「虛蕩」、「放濁」、「苟得」、「望空」，
爲晉室文人標舉的高品；因之，透迤而爲，「倚杖虛曠」、「依阿無心」之途，
頗受推崇；反之，「言治道」、「糾邪正」，孜矻之能臣，卻被訕笑。積非成是、
「放空爲高」，已嚴重腐蝕國本。

三、官制失當，君臣奢華成風

　　晉武帝一上任，即大封同姓功臣，因之，大臣劉頌，勸以：「泰始之初，
陛下踐祚，其所服乘皆先代功臣之胤，非其子孫，則其曾玄。」（《晉書・劉
頌傳》）〔註13〕再據《晉書・傅咸傳》指出：「泰始開元，以暨於今，十有五
年矣。……舊都督有四，今並監軍，乃盈於十。夏禹敷土，分爲九州。今之
刺史幾加一倍。戶口比漢十分之一，而置郡縣更多。空校牙門，無益宿衛。
而虛立軍府動有百數。……」〔註14〕官制浮濫，加上同姓家族的壯大，於是
九品選官制，成爲士族壟斷的工具，故《晉書・食貨志》有言：〔註15〕

其官品第一至第九……又各以品之高卑，蔭其親屬，多者及九族，

少者三世，宗室國賓先賢之後及士人子孫亦如之。而又得蔭人以爲

衣食客及佃客，佃客品第六以上得衣食客三人，第七第八品二人。

「上品無寒門，下品無士族」，早在武帝之初，已爲大臣所憂心；而爲官者所
蔭之廣，必爲朝廷之負擔；尤甚者造成龐大家族的壟斷，可惜皇室不以爲意，
因之「八王之亂」的發生，實其來有自。

　　萬繩楠《魏晉南北朝文化史》引陳寅恪的觀點，提及西晉時期武帝曾於
泰始四年、五年下詔「競農務功」、「禁遊食商販」；至東晉以後，江左有勸農
之詔，但無抑商之令，故致私營工商業在東晉與南朝受到關注。〔註16〕因之，

〔註13〕唐・房玄齡等《晉書・劉頌傳》收錄於《二十五史》，頁893。
〔註14〕唐・房玄齡等《晉書・傅玄附子咸傳》收錄於《二十五史》，頁908。
〔註15〕唐・房玄齡等《晉書・食貨志》收錄於《二十五史》，頁580。
〔註16〕萬繩楠著《魏晉南北朝文化史》（台北：雲龍出版社1995年六月初版），頁96

官吏稅收豐饒，致構成朝野奢華的要素，但並非國家經濟興起必定奢華，《晉書・潘尼傳》，引其〈安身論〉之言：「崇德莫大乎安心，安心莫當乎存正。存正莫重乎無私，無私莫深乎寡欲……憂患之接，必生自私，而興於有欲。」〔註17〕德不失，亦能富而有禮，可惜魏晉儒家的「存正」，是清談者所鄙視的，因之，薩孟武在《中國社會政治史》中提及：〔註18〕

> 晉代士大夫之沽名釣譽有似東漢士大夫。但東漢士大夫矯飾其行，乃表示其尊重禮教。晉代士大夫則以違反禮教為放達，有的好貨，有的好色，世人不之恥也，反視為風雅之事。此蓋東漢之時，儒學尚盛，魏晉之際，列子思想方興，而世道多虞，士大夫只求自全之策，不遵禮法，生活因之頹廢，實是時勢使然。

儒家德治思想失據，放達者乃假清談之名，以成縱財色之實，並將此視為解放儒家拘謹的風雅，魏晉失禮後，官場競奢程度，實是空前的：〔註19〕

> 崇穎悟有才氣，而任俠無行檢，在荊州劫遠使商客，致富不貲。……與貴戚王愷、羊琇之徒以奢靡相尚。……武帝每助愷，嘗以珊瑚樹賜之，高二尺許。枝柯扶疏，世所罕比。愷以示崇，崇便以鐵如意擊之，應手而碎。……命左右悉取珊瑚樹，……如愷比者甚眾。愷恍然自失矣。(《晉書・石崇傳》)

石崇與王愷、羊琇競奢，武帝未禁，反倒助之，把競奢當風雅與豪邁，朝野若此，國力如何強大。另由石崇的「在荊州劫遠使商客，致富不貲」亦點出官場競奢，必助長劫財貪官的惡風。此亦為名相王導視為亡國之因：「自魏氏以來迄於太康之際，公卿世族豪侈相高。政教陵遲，不遵法度。群公卿士皆厭於安逸。遂使姦人乘釁，有虧至道。」(《晉書・王導傳》)〔註20〕干寶在〈晉紀・總論〉亦針對此現象提出看法：「加以朝寡純德之人，鄉乏不貳之老，風俗淫僻，恥尚失所」〔註21〕以致：〔註22〕

> 由是毀譽亂于善惡之實，情慝奔于貨欲之塗。選者為人擇官，官者

～97。

〔註17〕唐・房玄齡等《晉書・潘尼傳》收錄於《二十五史》，頁1026。

〔註18〕薩孟武《中國社會政治史(二)》(台北：三民書局1975年7月)，頁195。

〔註19〕唐・房玄齡等《晉書・石苞附子崇傳》收錄於《二十五史》，頁706。

〔註20〕唐・房玄齡等《晉書・王導傳》收錄於《二十五史》，頁1165。

〔註21〕清・黃奭《黃氏逸書考(三)》，頁2889。

〔註22〕清・黃奭《黃氏逸書考(三)》，頁2890。

爲身擇利，而秉鈞當軸之士，身兼官以十數。大極其尊，小錄其要，
機事之失，十恆八九；而世族貴戚之子弟，陵邁超越，不拘資次。

悠悠風塵，皆奔競之士，列官千百，無讓賢之舉。

朝鄉失德，學界以道代儒，崇尚自然摒棄名教，故放浪形骸不檢己德者多；
官場「毀譽亂于善惡之實，情慝奔于貨欲之塗」是非不分，「貨欲」成爲得官
之要務。故「爲人擇官」、「爲身擇利」的結果，令爲官者更爲少數家族所壟
斷，此將更助長奢華之風。又官制令一人身兼數人，而「執鈞當軸之士，身
兼官以十數」的現象，造成官制失衡，制度多頭；以此發展，命臣十之八九
爲豪門，故世族貴戚子弟，官位無限上綱；於是，失德重奢華之風，遂令朝
廷多「奔競之士」而無讓賢之人。

四、撤州郡武備，外族有機可乘

若論「五胡之亂」造成之因，爲過早撤除州郡武備及未能及早防止五胡
遷入的失當，關於此點山濤有其精闢見解：〔註23〕

吳平之後，帝詔天下罷軍役，示海內大安，州郡悉去兵，大郡置武
吏百人，小郡五十人。帝嘗講武於宣武場，濤時有疾，詔乘步輦從。
因與盧欽論用兵之本，以爲不宜去州郡武備，其論甚精。於時咸以
濤不學孫吳，而暗與之合。帝稱之曰：「天下名言也。」而不能用。
乃永寧之後，屢有變難，寇賊森起，郡國皆以無備不能制，天下遂
以大亂，如濤言焉。（《晉書‧山濤傳》）

在武帝未除吳國之時，比照曹魏借外族以鞏固一己勢力，故鼓勵外族遷入。
然至太康元年（二八〇）武帝平吳之後，旋即下詔曰：「昔自漢末，四海分崩。
刺史內親民事，外領兵馬。今天下爲一，當韜戢干戈，刺史分職，皆如漢氏
故事。悉去州郡兵……」〔註24〕（《資治通鑑‧卷八十一》）此結果造成，異
族一來勢如破竹，晉室無法招架，自永嘉之亂晉惠帝永興元年（304）劉淵即
漢王位，再至南朝宋文帝元嘉十六年（439）北涼滅，共歷一三六年，而此亂
最大致命傷莫過於晉室一統的榮景不在，東晉偏安的出現。而若對應干寶所
處年代以最寬質爲度（276～351），則應屬後趙滅亡（351）止，實又在永嘉
之亂後，爲五胡亂華初期。

〔註23〕唐‧房玄齡等《晉書‧山濤傳》收錄於《二十五史》，頁848。
〔註24〕宋‧司馬光撰《資治通鑑‧卷八十一》收錄於《文淵閣四庫全書》，頁678。

顯見造成五胡亂華之因，除來自曹魏未禁五胡遷入，致晉之胡人人數已遠過前朝；武帝又於天下初定後，過急撤除州郡武備，遂使五胡得以建立十六國，而晉室無力回天。此點由天下初定，大臣紛上撤戎之疏，卻未被採用，即可見出。〔註25〕

第二節　干寶家世考

干寶姓氏，向來被視為于氏之誤寫；亦曾被視為「干」本「于」家之同支，故在考探干寶家世之前，必先釐清干寶之姓氏，否則至後的「干寶世系考」，將無法順利進行：

一、干氏源流考

首先在論述干寶家族之前，必須先確立干寶屬何姓氏源流？據《萬姓統譜・氏族博考・卷六》的質疑，以為干寶亦有可能為于寶之誤？〔註26〕

> 楊萬里談晉于寶，一吏取禮部韻書下注晉有干寶，以進曰：乃干寶非于也，楊大喜以為一字師。然余家所藏宋板晉書文選，俱作于寶、于令升及搜神記周禮注亦俱作于，無有稱干者。胡承之以為字畫相沿之訛，而取干子書為證，按春秋有干犨，後漢有干吉，寶豈其後邪？然亦自有于定國，焉知寶之不為其後也？陸法言廣韻止引干犨，而不及寶，何法盛晉書稱寶撰晉紀及搜神記，而不及干字，恐未可據。

〔註25〕「正始元年蜀將姜維出隴西，……遂討羌迷當等，案撫柔氏三千餘落，拔徙以實關中。」（《魏志・郭淮傳》）又「自魏氏以來，夷虜內附，鮮有桀悍侵漁之患，由是邊守遂怠，彰塞不設，而令醜虜內居，與百姓雜處。」（《晉書・阮种傳》）早在曹魏之時，便借戎狄之力以充邊境。至武帝「踐祚後，塞外匈奴大水塞泥黑難等二萬餘落歸，帝復納之……至太康五年，復有匈奴胡太阿厚率其部落二萬九千三百人歸化。七年又有匈奴……各率種類大小凡十萬餘口……降附……。」（《晉書・匈奴傳》）因之有大臣郭欽上疏：「戎狄強獷，歷古為患……今雖服從，若百年之後，有風塵之警，胡騎自平陽上黨不三日而至孟津，北地西河太原馮翊安定上郡盡為狄庭矣。宜及平吳之威，謀臣猛將之略，漸徙內郡雜胡於邊地……帝不聽。」（《晉書・匈奴傳》）「江統以為戎狄亂華，宜早絕其原。乃作徙戎論以警朝廷曰……朝廷不能用。」（唐・房玄齡等《晉書・江統傳》）。

〔註26〕明・凌迪知撰《萬姓統譜・附氏族博考》收錄於《文淵閣四庫全書》，頁888。

關於此問題，據宋・楊萬里之說：取「禮部韻書」之注爲準，以爲「于寶」即「干寶」；明・胡承之以爲「于」應爲「干」，是字畫之差，即「于寶」即「干寶」之誤。然《萬姓統譜》爲此兩說提出質疑：以爲宋版《晉書》、《文選》皆作「于寶」並無「干寶」者；再者既「干」可能爲「于」，則干寶亦不無可能爲于氏家族于定國之後。並提附兩佐證：隋・陸法言《廣韻》僅至干犨而未及干寶，故干寶爲干犨之後，並無法得證；宋・何法盛只稱寶作《晉紀》、《搜神記》，並未及「干」字。

欲反駁《萬姓統譜》所提之質疑，個人首先針對是否所有宋版皆有此說提出論證：清・何焯《義門讀書記》曾加注：「于令升晉紀論晉武帝革命（于字宋人定爲干）」〔註27〕，可見並非所有宋本全如《萬姓統譜》所言，皆未處理「干」、「于」的問題，且依此處加註之語，我們不得不合理假借「于寶作干寶」，應是宋朝的普遍現象。

另《萬姓統譜》最大論據是對宋版的質疑，則若我們上探宋前之文本，對此問題應可更徹底解決。據唐・長孫無忌等撰《隋書・經籍志》記載：〔註28〕

> 《周易》十卷（晉散騎常侍于寶注）……《周易論》一卷（晉荊州刺史宋岱撰，……《周易宗塗》四卷于寶撰、《周易問難》二卷王氏撰……）《周易義》一卷（宋 陳令范歆撰）《周易玄品》二卷……《周易爻義》一卷（于寶撰）。

唐時確實「干寶」作「于寶」，故宋版問題得到解決；接著處理干寶爲干氏或于氏之後的問題，宋・張淏《雲谷雜記》亦針對此問題有所說明：〔註29〕

> 干于皆姓也，干古寒切，干姓編云：望出滎陽潁川，宋有干犨、晉干寶著搜神記，于本姓邘，周武王邘叔之後，子孫去邑爲于，漢有于定國魏將軍、于禁望出東海河南，是干與于爲二姓甚明。今晉書干寶傳，書干作于，文選晉武革命論則云：于令升諸書引搜神記，則云于寶搜神記，周禮註則云于寶，云字畫之差相承之久，遂至無辨良可歎也。

明示「干」、「于」皆姓，唯不同支，干爲滎陽郡望，至今最早有宋干犨，晉

〔註27〕清・何焯撰・蔣維鈞編《義門讀書記》收錄於《文淵閣四庫全書》，頁 725。
〔註28〕唐・長孫無忌等撰《隋書・經籍志》收錄於《叢書集成初編》（北京：中華書局 1985 年），頁 6～7。
〔註29〕清・馬國翰《玉函山房輯佚書（一）》（日本京都：株式會社中文出版社 1979 年），頁 213。

有著《搜神記》之干寶；而「于」爲「邘」之後，屬于定國此支，最早出於東海河南；並明示《晉書》、《文選》諸書作于者，實爲字畫之差。又既「河南」爲于氏一系源出地，則考探《河南通志》應更可將「干」與「于」是否同家，做進一步確認：〔註30〕

> 干寶（晉干寶之姓，在寒字韻即比干段干之干，系出滎陽潁川。宋有干犫，蓋其先也。書者誤增趉於下，遂讀作虞字韻，淳于、鮮于之于，今晉書干寶書干作于，文選晉武革命論云：于令升諸書，引搜神記則云于寶，周禮注亦云于寶，字畫之差相承已久，張淏所以歎其無辯也。楊誠齋在館中與同舍談及于寶，一吏進曰：乃干寶非于也，問何以知之，吏取韻書以呈干字。下注云：晉有干寶，誠齋大喜曰：汝乃吾一字之師耳，干寶所著又有干子十卷。

河南爲于氏的源出地，凡編《河南通志》對于氏應有基本認識，故既其強調「于寶」乃「干寶」，則其實非與「邘」同系，應更具可靠性。且又云：「周禮注亦云于寶，字畫之差相承已久」，再次爲楊萬里「于」寶爲「干寶」字畫之差，做了認證。

再據明‧董穀《碧里雜存‧卷下》：「干寶者，孫吳時人，即于寶也。本姓干，后人訛爲于字。」〔註31〕直截了當，爲「干寶」系出「干」姓做認可。元‧屠曾於《易》注加注說明「《周易注》、《周易宗塗》、《周易爻義》、《周易問難》、《周易玄品》的「于寶」是「干寶」之誤。〔註32〕清‧朱彝尊撰《經義考》亦提及此問題：「凌稚哲萬姓統譜干于二姓俱收，令升干氏宗干犫，于氏宗于定國，干裔有居海鹽，有居嘉善，以摶埴爲業，干窯鎮由是得名。是干非于無疑。」〔註33〕以爲《萬姓統譜》「干」、「于」二姓俱收，兩者出自不同系，實可明證。今人黃慶萱亦於引《隋志》時，將「于」直作「干」。〔註34〕截至目前「于」爲「干」之誤，應可確定。

由上文我們得知，「干」、「于」本不同家，而「干寶」作「于寶」乃字畫

〔註30〕 清‧孫灝‧顧棟高等編纂《河南通志》收錄於《文淵閣四庫全書》，頁703。
〔註31〕 明‧董穀《碧里雜存》收錄於《叢書集成初編》（秦皇島市：中華書局 1985年），頁87。
〔註32〕 清‧方成珪《干常侍易注集證》收錄於《叢書集成續編》（台北：新文豐出版社1989年），頁490。
〔註33〕 清‧朱彝尊撰《經義考》收錄於《文淵閣四庫全書》，頁115。
〔註34〕 黃慶萱《魏晉南北朝易學考佚》（台北：幼獅文化事業公司1975年11月出版），頁302。

之差，「干」所指爲干犫、干寶此系；而「于」系則遠溯周武王時邘叔之「邘」，子孫去邑爲「于」，屬後世于定國此系。此問題釐清後，以下即可考探干氏家族。

二、干氏世系考

據《通志・氏族略》將干氏一支之來由，列爲「以名爲氏」列，並歸爲「名字未辨」條下：「干氏：宋大夫干犫之後。陳有干徵師。漢有蜀郡尉干獻。吳有將師干吉。晉有將軍干瓚。望出滎陽、穎川。」〔註 35〕。再據干姓家族《萬姓統譜》記載：〔註36〕

干（穎川徵音宋大夫干犫之後又望出滎陽。）

周
干徵師陳人
干犫　宋大夫
干獻　蜀郡　尉

三國
干吉　琅琊人吳軍師，爲孫策所殺。俄失其屍，周旋人間又百餘年
　　　仙去
干休　吳景帝初被徵行至曲阿，有老公叩頭曰：事久變生，天下喁
　　　喁，願陛下速耳。
干瓚　將軍
干松　合城　太守
干寶　字令升，博覽書記，以才器召爲著作郎，著晉記二十卷，直
　　　而能婉，咸稱良史，作搜神記三十卷，以示劉惔，惔曰：卿
　　　可謂鬼之董狐，仕晉爲始安太守。
干大本姓許旌陽族也。得仙道改姓干。夫妻皆隱西山下。

〔註35〕宋・鄭樵撰《通志》收錄於《文淵閣四庫全書》，頁321。
〔註36〕明・凌迪知《萬姓統譜》收錄於《文淵閣四庫全書》，頁431。

元

干文傳　平江人，祖宗顯仕，宋累官承信郎。文傳少嗜學，十歲能
　　　　屬文。延祐初進士，同知昌國州，後知吳江。廉平有聲，治
　　　　行爲諸州最，召爲集臣待制，以禮部尚書致仕。

干顯思　新淦人，六歲失怙，踰年知求父像，時拜且哭，家貧事母，
　　　　能盡養及卒，水漿不入口者，數日比葬廬墓，虎馴其側，人
　　　　咸異之。

明

干文通茶陵人，洪武中任廣德州知州

干纓　　字應麾州人，性孝友，肆力群書，里塾師之，正統間父歿，
　　　　盡哀啜粥，不茹葷，不作佛，事廬墓側，旦夕悲號，終制而
　　　　後歸。又十三年，母歿哀毀廬墓如初喪時，有司欲舉旌典，
　　　　纓力辭曰：孝亦職分之所當爲，顧纓何人，敢當盛典，情辭
　　　　懇至，事遂寢鄉邦，無少長咸稱干孝子云。

干鳳　　顯思後，字文瑞，弘治間高淳教諭，時縣治初建，未進遑絃，
　　　　鳳至乃制祭器，考禮容。朔旦會諸生，講習威儀甚整，故淳
　　　　言，興學者以鳳爲首，聞母喪，即徒步而歸，士論重焉。

干桂　　字德芳，順天人，正德進士，歷官都御史，爲政嚴明，所在
　　　　豪右歛跡，正統中，廣東都司干羽長洲人，隆慶戊辰進士，
　　　　干有年出東人。

由《萬姓統譜》首行資料可知，最早之干氏家族成員爲干犫；又唐・林寶《元
和姓纂・卷四》：「《左傳》，宋大夫干犫之后。陳干徵師，漢蜀郡尉干獻，吳
軍師干吉，晉將軍干贊。」又於新蔡下注云：「干犫之後。晉丹陽丞干瑩，生
寶，著《晉紀》及《搜神記》。」〔註37〕可見干氏家族依目前文獻記載，最早
源頭應是以干犫爲先世，同時代尚有陳干徵師，至於《萬姓統譜》將干獻一
併列入周朝，實是粗略的，宜據《元和姓纂・卷四》：「漢蜀郡尉干獻」，方爲
正確。至三國干氏家族在吳出仕者眾多，其中亦延及干寶上世二代。據《晉
書・干寶傳》記載：「干寶字令升，新蔡人也，祖統吳奮武將軍，都亭侯。父

_____

〔註37〕唐・寶林《元和姓纂》收錄於《文淵閣四庫全書》，頁591。

瑩丹楊丞。」〔註 38〕而爲《萬姓統譜》所點榜上有名的干氏家族，可考探之資料不多，僅以《萬姓統譜》爲藍本，予以粗略考證，必要時再以其他文獻補其不足。干徵師《萬姓統譜》言：「周，陳人。」於《春秋左氏傳》可見此人事跡：〔註 39〕

> 經：「（昭公）八年……楚人執陳行人干徵師殺之。」傳：「陳哀公元妃鄭姬生悼太子偃師，二妃生公子留，下妃生公子勝。二妃嬖，留有寵，屬諸諸徒。招與公子過，哀公有廢疾，三月甲申公子招、公子過殺悼太子偃師，而立公子留。夏，四月，辛亥，哀公縊。干徵師赴于楚，且告有立君。公子勝愬之于楚。楚人執而殺之。公子留奔鄭。書曰「陳侯之弟招殺陳世子偃師，罪在招也；楚人執陳行人干徵師殺之，罪不在行人也。」

可知魯昭公八年，時身爲行人的干徵師，出使楚國，並向楚國說明陳哀公自縊與公子留爲君之事，時楚王震怒，至末竟殺使者干氏。故史官書曰「罪不在行人也」。

其中干吉找到的線索，據《後漢書·卷三十下·列傳二十下·襄楷傳》：〔註 40〕

> 初，順帝時，琅邪宮崇詣闕，上其師干吉於曲陽泉水上所得神書百七十卷，……後張角頗有其書焉。」後據江表傳註解：「時有道士琅邪干吉，先寓居東方，來吳會，立精舍，燒香讀道書，制作符水以療病，吳會人多事之。孫策嘗於郡城樓上請會賓客，吉乃盛服趨度門下。諸將賓客三分之二下樓拜之，掌客者禁訶不能止，策即令收之。……策曰：『昔南陽張津爲交州刺史，舍前聖典訓，廢漢家法律，常著絳袙頭，鼓琴焚香，讀邪俗道書，云以助化，卒爲蠻夷所殺，此甚無益，諸君但未悟耳。今此子已在鬼錄，勿復費紙筆也。』即催斬之，縣首於市。」

三國時的道士干吉，因能言鬼神事，故在吳地此道盛行之時，因名氣過高，爲孫策所嫉，並藉扼止此風之便，將之殺害。

〔註 38〕唐·房玄齡等《晉書·干寶傳》收錄於《二十五史》（台北：藝文印書館 1958 年），頁 1418。

〔註 39〕清·阮元校勘《春秋左傳正義》收錄於《十三經注疏附校勘記》（台北：大化書局 1989 年 10 月），頁 4453、4455。

〔註 40〕南朝宋·范曄《後漢書·襄楷傳》收錄於《二十五史》，頁 391～392。

至於三國干休，則《三國志・吳書・孫休傳》記載：〔註41〕

> 孫休字子烈，權第六子……四月，權薨，休弟亮承統，諸葛恪秉
> 政，……孫亮廢，己未，孫綝使宗正孫楷與中書郎董朝迎休。休初
> 聞問，意疑，楷、朝具述綝等所以奉迎本意，留一日二夜，遂發。
> 十月戊寅，行至曲阿，有老公干休叩頭曰：「事久變生，天下喁喁，
> 願陛下速行。」休善之，是日進及布塞亭。

孫休爲孫權第六子，在孫權死後，爲孫楷與董朝所迎，在欲回朝登基路上，
遇老翁干休，勸其速行。孫權卒年爲 252 年，〔註42〕而干吉與孫策同時，故
就順序，理應於干休之前。

　　至於干瓚據《通志・卷二十八》：「干氏（宋大夫干犨之後，陳有干徵師，
漢有蜀郡尉干獻，吳有軍師干吉，晉有將軍干瓚望出滎陽潁川。）」〔註43〕再
據《晉書・紀第八・孝宗穆帝聃》：〔註44〕

> （穆帝永和元年）秋七月庚午，持節、都督江荊司梁雍益寧七州諸
> 軍事、江州刺史、征西將軍、都亭侯庾翼卒。翼部將干瓚、戴義等
> 殺冠軍將軍曹據，舉兵反，安西司馬朱燾討平之。」

東晉的干瓚於庾翼死後隨即叛變，此年爲永和元年（345），則時干寶（276～
351）〔註45〕亦同在，兩人年歲應所差無幾，又不可考的干松置於干寶之前，
故可猜測此四人：干瓚、干松、干寶、干大本，年代應相差無幾，可能爲同
時代唯略有先後之序，故《萬姓統譜》將此四人全歸爲三國，實略嫌粗略。
在《續高僧傳・卷十三・唐京師大莊嚴寺釋慧因傳》：「釋慧因，俗姓于氏，
吳郡海鹽人也。晉太常寶之後胤，祖樸，梁散騎常侍，父元顯，梁中書舍人，
並碩學英才，世濟其美。」〔註46〕唐朝大僧釋慧乃干寶之後代，由此資料往
上溯，干樸、干元顯兩代，兩者皆仕梁，應屬南朝人。

　　至干文傳名列《宋史・附錄》所列舉的修史官員中：「嘉議大夫、工部侍

〔註41〕三國・陳壽《三國志・吳書・孫休傳》收錄於《二十五史》，頁959。

〔註42〕杜建民《中國歷代帝王世系年表》（山東：齊魯書社1995年2月第1次印
　　　　刷），頁44。

〔註43〕宋・鄭樵撰《通志》收錄於《文淵閣四庫全書》，頁321。

〔註44〕唐・房玄齡等《晉書・紀八》收錄於《二十五史》，頁148。

〔註45〕取李劍國與王盡忠兩人估量的最大值，參後「干寶經歷考」。

〔註46〕唐・釋道宣《續高僧傳》收錄於《中華大藏經》（北京：中華書局1993年），
　　　　頁689。

郎臣斡玉倫徒；嘉議大夫、工部侍郎臣斡玉倫徒；……集賢待制、朝請大夫
臣干文傳……」〔註47〕可知元朝的干文傳，曾參加過修《宋史》的工作。除
《萬姓統譜》所列干氏後代外，在《文敏集》收集到〈故禮部祠祭主事干汝
霖墓銘〉：〔註48〕

> 禮部主事干霈汝霖，以疾卒於正統丁巳五月二十有九日，次子善偕
> 從姪欽自家奔訃，來迎其柩歸，臨之新淦，將卜葬於某鄉某山之原，
> 預以翰林修譔，習嘉言所述事行，謁予泣拜請銘予，素嘉汝霖之為
> 人，乃按狀而敘之曰：干氏本春秋時宋大夫犫之後，在晉有諱寶者，
> 仕為始安太守，其裔某官新淦子孫因家焉，遂為新淦人，世居學宮，
> 後十一傳至叔沂者，為汝霖高祖家饒於貲，而篤忠厚，人稱長者。
> 曾祖茂翁有隱德，祖利賓始徙居縣之東門，以故宅讓諸兄父，子楫
> 淳厚有古君子風，母龔氏俱壽考在堂，汝霖生而穎異，嗜學績業，
> 邑庠讀。

干汝霖亡於正統丁巳年（1449），而明太祖朱元璋所立年號年為 1368 年，因
之，若以時代推衍，高祖干叔沂、曾祖干茂翁、祖父干利賓，皆可能為元朝
人；父干楫，則可能元、明之交；汝霖與子干善為明朝人。

　　又今人干氏後代干乃軍，於海鹽縣博物館借得《干氏宗譜》三冊，該書
以干寶為始祖，首撰於五世孫干樸，三十八世孫干大行續修，四十世孫干欽
昊於清康熙三十五年（1686）再續修，之後經抗戰及文革，共歷三百多年未
續修，於是至四十八世孫干乃軍完成續修。其間得學者王盡忠協助，遂定干
寶生卒年為 283～351 年。又 2001 年王盡忠於紀念干寶逝世 1650 年周年，發
表〈干寶生平略考〉一文，〔註49〕明列干寶生卒年及行跡，應屬較新之干寶
生卒年考探的研究結果。

　　干氏家族大體可查者為此，以上若列一表則為（標示→表確為上下代相
承關係者；若標示……則為不確定中間經數代者；若標示／表同年代，唯前
後秩序不可考）：干犫（春秋，潁川徵音的宋大夫干犫）、滎陽干徵師為陳人
（兩人可能同時代）……干獻（後漢蜀郡尉干獻）……干吉（三國吳）／干
休（三國吳）……干統（《世說新語・排調》注引《中興書》作祖正，案疑梁

〔註47〕元・脫脫等修《宋史・修宋史官員》收錄於《二十五史》，頁 1。
〔註48〕明・楊榮《文敏集》收錄於《文淵閣四庫全書》，頁 389。
〔註49〕王盡忠〈干寶生平略考――紀念干寶逝世 1650 周年〉，頁 14。

人避諱改統爲正）〔註 50〕→干瑩（東晉干寶父，既干瓚、干松、干寶可能同年代，則干瑩必在三人之前）→干寶（東晉，兄干慶）〔註 51〕／干瓚（東晉）／干松（東晉）／干大本（東晉）→干琦（干寶長子太學生、次子爲干璉王府錄事）〔註 52〕……干樸（仕五代梁・干寶五世孫）→干元顯（仕五代梁・六世孫）→釋慧因（唐・七世孫，出家爲僧）……干文傳（元朝人，曾修宋史，應爲元初之人）……干顯思（不可考，唯知元人，已遷新淦）……干叔沂（汝霖高祖・元新淦人）→干茂翁（汝霖曾祖・元）→干利賓（汝霖祖・元）→干楫（汝霖父・元明之交）／干文通（洪武中人，時代可能與干楫有重疊））→干汝霖（干楫之子，卒於明代宗正統年間）／干纓（約爲明英、代宗正統時人）／干羽（記載爲正統人，時代應近干纓，爲明英、代宗正統時人，可能三者時代有重疊或相近）→干善（明・汝霖次子）／……干鳳（知爲干顯思之後，爲明孝、武宗弘治年間人）……干桂（爲明武、世宗正德年間人）……干有年（爲明穆宗隆慶時人）→干大行（明・干寶三十八世孫）……干欽昊（清・四十世孫）……干乃軍（民國・四十八世孫）。

由此譜系可知：干氏家族，由潁川干犨開始，及後或因仕宦或因其他因素而遷徙，至干吉即已遷至吳地，在三國此系皆仕吳，甚或延至干寶祖父干瑩及父干統皆是；時數代居家新蔡；至干寶甚可能在祖先四代前，遷至海鹽（此問題待干寶經歷考再深入探討）；在元朝干顯思時代已至新淦，至少在明・干汝霖、干善時代亦尚在新淦，至於後代子孫，分散各地，居住地已難考。

三、干寶籍貫考

據《浙江通志》記載：「干寶集四卷（《隋書・經籍志・梁五卷》、《海鹽縣圖經》父瑩新蔡人令海鹽因家焉）」〔註 53〕大抵而言，干寶原爲新蔡人，後因任官之因遷徙海鹽，祖籍應無爭議，但干寶的籍貫地，則有新蔡之外，海

〔註 50〕唐・房玄齡等《晉書・干寶傳》收錄於《二十五史》，頁 1418。

〔註 51〕據汪紹楹校注《搜神記・卷一》：「西安令干慶，死已三日，猛曰：『數未盡，當訴之于天。』遂臥屍旁。數日俱起。」「干慶」汪氏注引《幽明錄》言「晉有干慶」；又引《文選鈔》、《十二眞君傳》皆以爲干慶爲干寶兄。見干寶撰・紹楹校注《搜神記》（台北：里仁書局 1982 年），頁 14。

〔註 52〕王晉忠〈干寶生平略考——紀念干寶逝世 1650 周年〉，頁 14。

〔註 53〕清・沈翼機等編撰《浙江通志》收錄於《文淵閣四庫全書》，頁 629。

鹽與潯陽等的爭議。主張新蔡者爲日籍學者小南，以爲：干寶祖籍新蔡，由其與周訪、翟湯、陶侃的關係，不排除干氏一族亦曾在潯陽安家，視其爲潯陽人。〔註54〕

關於此點大陸學者李劍國由地志著手提出反駁，得出：海鹽有干瑩與干寶墓、海寧有干寶故居，並確認干寶故宅和墓塋所在，必是其居籍所在；〔註55〕李氏再著手上探古東晉縣治，依漢時行政區域的合理推測得出：干寶籍貫應爲海鹽；〔註56〕又據干寶後代釋慧因所遺傳記，更證干寶係海鹽人的推測。〔註57〕李氏由縣志著手，至少引五到六志以證墓立海鹽；再由古行政區域與干寶子孫後代傳記資料；並佐以史事推得黃巾之亂造成普世的南渡現象，證據充分、條理清晰。

另其亦反駁徐泰《海鹽志》與樊維城《海鹽縣圖經》所主，干氏至海鹽，係由干瑩南渡始，其依史時推算，引《晉書・周訪傳》：「周訪曾祖即自汝南

〔註54〕南開大學文學院中文系編・李劍國《魏晉南北朝文學與文化論文集・干寶考》（天津：南開大學出版社2002年8月第一版第一刷），頁313。

〔註55〕李氏引南宋王象之《輿地紀勝・卷三・嘉興府・古跡》：「干瑩墓，干寶之父也。墓在海鹽。」明・李賢等修《大明一統志・卷三九・嘉興府・陵墓》：「干瑩墓，在海鹽縣西南四十里。」明・樊維城、胡震亨等修《海鹽縣圖經・卷三・方域篇》：「干瑩墓，縣西南四十里。」明・董穀《碧里雜存・卷下・干寶》：「干寶者，即于寶也……海鹽人也。」清・戰魯村《海寧州志・卷六・古跡》：「干寶故居，《咸淳志》：『「眞如禪院在縣果南七十里黃灣，本晉干寶宅。《府志》：菩提山麓眞如寺即其故址，周顯德二年改寺。」』清・方溶《澉水新志・卷七・名勝下・古跡》：「干瑩墓，在金牛山南。瑩字明叔，寶之父，仕吳爲立節都尉。」大抵不出干瑩與干寶父子之墓，在海鹽縣西南四十里金牛山，干寶故宅在海寧縣東南七十里靈泉鄉黃灣眞如寺。南開大學文學院中文系編・李劍國《魏晉南北朝文學與文化論文集・干寶考》，頁314。

〔註56〕李氏據譚其驤主編《中國歷史地圖集》得之：吳立鹽官縣，在今海寧（硤石）東南。海鹽縣法，東晉後已徙今治，而海寧縣治，一直在鹽官舊治，今以硤石鎮爲縣府所在。黃灣今仍屬海寧，東南距故海寧縣城（今名鹽官）確有七十里左右，干瑩干寶墓在海鹽西南四十里，其地約當黃灣東北二三十里處。李氏以爲鹽官縣爲漢鹽官置縣，立縣之初未必轄境遠至東南七十里，故應爲海鹽較有可能。南開大學文學院中文系編・李劍國《魏晉南北朝文學與文化論文集・干寶考》，頁315～316。

〔註57〕《續高僧傳・卷十三・唐京師大莊嚴寺釋慧因傳》：「釋慧因，俗姓于氏，吳郡海鹽人也。晉太常寶之後胤，祖楔，梁散騎常侍，父元顯，梁中書舍人，並碩學英才，世濟其美。」引至南開大學文學院中文系編・李劍國《魏晉南北朝文學與文化論文集・干寶考》，頁316。

奔吳，干寶祖上當亦於漢末避黃巾而南渡。」周訪遠長於干寶，〔註58〕則可推至少至干寶家族遷吳至少四代。〔註59〕故得證：干寶祖籍新蔡，由其起始往上推，至少四代以上已遷海鹽。關於干氏徙居海鹽之說，除李劍國的「干寶上溯四代」爲最早之說；尚有來自「干瑩始遷」的說法，所據來自《浙江通志・卷二百四十八》記載：「干寶集四卷（《隋書・經籍志・梁五卷》、《海鹽縣圖經》父瑩新蔡人令海鹽因家焉）」〔註60〕；再據《浙江通志・卷一百七十九》：〔註61〕

> 干寶（謹按海鹽縣圖經引徐泰志云：晉史寶新蔡人，而一統志云：寶自新蔡徙嘉興，父瑩葬海鹽。五行記載：寶爲海鹽人，則南渡徙居，實自瑩始，寶固海鹽人無疑也。）

《浙江通志》有關海鹽自干父瑩始遷居之說，所據來自《隋書・經籍志・梁五卷》、《海鹽縣圖經》引《徐泰志》及《五行志》之說。

另有一說：王盡忠以爲「遷海鹽應至干寶始」之說。所據來自《干氏宗譜》所引干樸所作之〈靈泉鄉眞如寺碑亭記〉之撰文：〔註62〕

> 永嘉五年，滎陽高皇祖令升公，初仕晉爲鹽官州別駕。越明年，胡漢主劉淵起兵稱帝。又五年，漢主聰將兵寇洛陽，而河南諸郡皆爲分據。滎陽故里，不可復問矣，遂家於鹽之靈泉鄉，卜宅之後園。

干樸明載：干寶因劉聰亂兵南下洛陽，後因河南諸郡不保，滎陽故里失聯，故舉家至靈泉鄉。王盡忠再據鄉人胡震亨所記〈鹽官肇宗紀略〉一文，指稱干寶爲干氏入主海鹽之第一代宗主：〔註63〕

> 寶之祖先實本新蔡，寶初仕晉爲鹽官州判。寶之父瑩，迎養在任。適因劉聰、石勒之亂，割據滎陽。新蔡者，滎陽之屬邑也，勢不可歸，遂家於鹽。瑩卒，乃葬之於鹽之青山。瑩初仕吳爲丹陽丞，進

〔註58〕《晉書・周訪傳》：「周訪，字士達，本汝南安城人也。漢末地江南，至訪四世。」據李劍國考探，周訪約生卒約260～320年，遠大於干寶。參南開大學文學院中文系編・李劍國《魏晉南北朝文學與文化論文集・干寶考》，頁316。

〔註59〕依此推算出來：應是釋慧因祖父干樸時。

〔註60〕清・沈翼機等編撰《浙江通志》收錄於《文淵閣四庫全書》，頁629。

〔註61〕清・沈翼機等編纂《浙江通志》收錄於《文淵閣四庫全書》，頁18～19。

〔註62〕王盡忠〈干寶生平略考——紀念干寶逝世1650周年〉，頁14。收《干氏宗譜》之資料。

〔註63〕同上。

封立節都尉。寶之祖統，仕吳爲奮武將軍；松爲合城太守。時尚未
居鹽，故概不纂入。徙家屬從父志，而顯始海隅，實由干寶，矧鄉
賢崇祀，炳列學官千載不移。若沐，若樸，若元顯，皆其後起者。
其爲鹽官之肇宗，固無疑也。

代表干氏家族大體認爲干氏一族遷定居海鹽的年限，由干寶始。若此再據《至
元嘉禾志》則更可見此考有據：〔註64〕

干瑩墓在縣西南，四十里高一丈二尺周迴四十步，考證舊圖經，吳
干瑩字明叔，仕吳爲立節都尉，五行記云：晉干寶字令升海鹽人，
父瑩有寵婢母甚妒之，及瑩亡葬之，遂生推婢於墓後十餘年，母喪
開墓而婢伏棺如生，載還經日，乃蘇言：其父恩情如舊，地中亦不
惡，既而嫁之生子。

所謂縣西南，乃指海鹽。據王盡忠所言，大體干寶一生的遷徙路線，應爲：
西晉永嘉元年（307），干寶任鹽官州別，後因劉聰、石勒之亂，西晉亡，東
晉立，南北對峙，全家再至靈泉鄉（海寧黃灣五豐村與海鹽村與海鹽澉浦六
忠村的交界處）；至三世時，遷至梅園（海鹽通元），故海鹽成爲干氏子孫遷
移後的繁衍處。

以上三說各有所據：李劍國以歷史長才由「南下避黃巾之亂」而推得「可
能干寶上至四代」始遷，此爲假設性推法，並無直接實證；至於《浙江通志》
以爲自「干瑩始遷」，所據《隋書‧經籍志‧梁五卷》、《海鹽縣圖經》引《徐
泰志》及《五行志》算是三說中資料最早的，可能因干瑩葬海鹽，故有此之
說，但不代表遷徙之時即干瑩時代，實有可能是干寶遷徙將父葬於海鹽。而
王盡忠所據，來自干氏家族干樸之認定，其言：「榮陽高皇祖令升公，……榮
陽故里，不可復問矣，遂家於鹽之靈泉鄉」；及同鄉人胡震亨證得：「寶之祖
統，仕吳爲奮武將軍；松爲合城太守。時尚未居鹽，故概不纂入。徙家屬從
父志，而顯始海隅，實由干寶……」，應爲可靠的證據。

第三節　干寶經歷考

干寶一生經歷極爲豐富，既任大著作撰修國史，又平杜弢有功，一生足
跡更因所處時代的動盪，而多所遷移。以下我們即先以《晉書‧干寶傳》爲

〔註64〕元‧徐碩撰《至元嘉禾志》收錄於《文淵閣四庫全書》，頁107。

主藍本，再兼及後人研究成果，綜論干寶行腳：〔註65〕

> 寶少勤學，博覽書記，以才器召爲著作郎。平杜弢有功，賜爵關內
> 侯。中興草創，未置史官，中書監王導上疏……宜備史官，勑佐著
> 作郎干寶等漸就撰集，元帝納焉，寶於是始領國史，以家貧求補山
> 陰令，遷始安太守。王導請爲司徒右長史。遷散騎常侍。著晉紀。……
> 性好陰陽術數，留思京房、夏侯勝等傳。……撰集古今神祇靈異人
> 物變化，名爲搜神記。……又爲春秋左氏義外傳，注周易、周官。

先仕著作郎、再平杜弢賜關內侯；晉元帝時仕領國史；後自請外出補山陰令
及始安太守；王導再次薦爲右長史遷散騎常侍，此爲干寶大致政治經歷。然
因干寶生卒年於《晉書》並無確切記載，因之若欲細究干寶行遺，則研究者
須下較多功夫。目前學界有關干寶經歷考，已有大致雛型。

以下即在前人基礎上，據張可禮《東晉文藝繫年》、〔註66〕吳文治《中國
文學史大事年表》、〔註67〕劉汝霖《東晉南北朝學術編年》、〔註68〕李劍國〈干
寶考〉〔註69〕及王盡忠與干寶四十八代孫干乃軍共同考探，所做〈干寶生平
略考——紀念干寶逝世1650周年〉〔註70〕等研究成果，列表交叉比對，從中
考探各家之長，再予以補充說明，以企得一更完整之資料（若考探無誤者以
＊；有上下年代出入者以○；可再商議者以□）：

年　　代	劉汝霖	張可禮	李劍國	吳文治	王盡忠
生卒年代概括			（276～336年）		283～351年
（299～303年）			○在江淮，向韓友問卜		
永嘉元年（307年）					＊任鹽官州別駕

〔註65〕唐·房玄齡等《晉書·干寶傳》收錄於《二十五史》，頁1418。
〔註66〕張可禮《東晉文藝繫年》（濟南：山東教育出版社1992年）
〔註67〕吳文治《中國文學史大事年表》（合肥：黃山書社1993年）
〔註68〕劉汝霖《東晉南北朝學術編年》（台北：長安出版社1979年）
〔註69〕李劍國〈干寶考〉《魏晉南北朝文學與文化論文集》（南開大學出版社2002年8月第一版第一刷）
〔註70〕王盡忠〈干寶生平略考——紀念干寶逝世1650周年〉（中州今古2001年第六期）

永嘉四年（310 年）				○寶父卒
永嘉五年（311 年）			＊爲佐著作郎與揚烈將軍周訪會面	
懷帝永嘉七年亦是建興元年（313 年）				經華譚薦□「以才器名爲著作郎」
愍帝建興二年（314 年）			○左丞相司馬睿軍咨祭酒華譚薦干寶官未果	
愍帝建興三年（315 年）			＊助消弭永嘉五年始，據長沙造反的杜弢有功□封關內侯	＊助平杜弢有功
晉元帝建武元年（317）	○王導上疏，遂立史官，以寶領國史	＊干寶撰《搜神記》	○王導上疏置史官薦干寶修國史，同年擢爲著作郎領修國史。＊開始撰《搜神記》	○王導推薦著作郎領修國史
晉元帝司馬睿大興元年（318）	王導薦干寶領國史監，撰國史○作〈王昌前母服論〉			＊因平杜弢有功，賜爵關內侯。○傳〈後養議〉
晉元帝大興二年（319）		○郭璞遷尙書郎，干寶勸之勿過度任性嗜酒		○勸郭璞事〔註71〕；著〈駁招魂議〉

〔註71〕據《晉書·王隱傳》：「大興初，典章稍備，乃召隱及郭璞俱爲著作郎，令撰《晉史》。」二人均爲干寶屬下。據《晉書·郭璞傳》郭璞：「性輕易，不修威儀，嗜酒好色，時或過度。著作郎干寶常誡之曰：「此非適性之道也。」王盡忠〈干寶生平略考——紀念干寶逝世1650周年〉，頁13。

晉元帝大興三年（320）				○干寶為著作郎，嘗因郭璞嗜酒好色而誡之。璞自以才高位卑，乃作〈客傲〉
晉大興四年（321）		＊干寶論狂華生枯木，論王敦與武昌災一事〔註72〕		○置《周易》及《春秋》相關系書〔註73〕
晉明帝司馬紹太寧元年（323）		□干寶補山陰令		□王導請為司徒右長，遷散騎常侍；傳《司徒儀》
晉明帝太寧二年（324）		□干寶遷始安太守		
明帝太寧三年（325）	□干寶著《晉紀》			□干寶著《晉紀》	□著《晉紀》
晉成帝司馬衍咸和元年（326）		□干寶任司徒右長史	○家貧求補山陰令，薦好友葛洪代之，辭不就，後由山陰令遷始安太守；時翟湯隱居陽南山，干寶遣船資助		□可能因母喪，薦葛洪代己務

〔註72〕張可禮據《晉書‧五行志（上）》：「王敦在武昌，鈴下儀仗生華如蓮華，五六日而萎落。……干寶以為「此臣而君行，亢陽失節，是為王敦陵上，有無君之心，故災也。」《東晉文藝繫年》，頁74。

〔註73〕王盡忠據《晉書‧元帝紀》：大興四年三月，「置《周易》、《儀禮》、《公羊》博士。」並再據《干氏宗譜》所收《御制神道碑》：「詳《春秋》之義而王道以明，注《易》象之解而天心以闡。是下而朝廷，下而風俗，無不經謀殫力，以匡扶國運。」故王氏據此推干寶為此著《周易注》、《周易宗塗》、《周易玄品》、《周易爻義》、《周易問難》以及《春秋序論》、《春秋左氏函傳義》等書，為東晉的建立和鞏固製造理論依據。王盡忠〈干寶生平略考——紀念干寶逝世1650周年〉，頁13。

晉咸和二年（327）		□干寶遷散騎常侍	○因蘇峻之亂，徙居瀲湖
晉咸和四年（329）			□服闋回朝
晉咸和八年（333）			※干寶約于此年前在世
咸康元年（335年）		※王導司徒府置左右長史，請干寶為右長史）○約在司徒府最後成《搜神記》，劉惔贊「鬼之董狐」	
晉咸康二年（336）		□干寶死	※遷官散騎常侍，□卒官葬海鹽
建元二年（344）			※辭官歸養〔註74〕
永和二年（346）			□《搜神記》約此時完成〔註75〕
永和七年（351）			※干寶卒

　　（299～303 年）「在江淮，向韓友問卜」一事，乃李劍國獨考，所據來自《晉書·韓友傳》：「韓友，字景先，廬江舒人也。為書生，受《易》於會稽伍振。善占卜，能圖宅相家，亦行京房厭勝之術。友卜占神效甚，而消殃轉禍，無不皆驗。干寶問其故，友曰：『筮卦用五行相生殺，如案方投藥治病，以冷熱相救，其差與不差，不可必也。』」〔註76〕確有此事，但確實年月不詳。

〔註74〕王盡忠據《干氏宗譜》所收〈御制神道碑〉：「輔弼四朝，振舉百度。」推之，此年康帝卒，穆帝即位為第五代。王盡忠〈干寶生平略考——紀念干寶逝世1650周年〉，頁 13。

〔註75〕王盡忠僅引證《搜神記·序》：「建武中有所感起，是用發憤焉。」代表此書共歷約三十年完成。加上干寶曾示劉惔贊為「鬼之董狐」，是年據《晉書·劉惔傳》此年元和二年：「桓溫伐蜀，時咸謂未易可制，惟惔以為必克。」代表劉惔尚在。王盡忠〈干寶生平略考——紀念干寶逝世1650周年〉，頁14。

〔註76〕唐·房玄齡等《晉書·韓友傳》收錄於《二十五史》，頁 1618。

永嘉元年（307年）「任鹽官州別駕」，此條王盡忠所獨有，來自《干氏宗譜》所得〈靈泉鄉真如等碑亭記〉一文記載：「永嘉元年，滎陽高皇令升公，初仕晉為鹽官州別駕。」〔註77〕此文作者為干寶後代干樸。此資料為干氏家族所獨存者，可信度極高。

永嘉四年（310年）「寶父卒」此條為王盡忠所獨有，所據來自干樸〈靈泉鄉真如寺碑亭記〉：「漢主聰將兵寇洛陽，而河南諸郡皆為分據。滎陽之故里不可復問矣，遂家于海鹽之靈泉鄉。」其中「漢主聰將兵寇洛陽」，所據來自「（永嘉五年）六月癸未，劉曜、王彌、石勒同寇洛川，……帝蒙塵于平陽，劉聰以帝為會稽公。」此年（311年）劉聰攻陷洛陽，擄晉懷帝司馬熾。〔註78〕王氏以為：干寶於是年徙家靈泉鄉為父守孝，直至建興元年（313）年復出，得華譚推薦。〔註79〕有關寶父卒一事，所據來自胡震亨所記〈鹽官肇宗紀略〉：「寶之祖先實本新蔡，寶初仕晉為鹽官州判。寶之父瑩，迎養在任。適因劉聰、石勒之亂，割據滎陽。新蔡者，滎陽之屬邑也，勢不可歸，遂家於鹽。瑩卒，乃葬之於鹽之青山。」〔註80〕由此則只能知干瑩葬於海鹽，但於海鹽存留多少年干父始卒，皆不可考。且就目前個人所得資料，當年干寶為避亂，是以「真如寺」為宅，並非以此為干瑩埋葬地：

> 干寶宅（《碧里雜存》寶海鹽人，今靈泉鄉真如寺乃其宅基。）（《浙
> 江通志・卷四十一》）〔註81〕

> 真如寺（萬曆杭州府志：在縣東黃灣菩提山，東晉干寶捨宅為寺，
> 周顯德二年建輪藏武林。梵志：宋治平二年，賜今額海寧縣志，明

〔註77〕 王盡忠〈干寶生平略考——紀念干寶逝世1650周年〉，頁14。

〔註78〕 （永嘉五年）「六月癸未，劉曜、王彌、石勒同寇洛川，王師頻為賊所敗，死者甚。庚寅，司空荀藩、光祿大夫荀組奔轘轅，太子左率溫畿夜開廣莫門奔小平津。丁酉，劉曜、王彌入京師。帝開華林園門，出河陰藕池，欲幸長安，為曜等所追及。曜等遂焚燒宮廟，逼辱妃后，吳王晏、竟陵王楙、尚書左僕射和郁、右僕射曹馥、尚書閭丘沖、袁粲、王緄、河南尹劉默等皆遇害，百官士庶死者三萬餘人。帝蒙塵于平陽，劉聰以帝為會稽公，荀藩移檄州鎮，以琅邪王為盟主。豫章王端東奔苟晞，晞立為皇太子，自領尚書令，具置官屬，保梁國之蒙縣。百姓饑儉，米斛萬餘價。」《晉書・孝懷帝熾》收錄於《二十五史》，頁109。

〔註79〕 王盡忠〈干寶生平略考——紀念干寶逝世1650周年〉，頁13。

〔註80〕 王盡忠〈干寶生平略考——紀念干寶逝世1650周年〉，頁14。收《干氏宗譜》之資料。

〔註81〕 清・沈翼機等編纂《浙江通志》收錄於《文淵閣四庫全書》，頁192。

洪武二十四年，立成叢林。）（《浙江通志・卷二百二十七》）〔註82〕

干寶……海鹽人也。按武原古志，云其墓在縣西南四十里，今海寧
靈泉鄉眞如寺乃其宅基，載在縣誌，蓋古地屬海鹽也。（《碧里雜存・
下卷》〔註83〕

因之，干瑩死亡日期，可能尚有商榷空間。至於王盡忠以 313 年爲干寶守父
喪復出年，得華譚推薦，又開始爲官一事。據李劍國所言：懷帝永嘉五年（311
年）「爲佐著作郎與揚烈將軍周訪會面」之年，乃據《晉書・卷六一・華軼傳》：
「時天子孤危，四方瓦解……軼自以受洛京所遣，而爲壽春所督，時洛京尚
存，不能祇承元帝教命，時帝遣揚烈將軍周訪率衆屯彭澤以備軼，訪過姑孰，
著作郎干寶見而問之……既而帝承制改易長吏，軼又不從命，於是遣左將軍
王敦都督甘卓、周訪……討之」〔註84〕所謂天子孤危，乃指永嘉五年懷帝受
虜入平陽之時，〔註85〕時華軼以爲懷帝尚在，不能只承元帝司馬睿之命，因
之周訪與干寶碰面，兩人所言即是平軼一事，時干寶確定爲著作郎無誤，故
此年並非干寶復出之年。

　　另有關愍帝建興初年或二年（313～314 年）「左丞相司馬睿軍咨祭酒華譚
薦干寶官未果」一事，據《晉書・卷五二・華譚傳》：「建興初，元帝命爲鎭
東軍咨祭酒。譚博學多通，在府無事，乃著書三十卷，名曰辨道，上箋進之，
帝親自覽焉。……譚荐干寶、范珧於朝，乃上箋求退……，不聽。」〔註86〕
亦即華譚推薦干寶並未成功，故據諸多事證顯示「干寶居喪，華譚推薦復官」
之事，應有錯誤。

　　至於推薦年，建興共計五年（313～317），而所謂建興初，並非必初年，
故可能一或二年（313～314）年，故王盡忠將華譚推薦事列爲建興初年，亦
有可能，但干寶「著作郎」一職，絕非因華譚所薦而得，因此事最後是「未
果」；而李劍國以爲此事應在（314）年，目前所據史料僅知此事爲「建興初」，
因之有此上下年之差距，實可理解。

〔註82〕清・沈翼機等編纂《浙江通志》收錄於《文淵閣四庫全書》，頁 203。
〔註83〕明・董穀《碧里雜存》收錄於《叢書集成初編》（秦皇島市：中華書局 1985
　　　　年），頁 87～88。
〔註84〕唐・房玄齡等《晉書・華軼傳》收錄於《二十五史》，頁 1122。
〔註85〕陳慶麒編纂《中國大事年表》（台北：台灣商務印書館股份有限公司 1994 年 6
　　　　月），頁 156。
〔註86〕唐・房玄齡等《晉書・華譚傳》收錄於《二十五史》，頁 991。

　　愍帝建興三年（315 年）「助平杜弢有功」爲此年，此條所據應來自《晉書·干寶傳》：「干寶字令升，新蔡人也。祖統，吳奮武將軍、都亭侯。父瑩，丹楊丞。寶少勤學，博覽書記，以才器召爲著作郎，平杜弢有功，賜爵關內侯。」〔註87〕此年據《晉書·帝紀·孝愍帝鄴》確實爲建興三年。〔註88〕然封關內侯應爲 318 或 319 年。王盡忠據《干氏宗譜》所收〈賜爵關內侯制誥〉一文：「咨爾原任始安太守干寶，總督淮揚軍旅……江左以寧，爾之力也。……特賜爾爵關內侯，仍領秘書監事，纂修國史。」此誥文所立日期爲「大興改元二月」，因之王氏推斷：干寶 315 年總督淮揚軍旅，方有機會助平杜弢；而修國史則爲 317 年；至於賜爵，應是誥文所載的 318 年，〔註89〕此誥文的出現，一舉更新其他學者認定平杜弢的（315 年）即是封爵年之假設。

　　晉元帝建武元年（317）「王導上疏，遂立史官，以寶領國史。」所據來自《晉書·干寶傳》：「中興草創，未置史官，中書監王導上疏曰：『……陛下聖明，當中興之盛，宜建立國史，撰集帝紀……宜備史官，敕佐著作郎干寶等漸就撰等集。元帝納焉，寶於是始領國史。』」〔註90〕草創之時，乃指東晉初年，故可能者應爲一、二年上下。同年干寶撰《搜神記》所據來自《晉書·搜神記·序》：「建武中，所有感起，是用發憤焉。」〔註91〕而建武僅一年即改爲大興，故撰《搜神記》確爲此年無誤。

　　晉元帝司馬睿大興元年（318）作〈王昌前母服論〉即〈後養議〉一文，此條所據來自：「太康元年，東平王楙上言，相王昌父毖，本居長沙，有妻息，漢末使入中國，值吳叛，仕魏爲黃門郎，與前妻息死生隔絕，更娶昌母，今江表一統，昌聞前母久喪，言疾求平議。」（《晉書·禮志中》）干寶評論此事

〔註87〕 唐·房玄齡等《晉書·干寶傳》收錄於《二十五史》，頁 1418。

〔註88〕 （建興三年）「二月丙子，進左丞相、琅邪王睿爲大都督、督中外諸軍事，右丞相、南陽王保爲相國，司空荀組爲太尉，大將軍劉琨爲司空。進封代公猗盧爲代王。荊州刺史陶侃破王眞於巴陵。杜弢別將杜弘、張彥與臨川內史謝搞戰于海瀆，搞敗績，死之。……三月，豫章內史周訪擊杜弘，走之，斬張彥於陳……八月癸亥，戰于襄垣，王師敗績。荊州刺史陶侃攻杜弢，弢敗走，道死，湘州平。」唐·房玄齡等《晉書·帝紀》收錄於《二十五史》，頁 112～113。

〔註89〕 王盡忠〈干寶生平略考——紀念干寶逝世 1650 周年〉，頁 14。

〔註90〕 唐·房玄齡等《晉書·干寶傳》收錄於《二十五史》，頁 1418。

〔註91〕 清·嚴可均《全上古三代秦漢三國六朝文·全晉文》（中國書局香港分行，出版年不詳），頁 2193。

而發。〔註92〕文中有言：「太興初，著作郎干寶論之曰……」〔註93〕唯太興初並非等同元年，而太興共計四年，故初年應爲太興一、二年上下。

晉元帝大興二年（319）「郭璞遷尙書郎，干寶勸之勿過度任性嗜酒」所據來自《晉書·王隱傳》：「大興初，典章稍備，乃召隱及郭璞俱爲著作郎，令撰《晉史》。」〔註94〕三人可能共事的時間爲此時，又據《晉書·卷七十二·郭璞傳》：「璞以才學見重……然性輕易，不修威儀，嗜酒好色，時或過度。著作郎干寶常誡之曰：『此非適性之道也。』」〔註95〕同上大興共計四年，故「大興初」應可能爲大興一、二年。而吳文治所據的 320 年，應來自「嘗因郭璞嗜酒好色而誡之」之言，著重在〈客傲〉的著作年。又干寶撰〈駁招魂議〉，爲王盡忠所檢索，其所據來自文內所言：「近太傅公既屬寇亂，尸柩不反，時亦大議招魂葬。」太傅乃指司馬越，所據來自《晉書·東海王司馬越傳》：「永嘉五年三月卒于項。……石勒追及……焚越柩。奉妃裴氏……大興中得渡江，欲招魂葬越。元帝詔有司詳議……於是下詔不許，裴妃不奉詔，遂葬越于廣陵。」〔註96〕一事。而大興有四年，所論「大興中」應爲二、三年上下。

晉大興四年（321）「干寶論狂華生枯木，論王敦與武昌災一事」，張可禮所據《晉書·卷二十七·五行志（上）》：「元帝太興四年，王敦在武昌，鈴下儀仗生華如蓮華，五六日而萎落。……干寶以爲『此臣而君行，亢陽失節，是爲王敦陵上，有無君之心，故災也。』」〔註97〕應是無誤。

至於王盡忠所言，此年置《周易》及《春秋》相關系書。此條爲王氏獨有，所據《晉書·元帝紀》（大興四年三月）「置《周易》、《儀禮》、《公羊》博士。」〔註98〕又據《干氏宗譜》所收《御制神道碑》：「詳《春秋》之義而王道以明，注《易》象之解而天心以闡。是上而朝廷，下而風俗，無不經謀殫力，以匡扶國運。」東晉初建，人們的思想混亂，對東晉的建立是否順天意，合民心，持懷疑態度。故王氏據此推得，此年應是干寶著《周易注》、《周

〔註92〕唐·房玄齡等《晉書·禮志》收錄於《二十五史》，頁483。
〔註93〕唐·房玄齡等《晉書·禮志》收錄於《二十五史》，頁485。
〔註94〕唐·房玄齡等《晉書·王隱傳》收錄於《二十五史》，頁1413。
〔註95〕唐·房玄齡等《晉書·郭璞傳》收錄於《二十五史》，頁1263。
〔註96〕唐·房玄齡等《晉書·東海王越傳》收錄於《二十五史》，頁1097～1098。
〔註97〕唐·房玄齡等《晉書·五行志》收錄於《二十五史》，頁587。
〔註98〕唐·房玄齡等《晉書·中宗元帝睿帝紀》收錄於《二十五史》，頁126。

易宗塗》、《周易玄品》、《周易爻義》、《周易問難》以及《春秋序論》、《春秋左氏函傳義》等書，以為東晉的初創與鞏固，建立應有的正當地位。〔註99〕此推論有其合理性，然吾人不知干寶撰寫速度如何，僅能言是年為起始著手年，卻無法推知完成年。

解決323至326年干寶官職之前，先解決325年干寶做《晉紀》一事。干寶始撰《晉紀》之年，依三家所據，皆鎖定在此年，然三人及研究干寶者，皆未就《晉紀》始撰年示以文獻交代；即便連張可禮《東晉文藝繫年》此類以著作為主研究的專書，亦未言及《晉紀》始作何年，故此部分應是待商榷的；然個人於解決此問題的同時，意外在《廣博物志》得至《晉紀》成書年的線索：〔註100〕

> 隱博學多聞，受父遺業，西都事跡多所詳究。……乃依征西將軍庾亮於武昌鎮亮。給其紙墨由是獲成，凡為晉書八十九卷，咸康六年始詣闕奏上，隱雖好述作，而辭拙才鈍，其書編次有序者，皆銓（隱之父王銓）所修；章句混漫者必隱所作，時尚書郎領國史干寶，亦撰晉紀。自宣訖愍七帝五十三年凡二十二卷其書簡略，直而能婉，甚為當時所稱。

王隱完成《晉書》年為咸康六年，是年干寶《晉紀》亦完成，而咸康六年為340年，這是一條令人欣喜的線索，因此條列一出，自可攻破李劍國所言——干寶卒年336年之說。

由323至326年，有關干寶所任山陰令、始安太守及右長史與散騎常侍四官，各家分歧：張可禮以干寶任始安太守年，即翟湯拒司徒王導辟之年，因之方有「始安太守干寶與湯通家，遣船餉之」之事（《晉書·翟湯傳》）；據其推之王導領司徒為324年，故應同年干寶任太守〔註101〕；依此前推323年姑且暫定任山陰令；以此後推326年任司徒右長史；327年遷散騎常侍，此推測無一有確切證據，有其盲點。李劍國所據：《晉書·干寶傳》所言：「以家貧，求補山陰令」在晉縣令千石者與著作郎均屬六品，當時因家貧求任縣令者很多。李氏找到《晉書·卷八二·孫盛傳》：「孫盛……起家佐著作郎，以家貧親老，求為小邑，出補瀏陽。」又據《晉書·卷九二·李充傳》；「征北

〔註99〕王盡忠〈干寶生平略考——紀念干寶逝世1650周年〉，頁13。
〔註100〕明·董斯張撰《廣博物志》收錄於《文淵閣四庫全書》，頁35。
〔註101〕張可禮《東晉文藝繫年》，頁110。

將軍褚裒又引爲參軍，充以家貧，苦求外出。裒將許之爲縣……乃除剡縣令。」
〔註102〕故以爲：干寶於 326 年任著作郎之職，唯因家貧求補山陰令，並於此
薦好友葛洪爲著作郎的成份極高；至後再遷爲始安太守，方能遣船資助翟湯。
此條所據來自《晉書・葛洪傳》：「咸和初，……干寶深相親友，薦洪才堪國
史，選爲散騎常侍，領大著作，洪固辭不就。」〔註103〕咸和共有九年，咸和
初應爲 326 或 327 上下年，兩相比較李氏所言論證兼詳，唯年代略有上下一
年之差。

　　晉咸和二年（327）王盡忠以爲干寶「因蘇峻之亂，徙居澉湖」，所據史
料來自《晉書・卷七・顯宗成帝衍》：「（咸和二年）十一月，豫州刺史祖約、
歷陽太守蘇峻等反。」〔註104〕至於「徙居澉湖」來自《干氏宗譜》所引干楳
〈靈泉鄉眞如寺碑亭記〉曰：「因蘇峻之亂，兵散爲盜寇掠其第，列祖偕諸昆
族徙居于澉湖，近都尉之墓，或散處海濱梅園里。」王氏更推測致使干寶不
得不離職之因，可能母死守喪，並於（（329）年守喪完，服闋回朝，此說只
言「近都尉之墓，或散處海濱梅園里」，近墓處可能是遷列祖於此；亦可能是
指宅第之位，並未言母喪事，故只是推測之言，此問題略同於永嘉四年（310
年），干寶遷眞如寺，視爲寶父卒條，應尙無法成爲有力的證據。

　　至於王導建議於成帝時代，置司徒府置左右長史，請干寶爲右長史，應
是咸康元年（335），來自《晉書・卷六十五・王導傳》：「石季龍掠騎至歷陽，
尋請出討之。加大司馬、假黃鉞、中外諸軍事，置左右長史、司馬，給布萬
匹。俄而賊退，解大司馬。復轉中外大都督，進位太傅，又拜丞相，依漢制
罷司徒官以并之。」之時。〔註105〕此年即《晉書・卷七・成帝衍》：「（咸康元
年）夏四月癸卯，石季龍寇歷陽，加司徒王導大司馬、假黃鉞、都督征討諸
軍事，以禦之。」之年〔註106〕。故可知此年王導任大司馬，並置左右長史。
李劍國據此，深入由職官方面探究，檢索出《南齊書・卷一六・百官志》：「司
徒府領天下州郡名數戶口簿籍。……常置左右長史、左西曹掾屬、主簿、祭
酒、令史以下。晉世王導爲司徒，右長史撰立官府職儀已具。」此即《司徒

〔註102〕李劍國・南開大學文學院中文系編《魏晉南北朝文學與文化論文集・干寶考》，
　　　　頁 322。
〔註103〕唐・房玄齡等《晉書・葛洪傳》收錄於《二十五史》，頁 1268。
〔註104〕唐・房玄齡等《晉書・成帝衍紀》收錄於《二十五史》，頁 137。
〔註105〕唐・房玄齡等《二晉書・王導傳》收錄於《二十五史》，頁 1170。
〔註106〕唐・房玄齡等《二晉書・成帝衍紀》收錄於《二十五史》，頁 136。

儀》一卷之由來。隔年（336）遷散騎常侍，此為加官或兼官。依《晉書・卷二十四・職官志》：「魏文帝黃初初，置散騎，合之於中常侍，同掌規諫，不典事，……常為顯職。」又據《北堂書抄・卷五七》引《晉中興書・太康孫錄》：「干寶以散騎常侍，領著作。」再據《冊府元龜・卷六○五・學校部・注釋一》：「干寶為散騎常侍，領著作。」李氏以數端為據，既能證明時間，又能合理證得何以兼官之因，實可信。〔註107〕

咸康二年（336）「干寶死卒官葬海鹽」李劍國以為干寶三月卒官，葬海鹽西南四十里金牛山南。其所據來自《建康實錄》：「（咸康）二年春正月，彗星見於奎，二月算軍用稅，米空懸五十餘萬碩，尚書謝褒已下免官。辛亥立，皇后杜氏大赦，增文武位一等，三月散騎常侍干寶卒。」〔註108〕李氏所據來自《建康實錄》，然據種種證據顯示，有其不合理處，此部分待王盡忠考探干寶卒年（351），再一併做論述。

建元二年（344）「辭官歸養」王盡忠據《干氏宗譜》所收〈御制神道碑〉：「輔弼四朝，振舉百度。」〔註109〕推之，此年康帝卒，穆帝即位為第五代。以誥文為據可信。

關於《搜神記》著作起始之年為 317 年，各家無異議。至於完成年，李劍國以為應是咸康元年（335），即劉惔看《搜神記》言「鬼之董狐」之年。此年干寶由始安調王導司徒府右長史，時劉惔亦受王導器重，任職司徒府之年。所據來自《晉書・卷七十五・劉惔傳》：「惔少清遠，有標奇，與母任氏寓居京口，家貧，織芒屬以為養，雖蓽門陋巷，晏如也。人未之識，惟王導深器之。」〔註110〕王盡忠則據《晉書・劉惔傳》，以為元和二年（346）：「桓溫伐蜀，時咸謂未易可制，惟惔以為必克。」劉惔尚在，〔註111〕故將之與劉惔「鬼之董狐」之年相扣合。據此兩者皆為初估值，然李氏推測，可能較精準，王氏所推之值，僅能證該年劉惔未死，但不足證明此年必是劉惔見《搜神記》完稿之年。

接著處理干寶卒年，永和七年（351）年「干寶卒」王盡忠據〈御制神道

〔註107〕李劍國・南開大學文學院中文系編《魏晉南北朝文學與文化論文集・干寶考》，頁 323。

〔註108〕唐・許嵩撰《建康實錄》收錄於《文淵閣四庫全書》，頁 321。

〔註109〕王盡忠〈干寶生平略考——紀念干寶逝世 1650 周年〉，頁 14。

〔註110〕唐・房玄齡等《晉書・劉惔傳》收錄於《二十五史》，頁 1317～1318。

〔註111〕王盡忠〈干寶生平略考——紀念干寶逝世 1650 周年〉，頁 14。

碑〉：「胡旻天之不弔于一人，而侯遂以告薨。余仰天意，不徒顯侯於生前，而欲申錫于身後。」干寶死於秋天，九月此碑立。」〔註112〕因此碑文的輔助，使此推理有其合理性。

以上五人資料，以張可禮、李劍國與王盡忠最詳；其中李劍國與王盡忠之說，正可補張可禮 317 年前之不足；另有關干寶任職山陰令、始安太守及右長史與散騎常侍四官職，各家分歧，以李劍國考探最精詳；學者王盡忠與干寶四十八世孫干乃軍的合作，諸多文據來自干氏家族之《干氏宗譜》所附文稿，此些文稿對干寶的生平研究，極有助益，其中〈賜爵關內侯制誥〉為干寶平杜弢有功的誥文；〈御制神道碑〉為干寶死後受贈之碑文，此碑文完成於永和七年（351），依干寶為國家命臣，而同年死，同年受贈碑文是可能的，萬不可能若李劍國所據咸康二年（336）干氏死，經十五年之後，再御賜，故此一文稿的出現，將干寶生年下修七年，亦下修干寶存活之年限多了十五年。

因之，就干寶「經歷考」，各家考證，皆有短長，大體而言：晉咸康二年（335）前研究干寶者所據，當屬李劍國最佳，但自《干氏宗譜》附件一一問世，則自咸康一年（335）後，當以王盡忠為主。因之，可以確知干寶生卒年至晚之上下限應為公元 276～351 年左右。

個人在此所做貢獻，除比較各家優缺，亦為干寶的卒年由（336）年，下修為（351）年，分別找到數條足以附議王盡忠，反駁李劍國之說的有力證據：首先在前單元「干氏祖考」中，既干瓚於庾翼死後隨即叛變，此年為永和元年（345），而《萬姓統譜》將干瓚、干松、干寶三者上下排列，據此干寶之卒年，實少有可能早於干瓚；再者，個人找得新證——《廣博物志》明列干寶《晉紀》成書年代為（340）年，亦為干寶卒於（336），做了最有力駁證。故提供後出研究干寶的生卒年者，朝王盡忠的（283～351）考探，應可能較合理於李劍國（276～336）之說。

第四節　交遊考

據《晉書》記載，干寶一生早年向韓友學卜筮；官職生涯最早受華譚引薦；曾二度受王導器重，撰修國史並任要職；任著作郎時力勸同儕郭璞，勿虛誕放浪於太過；文獻記載的好友為葛洪與翟湯，前者與其同是著作等身者，

後者則因德受干寶敬重；另初成《搜神記》急於往送劉恢過目，大抵此即干寶與人往來的情形，以下即就此數人，一一分析論述：

一、干寶與華譚

據《晉書‧華譚傳》記載，華譚曾力薦干寶：〔註113〕

> 建興初，元帝命爲鎮東軍諮祭酒。譚博學多通，在府無事，乃著書三十卷，名曰辨道，上牋進之，帝親自覽焉。轉丞相軍諮祭酒，領郡大中正。譚薦干寶、范珧於朝，乃上牋求退曰：……不聽。

此推薦因元帝不讓華譚離職隱退而未成功，兩人在其他交往記錄上幾乎無資料可尋，然既華譚推薦干寶，設若由華譚著作、思想著手，應可找出兩人相似處，自能尋得干寶應有之思想特質。

據《晉書‧華譚傳》於太康中，陳總問華譚求賢才一事：〔註114〕

> 夫聖人在上，物無不理，百揆之職，非賢不居。故山林無匿景，衡門不棲遲。至承統之王，或是中才，或復凡人，居聖人之器，處兆庶之上，是以其教日積，風俗漸弊。又中才之君，所資者偏，物以類感，必於其黨，黨言雖非，彼以爲是。以所授有顏冉之賢，所用有廊廟之器，居官者日冀元凱之功，在上者日庶堯舜之義，彼豈知其政漸毀哉！

華譚力陳賢才有所發揮，必須遇上明主，若遇上中才、凡人之君，則將有所折損。此即「故上官昵而屈原放，宰嚭寵而伍員戮，豈不哀哉！若仲舒抑於孝武，賈誼失於漢文，蓋復是其輕者耳」〔註115〕的結果。所以其歸結並非賢才難求，實如白起所言：「非得賢之難，用之難，非用之難，信之難。得賢而不能用，用而不能信，功業豈可得而成哉！」。〔註116〕可見華譚以爲君臣之間，臣能亦應君賢。又華譚〈舉秀才對策〉一文，曾言：〔註117〕

> 臣聞聖人之臨天下也，祖乾綱以流化，順谷風以興仁，兼三才以御物，開四聰以招賢。故勞謙日昃，務在擇才，宣明巖穴，垂光隱滯。俊乂龍躍，帝道以光；清德鳳翔，王化克舉。是以皋陶見舉，不仁

〔註113〕唐‧房玄齡等《晉書‧華譚傳》收錄於《二十五史》，頁991。
〔註114〕唐‧房玄齡等《晉書‧華譚傳》收錄於《二十五史》，頁988。
〔註115〕同上。
〔註116〕同上。
〔註117〕清‧嚴可均《全上古三代秦漢三國六朝文（二）‧卷七十九》，頁1916。

　　　者遠；陸賈重漢，遠夷折節。

華譚崇尚舉才用賢，並行王化之教。另主張王化之教，亦應配以律法：「堯舜之盛，而猶設象刑；殷周之隆，而甫侯制律。律令之存，何妨於政。」〔註118〕即便堯舜聖人時代，亦有律法輔之，其更論述最高政治境界，乃是行禮樂仁德教化，待仁德遍行，則刑罰則將退居於備而不用之地，故其言「大道四達，禮樂交通，凡人修行，黎庶勵節，刑罰懸而不用，律令存而無施，適足以隆太平之雅化，飛仁風乎無外矣。」〔註119〕又《晉書・華譚傳》載其言行：「博士王濟於眾中嘲之曰：『五府初開，群公辟命，採英奇於仄陋，拔賢儁於巖穴，君吳楚之人，亡國之餘有何秀異而應斯舉？』答曰：『秀異固產於方外，不出於中域也。……故以人求之，文王生於東夷，大禹生於西羌，子弗聞乎？昔武王克商，遷殷頑民於洛邑，諸君得非其苗裔乎？』」〔註120〕東晉偏安，華譚心中的仁主是大禹、文王、武王，此些英雄皆是不論出身之人，此舉可見其並非苟安待時者，而是有為積極的入世者。

　　另《晉書・陳敏傳》記載，時東海王軍諮祭酒華譚聽聞陳敏自相署置，而顧榮卻甘受陳敏賜爵，於是致顧榮等人一信，曰：

　　　朝廷錄敏微功，故加越次之禮，授以上將之任……本性凶狡，素無識達，貪榮干運，逆天而動……上負朝廷寵授之榮，下孤宰輔過禮之惠，天道伐惡，人神不祐……君子高行，屈節附逆，義士所恥。……況吳會仁人並受國寵，或列為近臣，而便辱身姦人之朝，降節逆叛之黨，稽顙屈膝，不亦羞乎！昔龔勝絕粒，不食莽朝；魯連赴海，恥為秦臣，君子義行，同符千載，遙度雅量，豈獨是安！（《晉書・陳敏傳》）〔註121〕

信中華譚責以違人臣之節者，則天道伐之，實為儒家天命與禮法的服膺者，故其會推薦干寶，應出自兩人相契的思想。大抵而言：華譚重君臣關係，主張儒、法並行，前主後輔，最高政治境界是仁政，律法則備而不用。又晉室東遷後，更屬積極勠力之人。而干寶一生服膺禮法，為儒家倡行者，曾多次藉《易》注，暢言君臣與天地陰陽關係，君陽臣陰，君主臣輔，故相對君賢臣能，此係漢朝君一統思想的延伸（此部分待言「干寶與葛洪」再一併舉例）；

〔註118〕唐・房玄齡等《晉書・華譚傳》收錄於《二十五史》，頁990。
〔註119〕唐・房玄齡等《晉書・華譚傳》收錄於《二十五史》，頁990。
〔註120〕唐・房玄齡等《晉書・華譚傳》收錄於《二十五史》，頁990。
〔註121〕唐・房玄齡等《晉書・陳敏傳》收錄於《二十五史》，頁1689。

而華譚於政治建言上，實與干寶同行，無怪其推崇干寶代己職於晉帝。

二、干寶與王導

干寶與王導接觸，僅在王導引薦干寶官位上，據《晉書·干寶傳》記載：
〔註 122〕

> 中興草創，未置史官，中書監王導上疏曰：「夫帝王之跡，莫不必書，
> 著爲令典，垂之無窮。宣皇帝廓定四海，武皇帝受禪於魏，至德大
> 勳，等蹤上聖，而紀傳不存於王府，德音未被乎管絃。陛下聖明，
> 當中興之盛，宜建立國史，撰集帝紀，上敷祖宗之烈，下紀佐命之
> 勳，務以實錄，爲後代之準，厭率土之望，悅人神之心，斯誠雍熙
> 之至美，王者之弘基也。宜備史官，敕佐著作郎干寶等漸就撰集。」
> 元帝納焉，寶於是始領國史。以家貧，求補山陰令，遷始安太守，
> 王導請爲司徒右長史，遷散騎常侍。

王導兩次推薦干寶作官，一次爲晉元帝建武元年（317）年以佐著作郎領國史
監，此年王導四十二歲；一次爲干寶家貧自請外任後，再次召回，約在咸康
元年（335 年）王導任司徒府置左右長史，請干寶爲右長史之時。於年齡上王
導長干寶約七歲，〔註 123〕王導對干寶有知遇之恩，王導之所以推崇干寶史學
才華，正因干寶一生，在政治與思想的著力點與之相契。

王導在《世說新語·言語》篇，除了留下勸告周顗的「當共勠力王室，
克復神州，何至作楚囚相對？」擲地有聲精神喊話外〔註 124〕；尚有一則記載
其與謝太傅共登治城一事：〔註 125〕

> 王謂謝曰：「夏禹勤王，手足胼胝；文王旰食，日不暇給。今四郊多
> 壘，宜人人自效。而虛談廢務，浮文妨要，恐非當今所宜。」謝答
> 曰：「秦任商鞅，二世而亡，豈清言致患邪？」

〔註 122〕唐·房玄齡等《晉書·干寶傳》收錄於《二十五史》，頁 1418。
〔註 123〕依前文「干寶經歷考」列表，以王盡忠預估干寶生卒年（283～351）年爲計，
　　　　依張可禮《東晉文藝繫年》，頁 1。（317）年王導四十二歲，即表王氏出生年
　　　　爲 276 年，故兩人年差七歲。
〔註 124〕「過江諸人，每至美日，輒相邀新亭，藉卉飲宴。周侯中坐而歎曰：『風景
　　　　不殊，正自有山河之異！』皆相視流淚。唯王丞相愀然變色曰：『當共勠力
　　　　王室，克復神州，何至作楚囚相對？』」余嘉錫《世說新語箋疏·言語》（台
　　　　北：華正書局有限公司 1993 年十月版），頁 92。
〔註 125〕余嘉錫《世說新語箋疏·言語》，頁 129。

由此二則可知東晉偏安，王導是一積極有為的輔政者，故舉夏禹、文王勵力國事之舉，警謝安以「虛談廢務，浮文妨要」，盼積極有為，以救時弊。再見其〈上疏請修學校〉之文：〔註126〕

> 夫治化之本，在於正人倫，人倫之正，存乎設庠序，庠序設而五教明，則德化洽通，彝倫攸敍，有恥且格也，父子兄弟夫婦長幼之序順，而君臣之義固矣。易所謂「正家而天下定」者也。

王導政治觀是謹守儒家禮法，重視人倫教育，著重齊家、治國、平天下，由基礎紮根的平實教育，且一生忠心晉室，恪守人臣分際：〔註127〕

> 王敦之反也……導率群從昆弟子姪二十餘人，每旦詣臺待罪。帝以導忠節有素，特還朝服，召見之。導稽首謝曰：「逆臣賊子，何世無之，豈意今者近出臣族！」帝跣而執之曰：「茂弘，方託百里之命於卿，是何言邪！」乃詔曰：「導以大義滅親，可以吾為安東時節假之。」及敦得志，加導守尚書令。初，西都覆沒，海內思主，群臣及四方並勸進於帝，時王氏強盛，有專天下之心，敦憚帝賢明，欲更議所立，導固爭乃止。（《晉書‧王導傳》）

從兄王敦叛變，王導請罪，國君以「忠節有素，特還朝服」、「大義滅親」寄以重望，至終「導猶執正議，敦無以能奪」，連霸氣的王敦，都須折服幾分。再見《全晉文》所收〈遺王含書〉，此文為王導去信給附和王敦有叛亂意圖的王含：〔註128〕

> 先帝中興，遺愛在人，聖王聰明，德洽朝野，思與賢哲，弘濟艱難，不北面而執臣節，乃私相樹建，肆行威福，凡在人臣，誰不憤歎。……導門戶小大，受國厚恩，兄弟顯寵，可謂隆矣。導雖不武，情在寧國，……而兄一旦為逆節之臣，負先人平素之志，既沒之日，何顏見諸父於黃泉，謁先帝於地上邪，執省來告，為兄羞之。

王導曉以人臣之節，以為人臣不當「私相樹建」，若成為一「逆節之臣」，則何顏見王氏列祖長上。王導是能臣，並能忠於家國，更重要是一生儉約：〔註129〕

> 導簡素寡欲，倉無儲穀，衣不重帛。帝知之，給布萬匹，以供私費。

〔註126〕清‧嚴可均《全上古三代秦漢三國六朝文‧全晉文》（京都：中文出版社1981年），頁1562。

〔註127〕唐‧房玄齡等《晉書‧王導傳》收錄於《二十五史》，頁1168。

〔註128〕清‧嚴可均《全上古三代秦漢三國六朝文‧全晉文》，頁1654。

〔註129〕唐‧房玄齡等《晉書‧王導傳》收錄於《二十五史》，頁1169～1170。

> 導有羸疾，不堪朝會，帝幸其府，縱酒作樂，後令輿車入殿，其見
> 敬如此。

一生效力晉室，由元康末任官，歷惠帝、愍帝、元帝、明帝、成帝，官至丞相，但卻「倉無儲穀，衣不重帛」，以致君王憐惜、敬重有加。因之，咸康五年逝世，王室冊文上，盡顯萬般不捨之跡：〔註130〕

> 咸康五年薨，時年六十四，帝舉哀於朝堂三日，……公邁達沖虛，
> 玄鑒劭邁；夷淡以約其心，體仁以流其惠；棲遲務外，則名儁中夏，
> 應期濯纓，則潛算獨運。昔我中宗、肅祖之基中興也，下帷委誠而
> 策定江左，拱己宅心而庶績咸熙。故能威之所振，寇虐改心，化之
> 所鼓，檮杌易質；調陰陽之和，通彝倫之紀；……拯其淪墜而濟之
> 以道，扶其顛傾而弘之以仁，經緯三朝而蘊道彌曠。方賴高謨，以
> 穆四海，昊天不弔，奄忽薨殂，朕用震慟于心。雖有殷之殞保衡，
> 有周之喪二南，曷諭茲懷！

王導歷「中宗、肅祖之基中興」，至後策定江左，而冊文言其「威之所振，寇虐改心，化之所鼓，檮杌易質；調陰陽之和，通彝倫之紀」，正是對其致力修史警世與建立禮法之序，端正人心的美讚。晉朝是一強臣欲謀的時代，王導輔佐諸王，暢行端正人心之禮法，正足以明示其謹守五倫之份際。

而干寶一生正致力於此，著作中：除完成史書《晉紀》，更因服膺編年史《春秋》，而致力對《春秋》的研究，著有：《春秋序論》、《春秋左氏義》、《左氏函傳義》、《左氏承傳義》等，此才即王導在「中興草創，未置史官」，向元帝推薦干寶爲著作郎之因；再者禮法方面著作更豐：《周禮注》、《周官禮》、《周官駁難》、《雜議》、《七廟議》、《司徒儀》、《後養議》。此即王導二度重用「司徒府領天下州郡名數戶口簿籍。……常置左右長史、左西曹掾屬、主簿、祭酒、令史以下。晉世王導爲司徒，右長史撰立官府職儀已具。」〔註131〕的主因。另王導除重干寶之史才，更重要的原因是，兩人皆是一心爲拯救晉室而力圖改革的直言者：

> 王導、溫嶠俱見明帝，帝問溫前世所以得天下之由。溫未答，頃，
> 王曰：「溫嶠年少未諳，臣爲陛下陳之。」王乃具敍宣王（司馬懿）
> 創業之始，誅夷名族，寵樹同己，及文王之末高貴鄉公事。明帝聞

〔註130〕唐・房玄齡等《晉書・王導傳》收錄於《二十五史》，頁 1170～1171。
〔註131〕梁・蕭子顯《南齊書・百官志》收錄於《二十五史》，頁 154。

之，覆面著床曰：「若如公言，祚安得長！」(《世說新語・尤悔》)
〔註132〕

王導向明帝直言先祖司馬懿失德之非，毫無隱諱；而干寶寫《晉紀・總論》批革西晉以為東晉帝王的殷鑑，兩人皆直言，不顧權貴，且是為政以德之服膺者，故王導之所以推薦干寶修史，只有一重要原因，來自入世崇儒的相同理念。

三、干寶與郭璞

干寶與郭璞的接觸，應是兩人任著作郎之時，據《晉書・郭璞傳》：
〔註133〕

> ……璞著江賦，其辭甚偉，為世所稱。後復作南郊賦，帝見而嘉之，以為著作佐郎。
>
> ……頃之，遷尚書郎。數言便宜，多所匡益。明帝之在東宮，與溫嶠、庾亮並有布衣之好，璞亦以才學見重，埒於嶠、亮，論者美之。然性輕易，不修威儀，嗜酒好色，時或過度。著作郎干寶常誡之曰：「此非適性之道也。」璞曰：「吾所受有本限，用之恒恐不得盡，卿乃憂酒色之為患乎！」

郭璞為著作佐郎時，干寶為著作郎，兩人得以相識應在此時，據《晉書・卷二十四・志十四・職官》：「著作郎一人，謂之大著作郎，專掌史任。又置佐著作郎八人。著作郎始到職，必撰名臣傳一人。」〔註134〕則兩人應為上下部屬關係。後郭璞遷尚書郎，遂與庾亮、溫嶠有交誼，並受明帝重視。但因「性輕易，不修威儀」放浪形骸，干寶誠意直言「此非適性之道也」，憂心力勸，但當時狂傲的郭璞並未聽勸，任性自然如故。以致《璞別傳》更將干寶所言之「性」，形容為「此伐性之斧也。」〔註135〕實貼切不過。

而郭璞「任性自然」的生命情調，在〈客傲〉更是一覽無遺。做〈客傲〉

〔註132〕余嘉錫《世說新語箋疏・尤悔》(台北：華正書局 1989 年)，頁 900。

〔註133〕唐・房玄齡等《晉書・郭璞傳》收錄於《二十五史》，頁 1261、1263。

〔註134〕唐・房玄齡等《晉書・職官志》收錄於《二十五史》，頁 543。

〔註135〕《璞別傳》：「璞博多通，文粲麗，才學賞豫，足參上流。……不持儀檢，形質穨索，縱情嫚惰，時有醉之失。友人干令升戒之曰：『此伐性之斧也』。璞曰：『吾所受有分，恆恐用之不盡，豈酒色之能害！』」余嘉錫引之。見《世說新語箋疏・文學》，頁 257。

之因來自：「好卜筮縉紳多笑之，又自以才高位卑」〔註136〕客問以「士以知名為賢，……尚何名乎！」郭璞先傲客回曰：「鷦鵬不可與論雲翼，井蛙難與量海鼇。雖然，將袪子之惑……」處處顯倨傲放浪之跡。郭璞之傲來自超然物外，故言「形廢則神王，跡粗而名生」，因之，一心所嚮為「不恢心而形遺，不外累而智喪，無巖穴而冥寂，無江湖而放浪」、「寄群籍乎無象，域萬殊于一歸」的至大至廣之境。〔註137〕這是老莊齊一、坐忘、心齋的境界，郭璞應之於現世，不避不卑，縱性自然，預卜國家內外事，〔註138〕毫不避諱，終因不知藏拙，而惹來殺身之禍──上司王敦，以造反一事令卜，郭璞率性直言，最後死於王氏之手。〔註139〕

　　郭璞一生著作頗豐，若以經史子集分類，應為：〔註140〕

〔註136〕唐・房玄齡等《晉書・郭璞傳》收錄於《二十五史》，頁1263。

〔註137〕「窟泉之潛不思雲翬，熙冰之采不羨旭晞，混光耀於埃藹者，亦曷願滄浪之深，秋陽之映乎！……是以不塵不冥，不驪不駵，支離其神，蕭悴其形。形廢則神王，跡粗而名生。體全者為犧，至獨者不孤，傲俗者不得以自得，默覺者不足以涉無。故不恢心而形遺，不外累而智喪，無巖穴而冥寂，無江湖而放浪。玄悟不以應機，洞鑒不以昭曠。不物物我我，不是是非非。忘意非我意，意得非我懷。寄群籍乎無象，域萬殊于一歸。」清・嚴可均《全上古三代秦漢三國六朝文・全晉文》，頁2152。

〔註138〕「王導深重之，引參己軍事，嘗令作卦，璞言公有震厄，可命駕西出數十里，得一柏樹截斷如身長，置常寢處，災當可消矣，導從其言數日果震柏樹粉碎。……及帝為晉王，又使璞筮遇豫之睽，璞曰：會稽當出鍾以告成功，上有勒銘，應在人家井泥中得之緣辭，……及帝即位……果於井中得一鍾……」郭璞因能預卜，故舉凡國之內外事，皆問之。《晉書・郭璞傳》收錄於《二十五史》，頁1261。

〔註139〕「王敦之謀逆也，溫嶠、庾亮使璞筮之，璞對不決。嶠、亮復令占己之吉凶，璞曰：『大吉。』嶠等退，相謂曰：『璞對不了，是不敢有言，或天奪敦魄。今吾等與國家共舉大事，而璞云大吉，是為舉事必有成也。』於是勸帝討敦。初，璞每言『殺我者山宗』，至是果有姓崇者構璞於敦。敦將舉兵，又使璞筮。璞曰：『無成。』敦固疑璞之勸嶠、亮，又聞卦凶，乃問璞曰：『卿更筮吾壽幾何？』答曰：『思向卦，明公起事，必禍不久。若住武昌，壽不可測。』敦大怒曰：『卿壽幾何？』曰：『命盡今日日中。』敦怒，收璞，詣南岡斬之。璞臨出，謂行刑者欲何。曰：『南岡頭。』璞曰：『必在雙柏樹下。』既至，果然。復云：『此樹應有大鵲巢。』索之不得。璞更令尋覓，果於枝間得一大鵲巢，密葉蔽之。初，璞中興初行經越城，間遇一人，呼其姓名，因以褶遺之。其人辭不受，璞曰：『但取，後自當知。』其人遂受而去。至是，果此人行刑。時年四十九。及王敦平，追贈弘農太守。」唐・房玄齡等《晉書・郭璞傳》收錄於《二十五史》，頁1266。

〔註140〕《爾雅注》五卷、《爾雅音》八卷、《爾雅圖》十卷、《方言注》十三卷（《隋

> 經：第一類關於《周易》：《周易新林》、《易洞林》、《易八卦命錄斗
> 　　內圖》、《易斗圖》、《周易玄義經》
> 　　第二類小學部分：《爾雅注》、《爾雅音》、《爾雅圖》、《方言注》、
> 　　《三蒼注》
> 史：《穆天子傳注》、《山海經注》、《水經注》
> 子：《三命通照神白經》（屬五行類）
> 集：《楚辭注》、《郭璞集》

兩人著作頗豐，〔註141〕郭璞研究重心，首重神鬼類，兼及地理方誌、方言與
五行研究，《穆天子傳注》、《山海經注》、《水經注》、《楚辭注》、《爾雅注》、《爾
雅音》、《爾雅圖》、《方言注》、《三蒼注》、《三命通照神白經》皆屬此類；另
亦致力《周易》經圖並重的研究；干寶則史書、禮書與易學研究，等量齊觀；
至於《搜神記》則是以撰史書的精神從事記錄。

　　可知，兩人在興趣上，易學與神怪上應有交集，干寶窮究一生研究經義，
對《易》學相關著作，更是用心鑽研，當東晉義理《易》暢行，其獨排眾念，
亦效京房、孟喜、夏侯勝之象數《易》學，並與五行、陰陽觀念結合，這點
與「好經術，……妙於陰陽算曆。……洞五行、天文、卜筮之術，攘災轉禍，
通致無方，雖京房、管輅不能過也」〔註142〕的郭璞，在追求五行、讖諱上，
是相契的。唯兩人至終運用不同：郭璞研究的《周易》，是經圖並行，象數
易與五行結合，故郭璞好占，即是將《周易》與神怪類結合成讖諱國事的基
礎；而干寶合易學入史學再兼及五行、讖諱，所欲強調的天人、君臣、倫理

書》・卷三十二・志經/論語孔叢、家語、爾雅等）、《三蒼注》三卷（秦相李
斯作蒼頡篇，漢揚雄作訓纂篇，後漢郎中賈魴作滂喜篇，故曰三蒼）；《隋書》・
經籍志一經・小學）、《穆天子傳注》六卷（隋書・志・卷三十三・志二十八・
經籍志二・史・起居注）、《山海經注》二十三卷、《水經注》三卷（隋書・經
籍二・史・地理）；《周易新林》四卷、《周易新林》九卷、《易洞林》三卷、《易
八卦命錄斗內圖》一卷、《易斗圖》一卷（隋書・經籍志三・子・五行）、《周
易玄義經》一卷（宋史・藝文志五・子類・著龜類）、《楚辭注》三卷（隋書・
經籍志四・集 道經 佛經・楚辭）、晉弘農太守《郭璞集》十七卷（隋書・經
籍志四・集 道經 佛經・別集）、《郭璞集》十卷（舊唐書・經籍志・下・丁
部集錄・楚詞類）、《郭璞注》一卷（新唐書・藝文志一・甲部經錄・小學類）、
《三命通照神白經》三卷（《宋史》・藝文志五・子類・五行類）。
〔註141〕干寶著作見本章第五節「干寶著作考」。
〔註142〕唐・房玄齡等《晉書・郭璞傳》收錄於《二十五史》，頁 1889。

的秩序，以達君一統的儒家思想，故敬謹禮法，行事小心。

至於神鬼的處理，干寶則以史家殷鑑精神，並兼及訪調記錄的收攬。而好占的郭璞受到老莊玄學的影響，展現任性的面貌，外放天人世界為其處世情調；而兩人生命態度是截然不同的，前者收，後者放。故前者以收勸之，後者以「吾所受有本限，用之恒恐不得盡，卿乃憂酒色之為患乎！」外放應之。

四、干寶與翟湯

《晉書·隱逸·翟湯傳》言：〔註143〕

> 翟湯字道深，尋陽人。篤行純素，仁讓廉潔，不屑世事，耕而後食，人有饋贈，雖釜庾一無所受。永嘉末，寇害相繼，聞湯名德，皆不敢犯，鄉人賴之。

據《尋陽記》：「周邵……與翟湯隱於尋陽廬山。」後來庾亮提拔周邵為鎮蠻護軍、西陽太守。〔註144〕而後翟湯因「庾太尉說周以當世之務，周遂仕，翟秉志彌固」，遂「不與言。」〔註145〕此乃「篤行純素、仁讓廉潔，不屑世事」的作風。因之，在仕途上，三度受徵不就，本傳又曰：〔註146〕

> 司徒王導辟，不就，隱於縣界南山。……咸康中，征西大將軍庾亮上疏薦之，成帝徵為國子博士，湯不起。……康帝復以散騎常侍徵湯，固辭老疾，不至。年七十三，卒於家。

屢召不仕，因之留下守道清貧的美名。而干寶與翟湯有通家之誼，早在王導薦官不就前即有之，時翟湯守貧隱居，干寶時仕太守，曾請人往助。《晉書·隱逸傳·翟湯》記載：〔註147〕

〔註143〕唐·房玄齡等《晉書·翟湯傳》收錄於《二十五史》，頁1598。

〔註144〕「庾公欲起周子南，子南執辭愈固。庾每詣周，庾從南門入，周從後門。庾嘗一往奄至，周不及去，相對終日。庾從周索食，周出蔬食，庾亦彊飯，極歡；并語世故，約相推引，同佐世之任……既仕，至將軍二千石，而不稱意。中宵慨然曰：『大丈夫乃為元規所賣』一歎，遂發背而卒。」余嘉錫引之《世說新語箋疏·尤悔》，頁902～903。

〔註145〕「南陽翟道淵與汝周子南相友，共隱於尋陽。庾太尉說周以當世之務，周遂仕，翟秉志彌固。其後周詣翟，翟不與語。」余嘉錫《世說新語箋疏·棲逸》，頁658。

〔註146〕唐·房玄齡等《晉書·隱逸傳·翟湯》收錄於《二十五史》，頁1598。

〔註147〕唐·房玄齡等《晉書·隱逸傳·翟湯》收錄於《二十五史》，頁1598。

始安太守干寶與湯通家，遣船餉之，敕吏云：「翟公廉讓，卿致書記，
便委船還。」湯無人反致，乃貨易絹物，因寄還寶。寶本以爲惠，
而更煩之，益愧歎焉。

有關翟湯資料極有限，干寶曾因「家貧求補山陰令」，但由干寶苦心設計「遣
船餉之」好友，可知兩人交情深厚，遂有憐友濟貧的情形。但面對「耕而後
食，人有饋贈，雖釜庾一無所受」的翟湯，干寶原本贈予的美意，遂成「更
煩之」之舉，其廉潔志行，令干寶「益愧」。翟湯除至性高潔外，亦因照顧下
人而聞名：〔註148〕

建元初，安西將軍庾翼北征石季龍，大發僮客以充戎役，敕有司特
蠲湯所調。湯悉推僕使委之鄉吏，吏奉旨一無所受，湯依所調限，
放免其僕，使令編戶爲百姓。

翟湯爲免於家僕受徵召往戰，於是費心思令「編戶爲百姓」，以防「充戎役」。
此「仁讓」之舉，爲人樂道。晉成帝時蘇峻作亂，卞壼父子三人，因禦敵而
犧牲。朝廷研議追贈一事，時徵士翟湯言：「父死於君，子死於父，忠孝之道，
萃于一門。」以爲應以儒家忠孝之節表彰之，可見翟湯本身具有的儒家情懷。

翟湯一生辟仕，思想與著作成就不高，但其志行卻足可令世人敬仰；而
干寶是重德之人，在自己經濟未必富裕的情形下，對這位敬之、憐之的好友，
行以贈船的厚禮，其惺惺相惜之情，應不難理解。

五、干寶與葛洪

葛洪生於晉武帝太康四年（公元 283 年），卒於晉康帝建元元年（公元
343 年）〔註149〕，據《晉書・葛洪傳》記載：〔註150〕

葛洪字稚川，丹楊句容人也。……家貧，躬自伐薪以貿紙筆，夜輒
寫書誦習，遂以儒學知名。……於餘杭山見何幼道、郭文舉，……
時或尋書問義，……尤好神仙導養之法。……從祖玄，吳時學道得
仙，號曰葛仙公……以其鍊丹祕術授弟子鄭隱。洪就隱學，悉得其
法焉。後師事南海太守上黨鮑玄。……以女妻洪。洪傳玄業，兼綜
練醫術，凡所著撰，皆精覈是非，而才章富贍。

〔註148〕唐・房玄齡等《晉書・隱逸傳・翟湯》收錄於《二十五史》，頁1598。
〔註149〕所據陳飛龍《葛洪之文論及其生平》（台北：文史哲出版社1980年），頁95。
〔註150〕唐・房玄齡等《晉書・葛洪傳》收錄於《二十五史》，頁1268。

大體而言，葛洪思想初爲儒家，後好神仙導養之術，從祖父葛玄之弟子葛仙公學仙術，號葛仙公；後又師事南海太守鮑玄，至終傳其業，兼練醫術。

《晉書·葛洪傳》記載，葛洪面對仕途，是消極的，曾多次有機會爲官，但都無所求：〔註151〕

> 太安中，石冰作亂……與周玘等起兵討之，……冰平，洪不論功賞，徑至洛陽，欲搜求異書以廣其學。……洪見天下已亂，欲避地南土，乃參廣州刺史嵇含軍事。及含遇害，遂停南土多年，征鎮檄命一無所就。後還鄉里，禮辟皆不赴。元帝爲丞相，辟爲掾。以平賊功，賜爵關內侯。咸和初，司徒導召補州主簿，轉司徒掾，遷諮議參軍。干寶深相親友，薦洪才堪國史，選爲散騎常侍，領大著作，洪固辭不就。……帝以洪資高，不許。洪曰：「非欲爲榮，以有丹耳。」帝從之。……至廣州，刺史鄧嶽留不聽去，洪乃止羅浮山煉丹。嶽表補東官太守，又辭不就。（《晉書·葛洪傳》）

葛洪並非避官不就，入仕常是因國危或避難，生命之最是煉丹高於一切。此即葛洪在儒道思想上的分野。早年儒家的出仕兼善天下的思想，已在他求道煉丹的生涯中，漸行漸遠。葛洪一生最大成就在《抱朴子》一書，其他尚涉抄文及傳記與醫藥等：〔註152〕

> 世儒徒知服膺周孔，莫信神仙之書，不但大而笑之，又將謗毀眞正。故予所著子言黃白之事，名曰內篇，其餘駁難通釋，名曰外篇，大凡內外一百一十六篇。雖不足藏諸名山，且欲緘之金匱，以示識者。自號抱朴子，因以名書。其餘所著碑誄詩賦百卷，移檄章表三十卷，神仙、良吏、隱逸、集異等傳各十卷，又抄五經、史、漢、百家之言、方技雜事三百一十卷，金匱藥方一百卷，肘後要急方四卷。（《晉書·葛洪傳》）

作《抱朴子》主要爲神仙之書正名，放於內篇；其餘則爲外篇。所作傳記，是神仙與良吏兼有；抄五經，兼史與百家，值得注意的是，葛洪是少數早年接觸儒家，及長接觸道家之後，仍將兩者並立於自己思想著作之人。故在《抱朴子·自敘》言：〔註153〕

〔註151〕唐·房玄齡等《晉書·葛洪傳》收錄於《二十五史》，頁1269。
〔註152〕唐·房玄齡等《晉書·葛洪傳》收錄於《二十五史》，頁1269。
〔註153〕晉·葛洪撰《抱朴子·自敘》收錄於《文淵閣四庫全書》，頁249。

> 《內篇》二十卷，《外篇》五十卷……《內篇》言神僊、方藥、鬼怪、
> 變化、養生、延年、禳邪、卻禍之事，屬道家；其《外篇》言人閒
> 得失，世事臧否，屬儒家。

《抱朴子》一書，以外篇言儒、以內篇言道，當其一生來去官場，且助平石
冰之亂後，於〈自敘〉言：〔註154〕

> 雖翕肩屈膝，趨走風塵，猶必不辦大致名位而免患累，況不能乎？
> 未若修松、喬之道，在我而已，不由於人焉。我登外山，服食養性。
> 非有廢也，事不兼濟。……先所作子書內外篇，幸已用功夫，聊復
> 撰次，以示將來云爾。

亦即兼濟儒道，曾是葛洪的一生志向，然真正面對現實，至終選擇道家仙術
修為，期盼過著最原始「抱朴之士」的生活。而干寶（公元283～351年）是
位儒家的服膺者，後來寫《搜神記》，思想亦是儒道兼合，兩人年歲相當，既
是好友必思想上必有契合處，以下即論述兩人相合之處：

（一）天地陰陽的君道觀

葛洪一向自言為「期於守常，不隨世變」的「抱朴之士」（《抱朴子·自
敘》）但由《抱朴子·外篇·詰鮑第四十八》我們不難看出其有堅實的天人合
一、君尊臣卑的政治觀：〔註155〕

> 蓋聞沖昧既闢，降濁升清，穹隆仰燾，旁泊俯停。乾坤定位，上下
> 以形。遠取諸物，則天尊地卑，以著人倫之體；近取諸身，則元首
> 股肱，以表君臣之序。降殺之軌，有自來矣。

「旁泊俯停」後「乾坤定位」，於是「上下以形」，有了上下即有尊卑，君臣
關係遂定。葛洪清楚肯定天地之序，人倫上下之尊卑。至於治國之道，於《抱
朴子·君道》言：〔註156〕

> 匠之以六藝，軌亥以忠信，莅之以慈和，齊之禮刑。揚仄陋以伸沈
> 抑，激清流以澄臧否。……悅近以懷遠，修文以昭攜。阜百姓之財
> 粟，闢進德之廣塗，杜機僞之繁務，則明罰勑法，哀敬折獄……。

大體而言，葛洪肯定儒家仁德、忠信與慈和的治國之法，並且看重六藝之教；
然不同的是其輔之以法家之刑，儒內刑外，儒本刑末，其重視的「外總多士

〔註154〕晉·葛洪撰《文抱朴子·自敘》收錄於《文淵閣四庫全書》，頁248。
〔註155〕晉·葛洪撰《抱朴子·詰鮑》收錄於《文淵閣四庫全書》，頁234。
〔註156〕晉·葛洪撰《抱朴子·君道》收錄於《文淵閣四庫全書》，頁139。

於文武，內建維城之穆屬，使親疏相持，尾爲身幹。」（同篇）上下尊卑有序的統治等級。

而君臣陰陽觀、「君一統」的觀念，實亦是干寶政治的主核心，其在爲《序卦》作注時，亦整理出一套完整的天人觀：以爲人類起始「陰陽」；而後有「夫婦配合之道」，形成「剛柔尊卑之義」；再有「父子之親」，因「以父立君，以子資臣」，故有「有君臣之位，故有上下之序」，並以爲「禮以定其體，義以制其宜」方能規範此序。〔註 157〕

陰陽→男女→夫婦（剛柔尊卑）→父子→君臣→（上下生，禮義出），依干寶之言，自有夫婦始，人倫始有尊卑，待父子上下之序出，則已非尊卑敬重之儀所能規範，因之，禮義則由此生，亦即禮義出的目的，是在規範上下秩序。陰陽化生五倫，而五倫化生尊卑上下之序，自下至上，依禮而而行，無非是一套君一統思想的延伸。

干寶注《坤‧六二爻辭》曾言：「臣之事君，妻之事夫，義成者也。」「義」爲合宜之事，應盡之責，但在《坤‧上六爻辭》干寶解釋武王伐商紂一事，則爲：「文王之忠于殷，抑參二之強以事獨夫之紂，蓋欲彌縫其闕而匡救其惡，以祈殷命，以濟生民也。紂遂長惡不悛，天命殛之，是以至于武王遂有牧野之事，是其義也。」盡臣之責爲義，而伐殘暴之君亦是義，此套體系完整反應干寶儒家秩序的上下相對性。

（二）儒道兼行的政治觀

1. 崇尚禮法之用

葛洪自言服膺道家思想，然其卻極力反抗魏晉充斥「放浪行骸」的風尚，其重禮法程度，實根於儒家：〔註 158〕

> 世故繼有，禮教漸積，敬讓莫崇，傲慢成俗，……盛務唯在摴蒲彈棋，所論極於聲色之閒，舉足不離綺繻紈袴之側，游步不去勢利酒客之門。不聞清談講道之言，專以醜辭嘲弄爲先。以如此者爲高遠，

〔註 157〕「此詳言人道三綱六紀有自來也。人有男女陰陽之性；則自然有夫婦配合之道。有夫婦配合之道；則自然有剛柔尊卑之義。陰陽化生，血體相傳；則自然有父子之親。以父立君，以子資臣，則必有君臣之位。有君臣之位，故有上下之序。有上下之序，則禮以定其體，義以制其宜。」黃慶萱《魏晉南北朝易學書考佚》，頁 491。

〔註 158〕晉‧葛洪撰《抱朴子‧疾謬》收錄於《文淵閣四庫全書》，頁 179。

以不爾者爲駿野。(《抱朴子・疾謬》)

葛洪感慨今世禮教頹壞，「敬讓」者少之，傲慢者比比皆是，著重聲色不好清雅之論，以「醜辭嘲弄」爲「高遠」。另其亦多次針砭時下男女相處之越矩，因之針對男女份際，提出針砭：〔註159〕

> 《詩經》美睢鳩，貴其有別。在《禮》：男女無行媒不相見，不雜坐，
> 不通問，不同衣物，不得親授。姊妹出適反，兄弟不共席而坐。……
> 婦人送迎不出門，行擁蔽其面。道路男由左，女由右。此聖人重別
> 杜漸之明制也。(《抱朴子・疾謬》)

「無行媒不相見」、「不雜坐」、「不通問」、「不得親授」，乃是儒家明令男女尊卑份際的禮法，此點干寶亦在《晉紀・總論》指陳周、晉朝婦女言行大相逕庭時，慨嘆時下婦女荒誕不經的行爲表現：〔註160〕

> 其婦女，莊櫛織絍皆取成於婢僕，未嘗知女工絲枲之業，中饋酒食
> 之事也，先時而婚，任情而動，故皆不恥，滔泆之過，不拘妒忌之
> 惡，有逆干舅姑，有反易剛柔，有殺戮妾媵，有黷亂上下，父兄弗
> 之罪也，天下莫之非也，又何況責之聞四教於古，脩貞順於，以輔
> 佐君子者哉。

見「周家世積忠厚……而其后妃躬行四教，尊敬師傅，服澣濯之衣，修煩辱之事，化天下以婦道。」(《晉紀・總論》)而晉之婦女輕慢、避責、違逆長上，干寶之慨同於葛洪，同爲日益變形的老莊風範及過度開放的社會風尚發聲，予以指責。

2. 揭露放蕩之弊

　　葛洪雖一生以修道爲終，但卻不苟同漢末、魏晉以來，士人假老莊而恣意放蕩之行徑：〔註161〕

> 漢之末世，則異於茲，蓬髮亂鬢，橫挾不帶，或褻衣以接人，或裸
> 袒而箕踞，朋友之集，類味之遊，莫切切進德，闇闇修業，攻過弼
> 違，講道精義。……終日無及義之言，徹夜無箴規之益。証引老、
> 莊，貴於率任，大行不顧細禮，至人不拘檢括，嘯傲縱逸，謂之體

〔註159〕晉・葛洪撰《抱朴子・疾謬》收錄於《文淵閣四庫全書》，頁181～182。
〔註160〕黃奭《黃氏逸書考（三）》(京都：中文出版社1986年10月)，頁2889～2890。
〔註161〕晉・葛洪撰《抱朴子・疾謬》收錄於《文淵閣四庫全書》，頁183～184。

道。嗚呼惜乎！豈不哀哉？（《抱朴子‧疾謬》）

時人不拘禮法，「裸袒箕踞」；朋友相聚既無進德之言，亦無心修業，有錯不改，道義不習；成天玩樂，言不及義亦無規勸之眞言，自以爲效老莊，「大行不顧細禮，至人不拘檢括」之任情，實誣指道家，陷老莊於不義。此點干寶於《晉紀‧總論》亦厲聲抨擊：「學者以莊老爲宗而黜六經，談者以虛薄爲辨而賤名儉」﹝註162﹞。而事實上干寶並沒有反對原始「自然」、「無爲」的老莊思想，但反對當代士人，假老莊之名，以放濁、恣意爲高，這點兩人是相契的。

3. 兼融儒道之要

葛洪論儒道各有利器，其以爲：「所以貴儒者，以其移風而易俗，不惟揖讓與盤旋也。所以尊道者，以其不言而化行，匪養生之一事也。」（《抱朴子‧塞難》）﹝註163﹞因之，我們不難看葛洪是肯定儒家移風易俗、揖讓尊卑的部分；然若論本末，其言：「道者，儒之本也；儒者，道之末也。」（《抱朴子‧明本》）﹝註164﹞其所據之理乃來自「道也者，所以陶治百氏，範鑄二儀，胞胎萬類，醞釀彝倫者也。」（同上）﹝註165﹞亦即葛洪的道家思想，兼融天人陽陰，亦合人倫之序。故其主張：﹝註166﹞

> 內寶養生之道，外則利光於世，治身而身長修，治國而國太平。以六經訓俗士，以方術授知音，欲少留則且止而佐時，欲昇騰則凌霄而輕舉者，上士也。自持才力，不能並成，則棄置人間，專修道德者，亦其次也。（《抱朴子‧釋滯》）

由上數端之分析，得以見出葛洪欲建構出一儒道兼合，既入世又出世，進退自由的自在理想人格：亦即其願謹愼言行，敬謹禮法，但揚棄儒家的拘鎖；其嚮往道家的自在逍遙，但是絕不容以「放浪之身」曲解「自在之心」，因之其不若神仙方術之家，全然揚棄現世；亦不若儒家之人，只談禮法，不言怪力亂神之事。而干寶一生著作多爲儒家代言，但由《搜神記》的記錄，我們不難發現，他並非純儒之士，亦以道家思想，輔儒成說。﹝註167﹞

﹝註162﹞清‧黃奭《黃氏逸書考（三）》，頁 2889。
﹝註163﹞晉‧葛洪撰《抱朴子‧塞難》收錄於《文淵閣四庫全書》，頁 38。
﹝註164﹞晉‧葛洪撰《抱朴子‧明本》收錄於《文淵閣四庫全書》，頁 51。
﹝註165﹞同上。
﹝註166﹞晉‧葛洪撰《抱朴子‧釋滯》收錄於《文淵閣四庫全書》，頁 40。
﹝註167﹞此部分待第五章「干寶子部著作之思想研究」再詳言。

綜論之，兩人皆服膺禮法仁義，但皆相信鬼神。唯干寶一生借道揚儒，入世極深；葛洪初時入世，後走向出世，此即兩者交集之處。

（三）人神兼說，融於虛實之境

葛洪《抱朴子》一書，〈外篇〉五十卷之多，堅實暢言儒家的入世思想，但在〈內篇〉其針對儒家經文不得解之事，提出質疑：〔註168〕

> 人生而戴天，詣老履地，而求之於五經之上則無之，索之於周、孔之書則不得，今寧可盡以為虛妄乎？天地至大，舉目所見，猶不能了，況於玄之又玄，妙之極妙者乎？（《抱朴子・釋滯》）

「五經之上則無之」、「周孔之書則不得」的部分，是葛洪對儒家思想的質疑，因之其遍覽群書，至後自嘆「今齒近不惑，素志衰頹，但念損之又損，為乎無為，偶耕藪澤，苟存性命耳。」（〈自敘〉）〔註169〕人生志向，由增之又增的飽讀，至「損之又損」的「清靜無為」，這亦葛洪人生的轉折，增損間既有現世之實，亦有虛玄之世，因之《抱朴子》兩者兼收：《內篇》言神仙、鬼怪、禳邪、卻禍，另亦有《神仙傳》十卷，乃屬道教仙術的範圍；《外篇》言人間得失，是儒家之範疇，葛洪的視野，人神虛實兼有之。〔註170〕

反觀干寶亦同，既有列正史之《晉紀》，亦著有《搜神記》，其於〈自序〉言：〔註171〕

> 寶父先有所寵侍婢，及父亡，母乃生推婢于墓中……開墓婢伏棺如生……寶兄嘗病氣絕，積日不冷，後遂悟云，見天地間鬼神事，如夢覺，不自知死。寶以此遂撰集古今神祇靈異人物變化，名為搜神記，凡三十卷。

而干寶撰成《搜神記》來自父婢與兄長死後復活的特有經歷，這與向來史官嚴謹的實錄態度實是相左的，故於〈序〉言：「雖考先志於載籍，收遺逸於當時，蓋非一耳一目之所親睹也，亦安敢謂無失實者哉。」〔註172〕干寶的難處

〔註168〕晉・葛洪撰《抱朴子・釋滯》收錄於《文淵閣四庫全書》，頁44。

〔註169〕晉・葛洪撰《抱朴子・自敘》收錄於《文淵閣四庫全書》，頁245。

〔註170〕晉・葛洪撰《抱朴子・自敘》收錄於《文淵閣四庫全書》，頁249。

〔註171〕唐・房玄齡等《晉書・干寶傳》收錄於《二十五史》，頁1419。

〔註172〕「雖考先志於載籍，收遺逸於當時，蓋非一耳一目之所親睹也，亦安敢謂無失實者哉。……記殊俗之表，綴片言於殘闕，訪行事於故老，將使事不二跡，言無異塗，然後為信者。……設有承於前載者，則非余之罪也。若使采訪近世之事，苟有虛錯，願與先賢前儒分其譏謗，篤其著述，亦足以明神道之不

在面對遺逸與非自己所親睹之材料是無從考證的；然其在有限資源下仍以史官「事不二跡」、「言無異塗」的嚴謹態度，收覽《搜神記》的材料，故至末其更以負責的態度言凡「不可考」若有誤非己罪，但若可考之近世之事，則願負責，其以此嚴謹態度處理鬼神書，乃欲告知後人，鬼神之事確然存在天地間，故《搜神記》無疑是在為鬼神寫歷史。

（四）博覽群書，集著作等身

葛洪著作除《抱朴子》、《神仙傳》外，亦有：〔註 173〕

> 碑、頌、詩、賦百卷，軍書、檄移、章表、箋記三十卷，……又撰高尚不仕者為《隱逸傳》十卷，又抄五經、七史、百家之言、兵事、方伎、短雜、奇要三百一十卷，別有《目錄》。（《抱朴子・外篇・自敘》）

嚴格說來葛洪思想兼融儒、道、法、墨、雜數家，博覽群書，興趣之廣，實非他人可比。若以四庫分類大略為：〔註 174〕

> 經部：《喪服變除》一卷（《隋書》・禮類）、《要用字苑》一卷（《隋書》・小學類）
>
> 史部：《後漢書鈔》三十卷（《隋書》・史錄・雜史）、《史記鈔》十四卷（《新唐書》・雜史類）《西京雜記》一卷（《舊唐書》・史錄・起居注類・故事類・職官類・地理類）、《神仙傳》十卷（《舊唐書》・隋書史錄・雜傳類）、《關中記》一卷（《宋史》・地理類）
>
> 子部：《抱朴子》內篇二十一卷、音一卷（《隋書》・道家類）《遁甲肘後立成囊中祕》一卷（《隋書》・五行）、《遁甲返覆圖》一

〔註 173〕晉・葛洪撰《抱朴子・自敘》收錄於《文淵閣四庫全書》，頁 249。

〔註 174〕《喪服變除》一卷（《隋書・經籍志一・經・禮》）、《漢書鈔》三十卷（《隋書・經籍志二・史・雜史》）、《神仙傳》十卷（新校本《隋書・經籍志二・史・雜傳》）、《抱朴子・內篇》二十一卷、音一卷（《隋書・經籍志三・子・道》）、《遁甲肘後立成囊中祕》一卷、《遁甲返覆圖》一卷、《遁甲要用》四卷、《遁甲祕要》一卷、《遁甲》要一卷、《周易新林》四卷（《隋書・經籍志三子・五行》）、《肘後方》六卷（《隋書・經籍志・三子・醫方》）、《要用字苑》一卷（《舊唐書・經籍志上・甲部・經錄・詁訓類・小學類》）、《後漢書抄》三十卷（《舊唐書・經籍志上・乙部史錄・雜史類》）、《西京雜記》一卷（《舊唐書・經籍志上・乙部・史錄・起居注類・故事類・職官類》）。

誣也。」唐・房玄齡等《晉書・干寶傳》收錄於《二十五史》，頁 1419。

卷（《隋書》・五行）、《遁甲要用》四卷（《隋書》・五行）、《遁甲祕要》一卷（《隋書》・五行）、《遁甲要》一卷（《隋書》・五行）、《周易新林》四卷（《隋書》・五行）、《肘後方》六卷（《隋書》・醫方）、《老子道德經序訣》二卷（《舊唐書》・道家類）、《三元遁甲圖》三卷（《新唐書》・五行類）、《太清玉碑子》一卷（《宋史》・神仙・與鄭惠遠問答）

　　集部：無

葛洪著作：經部；（禮類與小學各一）；史部：（有《史記》、《後漢書》兩部書鈔；另有《西京雜記》、《神仙傳》、《關中記》各一；子部（《抱朴子》、《老子道德經序訣》（列爲道家類書）、屬於《遁甲》五行類書即有六本、《周易新林》亦歸五行類）可見葛洪著作以子部居冠，五行類最多，爲《遁甲》六本與道家類三本，連《周易新林》亦不留儒家色彩，貴在五行的運用。

　　干寶與葛洪兩人遍覽群書，〔註175〕集著作等身，可謂旗鼓相當。思想上，面對現世皆以儒家禮法與君道尊卑的觀念運世，兩人同聲斥責時人仿「老莊」的放蕩之舉，更爲男女禮際盡失而憂心；兩人亦同時承認幽冥之境的存在，魏晉所言之「道」，已非純老莊之說，而是藉老莊之養生觀，發展出兼合道教仙術的幽冥世界，此點可在葛洪思想清晰可見；而干寶在著作中未暢言崇尚老莊，但《搜神記》的出現，正可爲干寶的儒道兼融，做一註解；至終干寶一生入世，重視儒家正統的維護，葛洪於後期入山修丹道，先儒後道，但兩人心靈在人神界間的交會與儒家禮法的謹守上是相契，因之，有其共通點。

六、干寶與劉惔

　　在《晉書・干寶傳》記載干寶與劉惔的接觸，就在《搜神記》完成的那一刻：〔註176〕

　　　　寶以此遂撰集古今神祇靈異人物變化，名爲搜神記，凡三十卷。以
　　　　示劉惔，惔曰：「卿可謂鬼之董狐。」

干寶與劉惔兩人交往少見於記載，其關係是否密切，不得而知，而何以干寶以《搜神記》示劉惔？此部分的確值得玩味。鍾會在完成《四本論》後，第

〔註175〕干寶著作見本章第五節「干寶著作考」。
〔註176〕唐・房玄齡等《晉書・干寶傳》收錄於《二十五史》，頁1418。

一時間以示嵇康。〔註177〕鍾會與嵇康並非好友，嵇康是名重一時的名士，書成後欲令嵇康見之，無非想借其名以抬高身價。而劉惔在名士中亦是以善挑剔聞名：〔註178〕

> 孫盛作易象妙於見形論，帝使殷浩難之，不能屈。帝曰：「使眞長來，故應有以制之。」乃命迎惔。盛素敬服惔，及至，便與抗答，辭甚簡至，盛理遂屈。一坐撫掌大笑，咸稱美之。（《晉書·劉惔傳》）

孫盛作〈易象妙於見形論〉，殷浩無法駁倒，簡文帝馬上找來劉惔，果眞辯答無礙，令孫盛理屈。除了善辯善理，劉惔亦善識人：〔註179〕

> 惔每奇溫才，而知其有不臣之迹。及溫爲荊州，惔言於帝曰：「溫不可使居形勝地，其位號常宜抑之。」勸帝自鎭上流，而己爲軍司，帝不納。又請自行，復不聽。及溫伐蜀，時咸謂未易可制，惟惔以爲必克。或問其故。云：「以蒱博驗之，其不必得，則不爲也，恐溫終專制朝廷。」及後竟如其言。嘗薦吳郡張憑，憑卒爲美士，以此服其知人。（《晉書·劉惔傳》）

劉惔奇異桓溫之才，但以爲其氣焰將足以專制朝廷；美士吳憑亦是其看好者，後果令人佩服。另劉惔處處顯示明快、自信之風：〔註180〕

> 性簡貴，與王羲之雅相友善。郗愔有傖奴善知文章，羲之愛之，每稱奴於惔。惔曰：「何如方回邪？」羲之曰：「小人耳，何比郗公！」惔曰：「若不如方回，故常奴耳。」桓溫嘗問惔：「會稽王談更進邪？」惔曰：「極進，然故第二流耳。」溫曰：「第一復誰？」惔曰：「故在我輩。」其高自標置如此。（《晉書·劉惔傳》）

王羲之美讚郗愔的家奴善知文章，劉惔拿他來同主人比，言以「若不如方回，故常奴耳。」言語犀利不容餘地；同樣情形，有回桓溫美讚會稽王清談日有精進，劉惔肯定，但卻以僅第二等人論評，誰爲第一？劉惔言「故在我輩。」劉惔有其能力，但極自負甚且自傲。

因此，干寶完成《搜神記》給劉惔觀閱，實應有以示天下第一品評者之

〔註177〕「鍾會撰四本論，始畢，甚欲使嵇公一見。置懷中，既定，畏其難，懷不敢出，於戶外遙擲，便回急走。」見余嘉錫《世說新語·文學·第四》（台北：華正書局有限公司 2003 年 11 月三刷），頁 195。

〔註178〕唐·房玄齡等《晉書·劉惔傳》收錄於《二十五史》，頁 1318。

〔註179〕唐·房玄齡等《晉書·劉惔傳》收錄於《二十五史》，頁 1318。

〔註180〕唐·房玄齡等《晉書·劉惔傳》收錄於《二十五史》，頁 1318。

意。然《世說新語‧德行》記載劉惔：〔註181〕

> 劉尹在郡，臨終綿愄，聞閣下祠神鼓舞。正色曰：「莫得淫祀！」外
> 請殺車中牛祭神。眞長答曰：「丘之禱久矣，勿復爲煩。」

劉惔病重，禁止旁人以歌舞及殺牛以祭或代禱祈安，劉氏並以「丘之禱久矣，勿復爲煩。」應之。此乃出自《論語‧述而》，孔安國註曰：「孔子素行合於神明，故曰：『丘之禱久矣』。」〔註182〕可見劉惔平日自信所作所爲是合乎天理的，故不託神鬼之事。因此，今日以「鬼之董狐」稱干寶，《世說新語》將之放入〈排調〉，是褒？是貶？

　　揭開魏晉文史，兼涉儒道神鬼者，大有之，更甚此時期形成神怪入正史的風氣。〔註183〕面對鬼神事，劉惔選擇坦然視之，知之但不言之；言「鬼之董狐」，董狐是良史，一管忠誠之筆，言盡正卿趙盾之失職。〔註184〕而劉惔不言鬼神事，但評干寶的正是美讚其以史家精神，訪故舊遺老，秉筆直書之處，另亦有政治警世的作用。〔註185〕由劉惔與干寶的接觸，我們無法得知兩人情誼，但「鬼之董狐」一語的美讚，應可見傲人的劉惔，應是賞心於干寶的。

〔註181〕余嘉錫《世說新語‧德行》，頁35。

〔註182〕「子疾病，子路請禱。（註苞氏曰：禱，禱請於鬼神也。）子曰有諸註。（周生烈曰：言有此禱，請於鬼神之事乎。）子路對曰：有之。誄曰：禱爾于上下神祇。（註孔安國曰：子路失旨也，誄禱篇名也。）子曰丘之禱之久矣（註孔安國曰：孔子素行合於神明，故曰丘禱之久矣。）」魏‧何晏集解；梁‧皇侃義疏《論語集解義疏》收錄於《文淵閣四庫全書》，頁405。

〔註183〕「採異聞入史傳，惟晉書及南北史最多，而晉書中僭僞諸國爲尤甚。劉聰時有星忽隕於平陽，視之則肉也，長三十步，廣二十七步，臭聞數里，肉旁有哭聲，聰后劉氏適產一蛇一虎，各害人而走……聰子約死，一指猶暖，遂不殯及甦，言見劉淵於不周山，諸王將相皆在，號曰蒙珠離國……石虎時，太武殿所畫古賢像，忽變爲胡，……此數事猶可駭異，而皆出於劉石亂，……劉石之凶暴本非常，故有非常之變異以應之，理或然也。他如干寶父死母妒，以父所寵婢推入墓中，後十餘年，寶母亡，開墓合葬，而婢伏棺如生……此事殊不可信，然寶因此作搜神記，自敘其事如此，固果非眞，豈肯自訐其父之隱及母之妒耶，則天地之大，何所不有也，至晉書所載怪異尚多，固不必一一爲之辨矣。」《二十二史箚記‧八王之亂》，頁143。

〔註184〕（魯宣公二年）「盾遂奔，未出晉境。乙丑，盾昆弟將軍趙穿襲殺靈公於桃園而迎趙盾。趙盾素貴，得民和；靈公少，侈，民不附，故爲弒易。盾復位，晉太史董狐書曰『趙盾弒其君』，以視於朝。盾曰：『弒者趙穿，我無罪。』太史曰：『子爲正卿，而亡不出境，反不誅國亂，非子而誰？』孔子聞之，曰：『董狐，古之良史也，書法不隱。宣子，良大夫也，爲法受惡。惜也，出疆乃免。』《史記‧世家》收錄於《二十五史》，頁660～661。

〔註185〕此部分待「第五章干寶子部與集部著作思想研究」，再詳言。

第五節　干寶著作考

　　干寶著作頗豐，《古經解鉤沉》與《玉海》二書曾較精詳收攬干寶著作，以下即根據此二書交叉比對，再搜攬兩書所遺，自能得出干寶著作之粗貌。據《古經解鉤沉》記載：〔註186〕

　　　　《周易注》十卷（《隋書三十二》）、《周易爻義》一卷（《新唐書五十七》）、《周易玄品》二卷（《冊府元龜六百五》）、《易音》（《釋文》引）、《周禮注》十二卷（《隋書三十二》、十三卷《釋文一》）、《周禮音》（《群經音辨》引）、《春秋左氏義》（《晉書八十二》）、《左氏函傳義》十五卷（《隋書三十二》）、《左氏承傳義》（《冊府元龜》六百五）、《春秋義函傳》十六卷（《通志六十三》）

《古經解鉤沉》一書，載及干寶著作者計有十本，每書並標明取法出處。《玉海》一書干寶著作亦計有十本，散見於各卷中：

　　　　《易注》十卷（取自《隋志》與《唐志》同）〔註187〕、《周官禮》十二卷、（取自《隋志》）、《周官駁難》三卷（孫崎問干寶駁，取自《隋志》）〔註188〕、《春秋序論》二卷（干寶獨美《左傳》，以三十卷之約括囊二百四十年之事，干寶爲《左氏義外傳》）〔註189〕、《晉紀》二十卷（干寶等撰集，……自宣迄愍五十三年……，奏之其書簡而婉稱良史）〔註190〕、《正言》十卷、《立言》十卷〔註191〕（王應麟於卷首云：取自古之君子，立言以明道，修辭以成文，文以貫道，斯不朽矣。）〔註192〕、《搜神記》三十卷〔註193〕、《七廟議》一卷〔註194〕、《司徒儀》一卷（以官儀名者）〔註195〕

除此兩書所列之外，尚有《周易宗塗》四卷、《周易問難》二卷（見《經義考》

〔註186〕清・余蕭客《古經解鉤沉（卷一下）・序錄》收錄於《孔子文化大全》（山東：山東友誼書社 1993 年 12 月第 1 版第 1 次印刷），頁 67。
〔註187〕宋・王應麟《玉海》收錄於《文津閣四庫全書》，頁 193。
〔註188〕同上，頁 213。
〔註189〕同上，頁 222。
〔註190〕同上，頁 266。
〔註191〕同上，頁 337。
〔註192〕同上，頁 333。
〔註193〕同上，頁 354。
〔註194〕同上，頁 618。
〔註195〕同上，頁 32。

〔註196〕）；《詩音》（分見《經典釋文》〔註197〕、《九經辨字瀆蒙》皆有之〔註198〕）；《雜議》（見《舊唐書》列爲儀注八十四部之一〔註199〕；《新唐書》列爲儀注六十一家一百部之一〔註200〕，兩書皆將其列儀注，故其內容應屬經部儀禮類）、《後養議》（見《浙江通志》〔註201〕）、《雜文集》（《欽定大清一統志》〔註202〕）；《干寶集》四卷（見《隋書》〔註203〕、《舊唐書》〔註204〕）《百志詩》九卷（見《隋書·經籍志·卷四·經籍四·（集）》〔註205〕、《干子》十八卷（見《隋書·經籍志·卷三·經籍三（子）》〔註206〕。

　　若將以上三部分之書，予以《四庫》分類法分類，則爲：

經部：

　　第一類關於《周易》：《周易注》十卷、《周易爻義》一卷、《周易宗塗》四卷、《周易玄品》二卷、《周易問難》二卷

　　第二類關於禮制：《周禮注》十二卷或十三卷（前者《隋書》後者《釋文》主之；此書一作《周官禮》，兩書應同）、《周官駁難》三卷、《雜議》（卷數不詳）、《七廟議》一卷、《司徒儀》一卷〔註207〕、《後養議》（一卷或五卷，前者

〔註196〕「《周易注》（《隋志》十卷今止存一卷《鹽邑志林》載之）、《周易宗塗》（《七錄》四卷佚）、《周易爻義》（《隋志》一卷佚）、《周易問難》（二卷佚）、《周易玄品》（二卷佚）……遷散騎常侍爲《春秋左氏義外傳》、注《周易》、《周官》」清·朱彝尊《經義考》收錄於《文津閣四庫全書》，頁486。

〔註197〕「爲詩音者九人，鄭玄、徐邈、蔡氏、孔氏、阮侃、王肅、江惇、干寶、李軌。」唐·陸德明撰《經典釋文》收錄於《文津閣四庫全書》，頁160。

〔註198〕「爲詩音者九人，鄭玄、徐邈、蔡氏、孔氏、阮侃、王肅、江惇、干寶、李軌。」清·沈炳震撰《九經辨字瀆蒙》收錄於《文津閣四庫全書》，頁620。

〔註199〕宋·劉昫撰《舊唐書》收錄於《文津閣四庫全書》，頁546。

〔註200〕宋·歐陽脩、宋祁撰《唐書》收錄於《文津閣四庫全書》，頁594。

〔註201〕清·沈冀機等編纂《文津閣四庫全書·浙江通志》《文津閣四庫全書·浙江通志》，頁943。

〔註202〕「干寶（字令升新蔡人，……晉記二十卷……搜神記及雜文集皆行于世）」清乾隆二十九敕《欽定大清一統志》收錄於《文津閣四庫全書》，頁410。

〔註203〕「晉散常侍干寶集四卷」唐·魏徵《文津閣四庫全書·隋書》《文津閣四庫全書·隋書》，頁517。

〔註204〕「干寶集四卷」宋·劉昫《舊唐書》收錄於《文津閣四庫全書》，頁555。

〔註205〕唐·長孫無忌等《隋書·經籍志》收錄於《叢書集成初編》，頁122。

〔註206〕「志林新書三十卷虞喜撰·梁有廣林二十四卷，又後林十卷，虞喜撰；干子十八卷，干寶撰；閥論二卷，晉江州從事蔡韶撰；顧子十卷，晉揚州主簿顧夷撰，亡。」唐·長孫無忌等《隋書·經籍志》收錄於《叢書集成初編》（北京：中華書局1985年），頁66。

〔註207〕宋·李昉等注「司徒長史」一職言：「干寶《司徒儀》曰：『左長史職掌，檢

《玉海》主之，後者《隋志》、《三禮雜大義》主之）〔註208〕

第三類原屬史部，後列經部者：《春秋序論》二卷、《春秋左氏義》（卷數不詳）、《左氏函傳義》十五卷〔註209〕、《左氏承傳義》（卷數不詳）

第四類有關音韻之考證者：《詩音》（《毛詩音隱》）、《易音》、《周禮音》（以上三書卷數不詳）

史部：《晉紀》二十卷（〈總論〉、〈晉武帝革命論〉、及相關自注）、《史議》（卷數不詳）〔註210〕

子部：《搜神記》三十卷、《正言》十卷、《立言》十卷、《干子》十八卷（《駁招魂議》、《變化論》）

集部：《百志詩集》九卷、《雜文集》（卷數不詳）、《干寶集》四卷

由干寶著作我們得出：在經部著作上，干寶投注心力最多者為《周易》系書，而《周易注》則賴後人由各《易》注集解中，一一還原成冊；干寶著作另一重心乃在儀禮制度上，對一史官而言，此部分是可以理解的；除了《周禮注》外，餘多為提出對禮儀制度看法的單篇文論；而干寶著作中最著力者無疑是在史學方面的相關研究：在史學研究上最推崇《春秋》及《左傳》，因此史部注論，以此兩者為主的相關著作極多，另著有《晉紀》一書，唯今僅存〈總論〉、〈晉武帝革命論〉及干寶自注的注文；另一較特殊者是對音韻的

其法憲，明其分職。』」可見確實有此卷之作。《太平御覽》收錄於《文津閣四庫全書》，頁753。

〔註208〕有關《七廟議》及《後養議》在《叢書集成初編・隋書經籍・經・禮》言及《三禮雜大義・三卷》有言：「……《七廟議》一卷，又《後養議》五卷，干寶撰……」，頁16為論禮之文，故應置於經部。

〔註209〕有關《左氏函傳義》、《春秋義函傳》兩書，依馬國翰《玉函山房輯佚書（二）》的記載「《隋志》載《春秋左氏函傳義》十五卷、《舊唐書志》作《春秋義函傳》、《新唐書志》作《春秋函傳》並十六卷」，三者書名雷同處極高，可能為同一本；另李劍國先生在〈干寶考〉一文亦有探討，唯其以為：《左氏承傳義》即《左氏函傳義》，然《古經解鉤沉》將其視兩書，今此兩處資料重複者為《左氏函傳義》，故個人以為第一問題三書名雷同之議，應可保留《左氏函傳義》一書；至於第二問題，《左氏承傳義》與《左氏函傳義》是否同一本書，因不可考，為免干寶著作有輕易刪去之憾，今尚且保留《左氏承傳義》。

〔註210〕「劉子玄史通所載，古今正偏史，今多不存。澹園先生筆秉常載之，如晉春秋……干令昇史議、漢武帝禁中起居注馬皇后撰、明帝起居注樂資山陽公載記、王韶、晉安陸記姚梁後略、王粲漢末英雄記、劉向列女傳……」明・顧起元《說略》收錄於《文津閣四庫全書》，頁347。

考探，唯今僅散見於各書引中，已難見編排體例與全貌；而今較完整保留的書目僅存《搜神記》一書，此部分多家收攬，後出之研究者極可觀。

　　干寶著作散佚者極多，大多散見於各書中，若一一翻索窮一己之力將無法在短期內全數搜齊，況今以研究干寶思想爲主，非以版本學之復原爲本，故在此將借助後出之集佚書，以還原干寶重要著作的眞象。所採爲交相比對的方式，各取其長，若尚有遺漏處，再予以補充。

　　據清・黃奭《黃氏逸書考》僅收干寶的《干寶易注》、《周官干寶注》、《干寶晉紀》〔註211〕；而清・馬國翰《玉函山房輯佚書》依四庫分類：收有經部——《周易干氏注》（易類）、《周官禮干氏注》（周官禮類）、《後養議》（通禮類）、《春秋左氏函義》（春秋類）；史部——《干子》（雜傳類）〔註212〕。

　　以上數書《周易注》、《搜神記》，因後出研究版本者較精詳，故不採黃氏、馬氏集佚本〔註213〕；《晉紀》以黃氏本較詳，故採之；餘則採馬氏本，另尚有散見各類著作者，將一一標注說明，此即以下數章考探干寶著作，所據之文本概要。

〔註211〕分見清・黃奭《黃氏逸書考》，頁275、583、2880。
〔註212〕分見清・馬國翰《玉函山房輯佚書》，頁213、770、1122、1440、2662。
〔註213〕《周易注》今人黃慶萱《魏晉南北朝易學考佚》一書，詳實將古今干寶《周易注》版本做整合，故取之爲文本；《搜神記》流行於今之注本，則以汪紹楹校注《搜神記》最詳瞻。

第三章　干寶經部著作思想探析

干寶經部著作主重點不外四方面：一為《周易》系書；二為禮法系書；三為《春秋》系書；四為音韻考探系書。其中以《周易》系書，以《周易》注保存較完善，餘則無法考證，故將是本章的主重點；餘三者散見他處，唯所存有限，故本章節將此四大系書，分二大類予以考探：大抵禮法系書、《春秋》系書、音韻考探系書三者為第一部分；《周易》注為主重點，將之視為第二部，予以分別說明。

第一節　禮法、春秋、音韻系書

干寶此三系之書，大抵重心在前二者，其中《春秋》系書還直接影響干寶的史部的著作：

一、禮法系書

本類系書可考的資料為《周官禮干氏注》、《後養議》、《七廟議》、《司徒儀》。首先見《周官禮干氏注》，今個人據馬氏僅存干寶《周官注》〔註1〕與清重刊宋本之《十三經注疏》比對，〈天官冢宰第一〉「辨方正位」，鄭玄注曰：「鄭司農（鄭眾）云別四方，正君臣之位，君南面，臣北面之屬。玄謂考工匠人，建國水地以縣置槷以縣視以景，為規識日出之與日入之景，晝參諸日中之景，夜考之極星，以正朝夕，是別四方。」而陸德明釋曰：「案易緯乾鑿度云，不易者天在上，地在下，君南面，臣北面，父坐子伏，司農據而言焉。」

〔註 1〕清・馬國翰《玉函山房輯佚書（二）》，頁 771～775。

〔註2〕干寶注曰：〔註3〕

> 辨方位別東西南北之名，以表陰陽也。正位謂君南面當陽，臣北面
> 即陰，居后於北宮以體太陰，居太子於東宮以位少陽之類。

同為易學家的鄭玄，注及此條並無意加入陰陽之說；陸德明直引《易緯乾鑿
度》明確將《易》學思想引入解方位；然較其早出的干寶，則逕由象數《易》
學的觀點引陰陽之說，直串天人關係，極為明確干寶注《周禮》不等地存在
著天命、天象合論的觀念。再見「乃立天官冢宰」（〈天官冢宰第一〉）一例，
鄭玄注曰：「宰，主也。」；鄭司農注曰：「邦治謂總六官之職也。故大宰職曰，
掌建邦之六典，以佐王均邦國。」〔註4〕干寶注曰：「濟其清濁，和其剛柔而
納之中和曰宰。」〔註5〕無獨有偶陰陽秩序觀，依然圍繞在此思想中。

干寶另一較完整經部思想《後養議》，乃群臣諸儒論「王昌父愆，與前妻
隔絕，更娶昌母，喪服歷敘」〔註6〕一事，群儒各有己見，大體不出——主
張棄先婦者：「昌父更娶之辰，是前妻義絕之日也」（虞溥）；主張認先婦者「父
之執友有如子之禮，況事兄之母乎。」（秦秀）兩方各持己見，無一定見，爭
論不休，時干寶亦提出個人中肯看法：〔註7〕

> 禮有經、有變、有權，王愆之事，有為為之也。有不可責以始終之
> 義，不可求以循常之文。……同產者無嫡側之別，而先生為兄，諸
> 侯同爵，無等級之差，而先封為長，今二妻之入，無貴賤之禮，則
> 宜以先後為秩，順序義也。今生而同室者寡，死而同廟者，及其神
> 位，固有上下也……使先妻恢含容之德，後妻崇卑讓之道，室人達
> 長少之序，百姓見變禮之中。若此，可以居生，又況於死乎！古之
> 王者，有以師友之禮待其臣，而臣不敢自尊。今令先妻以一體接後，
> 而後妻不敢抗，及其子孫交相為服，禮之善物也。然則王昌兄弟相
> 得之日，蓋宜祫祭二母等其禮，饋序其先後，配以左右，兄弟肅雍，
> 交酬奏獻，上以恕先父之志，中以高二母之德，下以齊兄弟之好，

〔註2〕 清嘉慶二十年重刊宋本・清・阮元校勘《周禮注疏》收錄於《十三經注疏》（台
北：大化書局 1989 年），頁 1373。

〔註3〕 清・馬國翰《玉函山房輯佚書（二）》，771。

〔註4〕 兩注見於——清嘉慶二十年重刊宋本・清・阮元校勘《周禮注疏》收錄於《十
三經注疏》（台北：大化書局 1989 年），頁 1373。

〔註5〕 清・馬國翰《玉函山房輯佚書（二）》，頁 771。

〔註6〕 清・馬國翰《玉函山房輯佚書（二）》，頁 1122。

〔註7〕 清・馬國翰《玉函山房輯佚書（二）》，頁 1123。

使義風宏于土教，慈讓洽乎急難，不亦得禮之本乎。

主張舊新兩婦皆宜承認，而子輩則以先、後之生爲長幼之序，則可盡圓融之意。如此自可「恕父志」、「高二母之德」、「齊兄弟之好」，並成就「宏義」、「辭讓」之德，爲一周全兼及各方的見解，此事史家爭辯不休，至終以干寶之說爲斷。而干寶針對「無貴賤之位，僅有先後之序」的理論，並以同父者無嫡側、諸侯無等級，先生、先封者爲長；強調禮無貴賤，而是以先後爲序來說明；故以此上推，至於上下之序，王者以師友待臣，臣不敢自尊，亦即上下之序則貴在尊敬爲尚，由此我們得見干寶的五倫思想，有權宜之方：同級不言上下言先後，君臣有情如師友的情感面；但位有上下之級，貴在互尊，此即儒家五倫的義旨。故可知干寶之權宜，乃在因其所守者非制式尊卑順序，而是先後互尊之義。

干寶的《七廟議》今日已佚，然在《五禮通考》得見殘跡，其在論宗廟制度則言：〔註8〕

> 宗廟制度典章散逸，習所傳而競偏，說執淺見而起異端，自昔迄茲多歷年代，語其大略兩家而已。祖鄭玄者則陳四廟之制，述王肅者則引七廟之文，……紀七廟者實多，稱四祖者蓋寡，較其得失昭然可見。春秋、穀梁傳及禮記王制、祭法、禮器，孔子家語並云，天子七廟、諸侯五廟、大夫三廟、士二廟，尚書曰七世之廟可以觀德，至于孫卿、孔安國、劉歆、班彪父子、孔晁、虞憙、干寶之徒，或學推碩儒或才稱博物，商較今古咸以爲然，故其文曰：天子三昭三穆與太祖之廟而七，晉宋、齊、梁皆依斯義，立親廟六，豈非有國之茂典，不刊之休烈乎。

在宗廟制度兩大體系中，王肅、干寶一系的「七廟論」較鄭玄的「四廟論」，更爲後人推崇。大體後人示干寶等之七廟論爲承《春秋》、《穀梁》、《禮記》、孔系思想之正統。

同樣言禮法制度，《司徒儀》已不可考，唯由後人散見的旁引，可知其爲言官位儀禮與祭祀禮文之著作。其中《黃氏逸書考（三）》所收《司徒儀》，〔註9〕皆爲職官所屬之責的說明，計有：左長史（二則）、司馬之職、從事中郎、掾屬之職、錄事之職、錄事參君、記室（三則）、中兵參軍（二則）、從事中

〔註8〕清・秦蕙田撰《五禮通考》收錄於《文津閣四庫全書》，頁 977～978。
〔註9〕清・黃奭《黃氏逸書考》，頁 2904。

郎、左長史、掾屬之職、參軍之職。再分見其他者，如：言祭用之物「干寶《司徒儀》曰：祭用麰麰晉制呼為擐餅，又曰寒具……」(《五總志》) 〔註 10〕；言職責之務者《太平御覽》多次引用，如言：「太尉從事中郎」之責「干寶《司徒儀》曰：從事中郎之職，各掌其所治之曹，而紀綱其事體參輔謀議。」；言司徒長史之責：「干寶《司徒儀》曰：左長史職掌，檢其法憲，明其分職」；言司徒掾之責：「干寶《司徒儀》曰：掾屬之職，敦明教義，肅勵清風，非禮不言，非法不行，以訓群吏，以貴朝望，各掌其所治之曹」 〔註 11〕；府參軍之責「干寶《司徒儀》曰：行參軍之職掌，凡使命及督察覆行之事，彈劾逋違，獻納聞見，以達視聽。」 〔註 12〕另宋朝專言官職之書，《職官分紀》亦引之：「干寶司徒儀右長史之職掌，檢其法憲，明其分制。」 〔註 13〕條理清晰明示各職之份，可見干寶對禮法制度的深究及後人對其禮法專業的重視。

二、《春秋》系書、音韻系書

據今存《玉函出房輯佚書》收錄有關《春秋左氏函傳義》僅存兩則，分別是隱公十一年及莊公二十五年史事，前者干寶之注僅在說明，何以經文「十有一年」，傳文則為「十一年」之因，此則無關思想故不多探究 〔註 14〕；另一則莊公二十五年，魯在六月初一出現日蝕，故「鼓用生于社于門」以為抑陰之法。 〔註 15〕干寶注曰： 〔註 16〕

> 朱絲縈社，太陰也。朱火色也，絲屬離，天子伐鼓于社，責群陰也，
>
> 諸侯用幣于社，請上公也，伐鼓于朝，退自責也，此聖人厭勝之術。

《杜預集解》：「案周禮夏官凡救日皆鼓。劉氏曰：日有食之變之大者，人君當恐懼修省以答天意，豈可非正陽之月，則安而視之。春秋所書者，譏其不鼓於朝乃鼓于社，又用牲耳。」 〔註 17〕足見日食乃群陰興也，鼓之為救日而

〔註 10〕宋・吳炯撰《五總志》收錄於《文津閣四庫全書》，頁 125。

〔註 11〕以上三則見：宋・李昉等著《太平御覽》收錄於《文津閣四庫全書》，頁 752。

〔註 12〕宋・李昉等著《太平御覽》收錄於《文津閣四庫全書》，頁 48。

〔註 13〕宋・孫逢吉《職官分紀》收錄於《文津閣四庫全書》，頁 253。

〔註 14〕干寶注曰：「十盈則更始以奇，從盈數故言有也，經備文傳從略，故傳不言有。」清・阮元校勘《十三經注疏六・春秋左傳正義》《十三經注疏六・春秋左傳正義》(台北：大化書局 1989 年)，頁 3764。

〔註 15〕清・阮元校勘《春秋左傳正義・莊公二十五年》收錄於《十三經注疏》，頁 3860。

〔註 16〕清・馬國翰《玉函山房輯佚書 (二)》，頁 1441。

〔註 17〕元・趙汸撰《宋元明清十三經注疏匯要・春秋左氏傳補注》《宋元明清十三經

來，故干寶言「天子伐鼓于社，責群陰也」，亦是由陰陽變化言人事之象。在《玉函山房輯佚書》馬國翰言引《晉書·禮志》謂干寶:「留思京房、夏侯勝等傳其說，伐鼓于社以爲厭勝，蓋二子之緒論也。」〔註18〕其意所指乃言干寶承兩象數家之後，由象數《易》得陰陽、天厭勝之道，足見干寶思想受《周易》影響極深。

　　干寶《春秋》系書，除《春秋左氏函傳義》外，尚有《春秋序論》、《春秋左氏義》、《左氏承傳義》、《春秋義函傳》，唯今已不可考。身爲史官的干寶，未受當代紀傳體《史記》的影響，卻獨推崇編年體《春秋》、《左傳》，其原因何在？關於此點實有其歷史背景，據劉知幾《史通》言：〔註19〕

　　　　左傳之釋經文也，言見經文而事詳傳內，或傳無而經有，或經闕而傳存，言簡而要，其事詳而博言，聖人之羽翮，而述者之冠冕也。……當漢代史書以遷固爲主，而紀傳互出，表志相重，於文爲煩，頗難周覽，至孝獻帝，始命荀悅，撮其書爲編年體，依附左傳，著漢紀三十篇，自是每代國史，皆有斯作，起自後漢，至於高齊，始張璠、孫盛、干寶……等，其所著書，或謂之春秋，或謂之紀，或謂之略，或謂之典，或謂之志，雖名各異，大抵皆依左傳，以爲準焉。

西漢司馬遷紀傳體《史記》蔚然成風後，直至東漢孝獻時期意識「於文爲煩，頗難周覽」之弊，唯國史必編年方周全，於是荀悅效《春秋》編年體例，以《左傳》爲準則，自是國史又以編年爲主要，干寶的《晉紀》亦效之。

　　至於音韻系書——《詩音》、《易音》、《周禮音》三書，爲考探音聲之書，今已亡佚，故無多可議。

第二節　《周易》注

　　干寶《周易注》經後人搜佚，而得以保全，今所據爲黃慶萱《魏晉南北朝易學考佚》，此書佚文、注文皆詳贍，故以下有關《周易注》之文本與註文，皆參見此書〔註20〕，以下即針對《周易注》做研究：

　　　　注疏匯要·春秋左氏傳補注》（北京：中共中央黨校出版社 1996 年），頁 156。
〔註18〕清·馬國翰《玉函山房輯佚書（二）》，頁 1440。
〔註19〕清·劉知幾撰《史通》收錄於《文津閣四庫全書》，頁 205。
〔註20〕黃慶萱《魏晉南北朝易學考佚》（台北：幼獅文化事業公司 1975 年 11 月出版）

一、干寶《易》注背景

唐象數《易》學家李鼎祚，將干寶《易》注收於《周易集解》一書，因之，干寶列爲象數《易》學家，是可以肯定的。但細究干寶《易》學，可分爲象數與義理兩部分，實大異於純象數《易》學家，此與他身處的《易》學背景有著極大關聯。

首先我們看《周易註疏・周易注解傳述人》：〔註21〕

漢初立易楊氏博士，宣帝復立施、孟、梁丘之易，元帝又立京氏易，費高二家不得立；民間之後，漢費氏興，而高氏遂微，永嘉之亂，施氏、梁丘之易亡，孟、京、費之易，人無傳者，唯鄭康成、王輔嗣所注行於世。

這段話顯示，漢《易》學至永嘉之亂後，僅存孟、京、費三家《易》，後接續者爲鄭玄與王弼。鄭玄爲象數《易》者，王弼則爲義理《易》開先河者，自此象數《易》與義理《易》的爭議由此起始。而干寶接續兩人之後，自言承未亡之「京氏《易》」，自是可以理解，此即其象數《易》的部分。

再據皮錫瑞《經學歷史》，將中國經學分爲十個時期：其中極盛時代爲西漢元、成至後漢；中衰時代爲桓、靈之間，黨錮兩見；分立時代爲南北朝時代。〔註22〕而干寶身處東晉初年，正值中衰與分立之間，爲一經學歷史紛擾的時代。皮氏分析中衰時代有三句關鍵語「經學盛於漢；漢亡而經學衰」、「鄭學盛而漢學衰」、「鄭學出而漢學衰，王肅出而鄭學亦衰。」〔註23〕言及南北朝分立時代，則引《北史・儒林傳》序言：「江左，周易則王輔嗣，……河、洛，……周易則鄭康成；……」〔註24〕鄭玄身處東漢末，王肅接後，據此可得一粗概：鄭玄是漢學衰微時期的一個關鍵人物，與王肅、王弼，形成三個重要的易學轉換期，而干寶正值三人之後，必然受到影響。此即涉及干寶義理《易》的部分。

欲理清干寶義理《易》的內涵，首先，我們必須先了解鄭玄《易》學。皮氏引《後漢書・卷六十五鄭玄傳》之言：〔註25〕

〔註21〕晉・韓康伯注・唐孔穎達疏《周易注疏・周易注解傳述人》收錄於《文津四庫全書》，頁 277。
〔註22〕分見清・皮錫瑞《經學歷史》（台北：漢京文化事業有限公司 1983 年 9 月），頁 101、141、170。
〔註23〕分見清・皮錫瑞《經學歷史》，頁 141、148、154。
〔註24〕見清・皮錫瑞《經學歷史》，頁 170。
〔註25〕見清・皮錫瑞《經學歷史》，頁 141～142。

鄭玄：「括囊大典，網羅眾家；刪裁繁蕪，刊改漏失；自是學者略知
所歸。」蓋以漢時經有數家，家有數說，學者莫知所從；鄭君兼通
今古文，溝合爲一；於是經生皆從鄭氏，不必更求各家。

在當時「前漢重師法，後漢重家法」的時代，家法分歧造成「末師而非往古，
用後說而舍先傳；微言大義之乖，即自源遠末分始矣」〔註 26〕的結果，鄭玄
出開啓合流先鋒，兼通古今，時人效之，蔚成風氣。所謂「兼通今古文」乃
指象數、義理融合，這對一向嚴守象數《易》的漢學，無非是一大變革。而
王肅反對鄭玄之學，即爲此而來。然而事實上，王鄭皆專善古文賈逵、馬融
之學，但王肅卻「善賈、馬而不好鄭，殆以賈、馬專主古文，而鄭又附益以
今文乎？」〔註 27〕此即王肅反對鄭玄之因。鄭玄今古的合流的結果，致使原
本屹立不搖──象數《易》的漢學地位，被三國主義理的王弼所動搖，所以，
南宋趙師秀言「輔嗣易行無漢學」〔註 28〕，因之，鄭學在晉朝盛行，並至南
北朝與王弼平分天下。

　　以上即是干寶所處年代，一個象數《易》沒落，王弼義理《易》大興的
年代。依此線索，我們回觀干寶《易》注，實承鄭玄《易》象數、義理合流
的風格：大體象數《易》承孟喜、京房一系；〔註 29〕而義理《易》則承鄭玄、
馬融，〔註 30〕馬融則師承費直而來。〔註 31〕

二、干寶易學的運用手法

　　干寶注《易》習慣以先由天象引人事，最後再以史事匯歸。〔註 32〕天象

〔註 26〕見清・皮錫瑞《經學歷史》，頁 136～137。
〔註 27〕見清・皮錫瑞《經學歷史》，頁 155。
〔註 28〕趙師秀《清苑齋集補遺》〈秋夜偶成一詩〉見清・皮錫瑞《經學歷史》，頁 166。
〔註 29〕京房受業於焦延壽，延壽又從孟喜問《易》，故屬同系。
〔註 30〕清・張惠言《皇清經解・易義別錄・周易馬氏》在馬融《易》序中剖析馬融
　　　　「以人道政治議卦爻，此鄭所本於馬也。」（台北：復興書局 1972 年 11 月再
　　　　版），頁 13483。
〔註 31〕據《後漢書・孫期傳》：「陳元、鄭眾皆傳費氏易。其後，馬融亦爲其傳。融
　　　　授鄭玄，玄作《易》注，荀爽又作《易傳》，自是費氏興，而京氏遂衰。」足
　　　　見馬融承費氏之跡。清・王先謙（《後漢書集解・儒林列傳》收錄於《二十五
　　　　史》）（新文豐），頁 875。
〔註 32〕以《乾卦・初九爻辭》爲例：「初九，潛龍勿用。」干寶注曰：「位始故稱初；
　　　　陽重故稱九。陽在初九，十一月之時自復來也。初九甲子，天正之位，而乾
　　　　元所始也。陽處三泉之下，聖德在愚俗之中，此文王在羑里之爻也。雖有聖

屬象數派、後二者人事與史事屬義理派範疇，此部分乃其繼鄭玄《易》學之後，採象數、義理合流的結果。而干寶如何在兩大家中，既繼承又突破，即是本節的重點。以下即將干寶《易》注分兩部分來探討。

（一）干寶象數易的部分

《晉書・干寶傳》言：「性好陰陽術數，留思京房、夏侯勝等傳。」〔註33〕《漢書・儒林傳》曾言孟喜「好自稱譽，得易家侯陰陽災異變書」；京房以「明災異得幸」〔註34〕；事實上干寶是以孟喜、京房一系象數《易》為主軸，再雜糅各家，大抵皆以陰陽災異成說。〔註35〕因之，其由天象言說，運用卦象配四季、十二月、三百六十五又四分之一……等天象解《易》。個人檢視干寶《易》注，除此部分外，尚留有一般象數派通用的卦爻位解《易》，故本處擬由此兩方面，論述干寶解《易》之情形。

1. 以天象注《易》

（1）六日七分卦氣說

最早卦氣說來自孟喜，京房是大力推崇卦氣說者，干寶亦一路承襲。孟喜解釋卦氣說：〔註36〕

> 孟氏卦氣圖，以坎離震兌為四正卦，餘六十卦，卦主六日七分，合周天之數。內辟卦十二，謂之消息卦。乾盈為息，坤虛為消，其實乾坤十二畫也。……四卦主四時，爻主二十四氣，十二卦主十二辰，爻主七十二候，六十卦主六日七分，爻主三百六十五日四分日之一，

明之德，未被時用，故曰勿用。」「陽重故稱九」來自老陽數九的一般象數觀念；「陽在初九，十一月之時自復來也。」則為孟喜、京房的卦氣說及十二消息說，干寶更以《乾》、《坤》十二爻配合十二消息卦以示一年十二月，以陰陽之盈虛衡諸寒暑之消長：「初九甲子，天正之位，而乾元所始也」（納支以八卦六畫分納十干十二支也）；「陽處三泉之下」來自「三才觀」；接著人事注《易》出「聖德在愚俗之中」，最後以史事「文王在羑里之文也」證之「勿用」之來。參見黃慶萱《魏晉南北朝易學書考佚》，頁392～396。

〔註33〕唐太宗官修《晉書・干寶傳》收錄於《文津閣四庫全書》（北京：商務印書館2005年第一版第一次印刷），頁62。

〔註34〕清・王先謙《前漢書・儒林傳》收錄於《二十五史》（台北：新文豐出版社1975年三月），頁1520～1521。

〔註35〕清・惠棟《易漢學》出，在卷一、二孟長卿的卦氣圖、十二消息、辟卦雜卦或六十卦用事之月附上京房、干寶的運用情形；並在卷四、五京房的八卦六位圖與五行、世應、貴賤、爻等附上干寶之注，即可顯見干寶象數的師承。後出之學者論及此部分，也多以張氏所引資料為原始資料，再加以發揮。

〔註36〕清・惠棟《易漢學》收錄於《文津閣四庫全書》，頁131。

　　　辟卦爲君，雜卦爲臣，四正爲方伯，二至二分，寒溫風雨，總以應
　　卦爲節。

簡言之何謂「卦氣說」？以坎、離、震、兌爲四正卦；此四卦的二十四爻配
以：十二月份、十二時辰、二十四節氣、十二消息卦；六十卦分值三百六十
五日又四分之一，每一卦則爲六日七分；再以十二消息卦之七十二爻，分配
七十二侯；並配以五爵，成爲一完整卦氣圖。

　　孟喜的卦氣說，依六日七分法，將一年三百六十五日又四分之一日與
卦爻配期；（見圖一）而京氏略有不同：「京氏又以卦爻配期，《坎》、《離》、
《震》、《兌》，其用事，自分至之首，皆得八十分之七十三，《頤》、《晉》、
《井》、《大畜》，皆五日十四分，餘皆六日七分。」兩者略有出入，然皆爲六
日七分法。〔註37〕干寶所採者爲孟喜之主張，亦即以一年三百六十日分配於
六十卦中（即指《坎》、《離》、《震》、《兌》四主卦外的六十外卦），餘五又四
分之一日定一日爲八十分故相乘得四百二十分，分配在六十卦中，每一卦得
七分，故據六十卦此每一卦實得六日七分。此即干寶卦氣說的分配基礎，由
此得以定出中心四卦與外圍六十卦。故六日七分是爲卦氣圖最主要核心。

　　孟喜、京房此派卦氣說，至終推至五爵，目的在以天象萬端結合人事，
釐清君臣上下各自謹守的爵位關係，承襲傳統易漢學思想而來。以下列舉干
寶最常運用的卦氣說，由橫切面來予以說明：

　　A、十二消息說

　　「十二消息說」即是依「六日七分法」的規則，利用十二個卦象的陰陽爻
依次進退，揭示一年四季十二月相互交替的變化規律。最早起於孟喜：「內辟
卦十二，謂之消息卦。」說而來；〔註38〕後人惠棟引魏正光曆推四正卦術，再
配上虞仲翔的四季分配說，〔註39〕與地支搭配，勾勒十二消息說如下：〔註40〕

〔註37〕清・惠棟《易漢學》收錄於《文津閣四庫全書》，頁132。
〔註38〕清・惠棟《易漢學》收錄於《文津閣四庫全書》，頁131。
〔註39〕「《易繫辭》曰：『變通配四時』。仲翔曰：『變通趣時謂十二消息也。泰、大
　　　壯、夬配春；乾、姤、遯配夏；否、觀、剝配秋；坤、復、臨配冬，謂十二
　　　月消息相變通，而周於四時也。』」清・惠棟《易漢學》收錄於《文津閣四庫
　　　全書》，頁133。
〔註40〕「魏正光曆推四正卦術曰：十一月：未濟、蹇、頤、中孚、復；十二月：屯、
　　　謙、睽、升、臨；正月：小過、蒙、益、漸、泰；二月：需、隨、晉、解、
　　　大壯；三月：豫、訟、蠱、革、夬；四月：旅、師、比、小畜、乾；五月：
　　　大有、家人、井、咸、姤；六月：鼎、豐、渙、履、遯；七月：恆、節、同

《復》十一月，子（冬）；《臨》十二月，丑（冬）；《泰》正月，寅
（春）；《大壯》二月，卯（春）；《夬》三月，辰（春）；《乾》四月，
巳（夏）；《姤》五月，午（夏）；《遯》六月，未（夏）；《否》七月，
申（秋）；《觀》八月，酉（秋）；《剝》九月，戌（秋）；《坤》十月，
亥（冬）。

此十二消息卦的產生，來自孟喜以公、辟、侯、大夫、卿五爵來分當六十卦，
而十二消息卦，則是輪處辟位，故又稱十二辟卦。

在十二消息上《乾》、《坤》二卦除了本身屬十二消息卦外，另有一解是
將《乾》、《坤》十二爻以配十二月。其理論基礎來自孟喜「乾盈爲息，坤虛
爲消，其實乾坤十二畫也。」〔註41〕其排例情形如下：〔註42〕

《乾》初九，十一之時，自《復》來也，……；陽在九二，十二之
時，自《臨》來也；陽在九三，正月之時，自《泰》來也；陽氣在
四，二月之時，自《大壯》來也；陽在九五，三月之時，自《夬》
來也；陽在上九，四月之時也。又注《坤》六爻曰：陰氣在初，五
月之時，自《姤》來也；陰氣在二，六月之時，自《遯》來也；陰
氣在三，七月之時，自《否》來也；陰氣在四，八月之時，自《觀》
來也；陰氣在五，九月之時，自《剝》來也；陰在上六，十月之時
也。

干寶是十二爻消息說的力倡者，他在注《乾》、《坤》二卦十二爻，即一一運
用此法。如注《乾》卦六爻依序爲「陽在初九，十一月之時自復來也」、「陽
在九二，十二月之時，自臨來也」、「陽在九三，正月之時自泰來也」，以此類
推；《坤》卦亦同，首爻「陰氣在初，五月之時，自姤來也」、六二「陰氣在
二，六月之時，自遯來也。」而干寶運用此說目的爲何？以下即舉一爻以爲
說明。《坤・爻辭》：「六五，黃裳元吉。」干寶注曰：

陰氣在五，九月之時，自剝來也。剝者，反常道也。……陰登於五，
柔居尊位，若成昭之主，周霍之臣也。百官總己，專斷萬幾；雖情
體信順，而貌近僭疑，周公其猶病諸。言必忠，行必篤敬，然後可

人、損、否；八月：巽、萃、大畜、賁、觀；九月：歸妹、無妄、明夷、困、
剝；十月：艮、既濟、噬嗑、大過、坤。」清・惠棟《易漢學》收錄於《文
津閣四庫全書》，頁132。
〔註41〕清・惠棟《易漢學》收錄於《文津閣四庫全書》，頁131。
〔註42〕清・惠棟《易漢學》收錄於《文津閣四庫全書》，頁133。

以取信於神明，無求於四海也。故曰黃裳元吉。

以《坤》言若以各卦配十二消息，應屬十月；但若由《乾》、《坤》十二爻配之，則《坤‧六五爻辭》屬九月，才能藉此推回卦配十二消息，九月屬《剝》，干寶如此費力，目的在由「剝」卦推出「反常道」的卦性；〔註43〕以此解周公「貌近僭疑」行「陰登於五，柔居尊位」輔政的正當性，以示臣居尊位若應之以德，則天可助之，故仍具「黃裳元吉」的作用。

　　B、起月法

　　孟喜運用卦氣的「六日七分」，並擴展十二消息說，將卦爻配一年，而進一步分配每月所處月份，以爲該爲之事，即稱用事起月法。而今據惠棟《易漢學》的整理〔註44〕，加上地支的搭配，列舉如下：

　　　　十一月：未濟、蹇、頤、中孚、復（子）；十二月：屯、謙、睽、升、
　　　　臨（丑）：：正月：小過、蒙、益、漸、泰（寅）；二月：需、隨、
　　　　晉、解、大壯（卯）；三月：豫、訟、蠱、革、夬（辰）；四月：旅、
　　　　師、比、小畜、乾（巳）；五月：大有、家人、井、咸、姤（午）；
　　　　六月：鼎、豐、渙、履、遯（未）；七月：恆、節、同人、損、否（申）；
　　　　八月：巽、萃、大畜、賁、觀（酉）；九月：歸妹、無妄、明夷、困、
　　　　剝（戌）；十月：艮、既濟、噬嗑、大過、坤（亥）

干寶效孟喜的卦氣說，即在以上此三大基礎上加以運用，以下舉例說明。《坎‧爻辭》：「六三，來之坎坎，險且枕，入于坎窞，勿用。」《象辭》：「來之坎坎，終無功也。」干寶注加：「坎，十一月卦也，又失其位；喻殷之執法者失中之象也。來之坎坎者，斥周人觀釁于殷也。」《坎》居內圍屬四正卦，以下再舉外圍六十卦爲例，干寶注《蒙‧卦辭》：「蒙，亨。」爲：

　　　　蒙者，離宮陰也。世在四，八月之時，降陽布德，薺麥並生；而息
　　　　來在寅。故蒙于世爲八月，于消息爲正月卦也。正月之時，陽氣上
　　　　達，故屯爲物之始生，蒙爲物之稚也。……此蓋成王之遭周公也。

〔註43〕「《剝‧卦辭》曰：『剝，不利有攸往。』《剝‧彖辭》曰：『剝，剝也，柔變
　　　　剛也。不利有攸往，小人長也。……』李鼎祚前者注曰：『虞翻曰：陰消乾也，
　　　　與夬旁通，以柔變剛，小人道長，子弑其父，臣弑其君，故不利有攸往也。』
　　　　後者注曰：『鄭康成曰『陰氣侵陽，上至于五，萬物零落，故謂之剝也。五陰
　　　　一陽，小人極盛，君子不可有所之，故不利有攸往也。』皆顯示《剝》「反常
　　　　道」之卦性。清‧孫星衍撰《周易集解》收錄於《無求備齋易經集成》（台北：
　　　　成文出版社有限公司 1976 年），頁 207～208。
〔註44〕清‧惠棟《易漢學》收錄於《文津閣四庫全書》，頁 134～137。

《蒙》在起月法爲正月，故干寶說「息來在寅」、「正月之時，陽氣上達，故屯爲物之始生，蒙爲物之穉也」；干寶在此除運用起月法外，亦與京房的積算法製成的八宮世應圖相配（見圖三，此部分在「世應」說再詳言）。所以又說《蒙》屬《離》應四世，時値八月「降陽布德，薺麥並生」。干寶在此贅言，既取「世運」又取「起月」法的目的，乃在充分解說，年幼成王得周公之善輔的情形。

（2）八宮方位說

鄭玄在注《易緯乾鑿度》、《易緯通卦驗》即遍用此法。此爲京房之主張，即據此將一年分配給十二月外，亦配於八方位，干寶亦採之。今取《易緯乾鑿度》之引爲說：〔註45〕

> 八卦成列，天地之道立，雷風水火山澤之象定矣，其布散用事也。
> 震生物於東方，位在二月；巽散之於東南，位在四月；離長之於南方，位在五月；坤養之於西南方，位在六月；兌收之於西方，位在八月；乾制之於西北方，位在十月；坎藏之於北方，位在十一月；艮終始之於東北方，位在十二月。

此論繪成圖即爲（圖二），以下即舉述干寶運用情形：《需‧爻辭》：「初九，需于郊，利用恆，無咎。」干寶注曰：

> 郊、乾坎之際也；既已受命，進道北郊，未可以進，故曰需于郊。處不避汙，出不辭難，臣之常節也；得位有應，故曰利用恆。雖小稽留，終于必達，故曰無咎。

《需》爲乾下坎上，《乾》爲戌亥屬西北，《坎》爲子屬正北，兩者方向皆偏北，故曰「進道北郊」。而《坎‧象傳》：「皆坎重險也。」代表其困難性，但因初九與六四相應，故只要「處不避汙，出不辭難」守「臣之常節」、「利用恆」，自能「無咎」。再如《繫辭下》：「六爻相雜，唯其時物也。」干寶注曰：「一卦六爻，則皆雜有八卦之氣。若初九爲震爻；九二爲坎爻也。或若見辰戌言艮；巳亥言兌也。或若以甲壬名乾；以乙癸名坤也。或若以午位名離；以子位名坎。……」干寶以「一卦六爻，則皆雜有八卦之氣」釋「六爻相雜」，其著重以爻解卦，明顯可見。首先《震》、《坎》二爻，各因其上卦初九下卦九四、上卦九二下卦九五爲陽爻的卦性解之；《艮》、《兌》以納支；《乾》、《坤》

〔註45〕「震生物於東方」本書誤爲「震生物於東南」與後文重複，按理應爲「東方」。
漢鄭玄注《易緯乾鑿度》收錄於《文津閣四庫全書》，頁659。

以納甲解之；《離》、《坎》，則以八宮八位配以十二地支而來：《離》配十二地支爲午；《坎》則爲子位。

（3）八宮世應法

京房在八宮卦的基礎上進一步提出世應說，所謂的「世應說」，惠棟上推《左傳・昭公五年正義》曰：「卦有六位，初三五奇數，爲陽位也；二四上耦數，爲陰位也；初與四，二與五，三與上，位相值爲相應。」〔註46〕及引《易緯乾鑿度》：「易氣從下生，動於地之下則應于天之下；動于地之中則應于天之中；動于地之上則應于天之上。初以四，二以五，三以上，此之謂應。」〔註47〕兩理論基礎推得京房的世應說，是建立在陽陰各得其位，並各爻有其相對應之爻的理論關係上。

京房選《乾》、《震》、《坎》、《艮》、《坤》、《巽》、《離》、《兌》爲八宮，前四者屬陽卦，後四者屬陰卦；每一宮卦統領七卦，如《乾》由《姤》至《大有》以此爲序，此七卦由一到五卦爲序，分屬一世至五世，第六卦則稱游魂；第七卦稱歸魂。並排出「四易」思想：「孔子易云：有四易，以一二世爲地易，三四世爲人易，五六世爲天易，游魂鬼魂爲鬼易。」〔註48〕（見圖三）

以下即舉例說明干寶八宮世應說運用情形，《屯・彖辭》：「宜健侯而不寧。」干寶注曰：「水運將終，木德將始，殷周際也。百姓盈盈，匪君子不寧；天下既遭屯險之難，後王宜蕩之以雷雨之政；故封諸侯以寧之也。」《屯》爲《坎》上《震》下，就世應說屬《坎》之二世卦，應落於下卦《震》，再配以五行說，《坎》水變《震》木，殷爲水，周爲木，故得「水運將終，木德將始，殷周際也。」

《序卦》：「物稚不可以不養也，故受之以需；需者，飲食之道也。」干寶注曰：「需，坤之遊魂也。……夫坤者，地也，婦人之職也。……故曰需者飲食之道也。」就世應說《需》爲《坤》之遊魂，《坤》屬陰，故方得以此解爲「婦人之職」也。

（4）世卦起月法

是指八宮世應與起月說的運用，惠棟據此引胡一桂以京氏起月例成八宮

〔註46〕此條注引《文津閣四庫全書》之《易漢學》未收，但《叢書集成初編》之《易漢學》有之，故引之。故見之後者。（北京：中華書局1985年出北京新一版），頁66。

〔註47〕清・惠棟《易漢學》收錄於《文津閣四庫全書》，頁143。

〔註48〕清・惠棟《易漢學》收錄於《文津閣四庫全書》，頁143。

起月法〔註49〕：

> 一世卦陰主五月，一陰在午也，陽主十一月一陽在子也；二世卦陰
> 主六月，二陰在未也，陽主十二月二陽在丑也；三世卦陰主七月，
> 三陰在申也，陽主正月三陽在寅也；四世卦陰主八月，四陰在酉也，
> 陽主二月四陽在卯也；五世卦陰主九月，五陰在戌也，陽主三月五
> 陽在辰也；八純上世陰主十月六陰在亥也，陽主四月在巳也；遊魂
> 四世所主與四世卦同歸魂三世與三世同。

整個八宮世應卦的情形即為：一卦有一主爻，此主爻即一卦的主導：一世卦
初爻變，初爻為主爻即世爻，應者為四爻；二世卦二爻變，二爻為主爻與之
應者為五爻；再往下三爻則與上爻應；四世卦與初爻應；五世卦與二爻應；
游魂卦主卦在四爻變與之相應為初爻；歸魂卦三爻與下二爻全變，故以三爻
為世爻，上爻為應爻；八純卦以上爻為世爻，三爻為應爻。後人據此結合八
宮世應起月之說，繪成八宮世應起月圖（并於圖三）。

　　再見《訟·彖辭》訟。干寶注曰：

> 離之遊魂也，離為戈兵，此天氣將刑殺，聖人將用師之卦也。訟，
>
> 不親也；兆民未識天命，不同之意。

《訟》屬八純卦的《離》卦，由《離》推得「戈兵」之象；〔註50〕再由「起
月例」得「游魂」四世所主與四世卦同，主八月，就天氣言「秋」具刑殺之
象（起月法於後另有說明）；故推得主戰的《師》卦。〔註51〕此處必須與本卦
《大象》同觀，《訟·大象》：「君子以作事謀始。」干寶注曰：「省民之情以

〔註49〕 清·惠棟《易漢學》收錄於《文津閣四庫全書》，頁147。

〔註50〕 《離·上九爻辭》：「上九，王用出征，有嘉折首，獲匪其醜，無咎。」王弼
注曰：「離，麗也。各得安其所履，謂之離。處離之極，離道已成，則除其非
類，以去民害，王用出征之時也。故必有嘉折首，獲匪其醜，乃得無咎也。」
又《離·象辭》：「王用出征，以正邦也」，可見其戈兵之象。清·孫星衍撰《周
易集解》收錄於《無求備齋易經集成》（台北：成文出版社有限公司1976年），
頁265。

〔註51〕 《師·卦辭》：「師，貞丈人，吉無咎。」孫星衍《集解》注曰：「馬融曰，二
千五百人為師。（《釋文》）鄭康成曰：軍二千五百人為師，多以軍為名，次以
師為名，少以旅為名。師者，舉中之言。（王氏）又曰：丈之言長，能御眾有
正人之德，以法度為人之長，吉而無咎，謂天子、諸侯主軍者。（《周禮疏》）」
皆顯示《師》卦以「天子諸侯主軍者」的卦性。孫星衍撰《周易集解》收錄
於《無求備齋易經集成》，頁95。

制作也，武王故先觀兵孟津，蓋以卜天下之心，故曰：作事謀始也。」我們不難看出「聖人將用師之卦」，干寶實乃指「武王觀兵孟津」一事；而當時武王以爲時機未熟，故干寶注曰「訟，不親也；兆民未識天命，不同之意。」以天象言人事，最後以史事爲證。

圖一：六日七分圖，自杭辛齋《學易筆談》〔註52〕

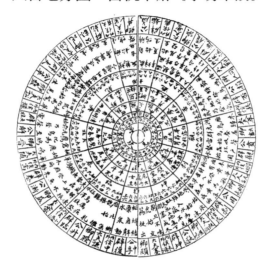

圖二：八卦方位圖，自朱伯崑《易學哲學史》〔註53〕

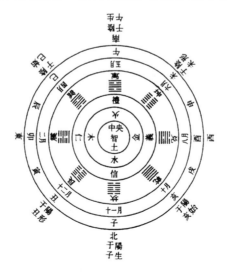

〔註52〕清・杭辛齋《學易筆談（下）》（台北：廣文書局1971年），頁161～162。
〔註53〕朱伯崑《易學哲學史・第一卷》（台北：藍燈文化事業股份有限公司），頁203。

圖三：八宮卦世應遊魂起月表，自黃慶萱《魏晉南北朝易學考佚》〔註54〕

說明	兌	離	巽	坤	艮	坎	震	乾	八宮卦世遊魂
八宮卦	兌☱	離☲	巽☴	坤☷	艮☶	坎☵	震☳	乾☰	
明（六陰在亥主十月／六陽在巳主四月）									
初爻變	困	旅	小畜	復	賁	節	豫	姤	一世
（一陰在午主五月／一陽在子主十一月）									
二爻亦變	萃	鼎	家人	臨	大畜	屯	解	遯	二世
（二陰在未主六月／二陽在丑主十二月）									
三爻亦變	咸	未濟	益	泰	損	既濟	恆	否	三世
（三陰在申主七月／三陽在寅主正月）									
四爻亦變	蹇	蒙	无妄	大壯	睽	革	升	觀	四世
（四陰在酉主八月／四陽在卯主二月）									
五爻亦變	謙	渙	噬嗑	夬	履	豐	井	剝	五世
（五陰在戌主九月／五陽在辰主三月）									
四爻復原	小過	訟	頤	需	中孚	明夷	大過	晉	遊魂
（同四世卦主八月／同四世卦主二月）									
下體亦復原	歸妹	同人	蠱	比	漸	師	隨	大有	歸魂
（同三世卦主七月／同三世卦主正月）									

（5）納干、納支及五行、應情說

　　何謂「納甲說」，原創本意是將八卦配五行、方位、十天干，因舉甲以統十日，故稱「納甲」；若後者配以十二地支則稱「納支」，然事實上完整納甲說是干、支、五行同配互用，故後人亦有統稱「納干支」說。

　　納甲配十天干，所根據來自，魏伯陽《參同契》：「三日出爲爽，震庚受

〔註54〕黃慶萱《魏晉南北朝易學考佚》，頁417。

西方；八日兌受丁，上弦平如繩；十五乾體就，盛滿甲東方，……；十六轉受統，巽辛見平明，艮值于丙南；下弦二十三，坤乙三十日，東北喪其朋，節盡相禪與，繼體復生龍，壬癸配甲乙，乾坤括始終。」〔註55〕今據惠棟《易漢學》引自《火珠林》，京房的「納甲」說，大體排例如下：〔註56〕

乾屬金：壬戌土：壬申金：壬午火：甲辰土：甲寅木：甲子水。（東）

坤屬土：癸酉金：癸亥水：癸丑土：乙卯木：乙巳火：乙未土。（東北）

震屬木：庚戌土：庚申金：庚午火：庚辰土：庚寅土：庚子水。（西）

巽屬木：辛卯水：辛巳火：辛未木：辛酉金：辛亥水：辛丑土。（西）

坎屬水：戊子水：戊戌土：戊申金：戊午火：戊辰土：戊寅木。

離屬火：己巳火：己未土：己酉金：己亥水：己丑土：己卯木。

艮屬土：丙寅木：丙子水：丙戌土：丙申金：丙午火：丙辰土。（南）

兌屬金：丁未土：丁酉金：丁亥水：丁丑土：丁卯木：丁巳火。（南）

首先天干分陽陰，陽爲甲、丙、戊、庚、壬；陰爲乙、丁、己、辛、癸，陽卦配陽干，陰卦配陰干；地支亦同；〔註57〕再者，《乾》卦內外卦配甲、壬；《坤》卦內外卦配乙、癸……；地支之配組，依《禮記・月令正義》引《易林》云上下卦第一爻應爲：「震主庚子午，巽主辛丑未，坎主戊寅申，離主己卯酉，艮主丙辰戌，兌主丁巳亥。」〔註58〕至於五行則以地支爲斷：寅卯配木、己午配火、申酉配金、丑辰未戌配土、子亥配水，如此一基本架構即產生。

以下即見干寶運用情形：《井》：「初六，井泥不食，舊井無禽。」干寶注曰：「在井之下，體本土爻，故曰泥也。井而爲泥，則不可食。此託紂之穢政，不可以養民也。……」《井》爲《巽》下《坎》上，若以納干、納支

〔註55〕清・惠棟《易漢學》收錄於《文津閣四庫全書》，頁139。

〔註56〕清・惠棟《易漢學》收錄於《文津閣四庫全書》，頁142。

〔註57〕「項平庵曰：「陽卦納陽干、陽支；陰卦納陰干、陰支，陽六干皆進，陰六干皆退，惟乾納二陽，坤納二陰，包括首尾，則天地父母之道也。」清・惠棟《易漢學》收錄於《文津閣四庫全書》，頁142。

〔註58〕據惠棟考探「案《玉策記》、《開名經》皆周秦時書，京氏之說，本之焦氏，焦氏又得之周秦以來，先師之所傳，不始于漢也。」代表此說並非京房所創，其承焦延壽之《易林》，而焦氏又得於周秦時人。清・惠棟《易漢學》收錄於《文津閣四庫全書》，頁142。

之例，則《井》初六屬《巽》，《巽》初六應屬辛丑土，故以土釋泥，井中有泥不可食，以借引「紂之穢政」。

納干支與五行相配的理論依據，來自五行生克說「六爻交通，至於六卦陰陽相資相返、相克相生。」（《京氏易傳·晉卦傳》）〔註59〕而京房八純卦與五行相配，是循《說卦》：「《乾》屬金，《震》屬木德，《坤》屬土，《兌》純金用體，《坎》為北方之卦也，自然屬水。至於《巽》為木，《離》為火，《艮》為土。」的主架構而來。京房以八宮六十四卦配五行，以八純卦為主首，下領七卦同屬該五行，亦即《乾》卦為金，自《姤》至《大有》亦皆金，其他各卦以此類推。（八宮六十四卦排列順序可參照圖一）以下即舉例說明：

《乾·九四》：「或躍在淵，無咎。」干寶注曰：「躍者，暫起之言。既不安於地，而未能飛於天也。四以初為應，淵謂初九甲子，龍之所由升也。」「淵謂初九甲子」惠棟加注解釋為：「甲子，水。干氏以喻武王孟津甲子之事，故云。」〔註60〕亦即干寶藉「納甲」說，引甲子孟津觀釁一事。再如：《豐卦·彖辭》：「豐。亨，王假之，勿憂，宜日中。」干寶注曰：

> 豐，坎宮陰，世在五，……以離變坎，至于天位，日之中象也。殷，水德，坎象盡敗，而離居之，周伐殷王位之象也。……猶詩曰：『上帝臨女，無貳爾心。』言周德當天人之心，宜居王位，故宜日中。

《豐》卦本身為《離》下《震》上，八宮卦屬《坎》五世卦，故「以離變坎」，《離》為火，坎為水，「殷，水德」故據此成「五德終始說」，而引出「周伐殷」的史注。干寶此類的注文不在少數：《井卦·繫辭》：「改邑不改井，無喪無得，往來井井，汔至亦未繘井。羸其瓶，凶。」干寶注曰：「水，殷德也；木周德也。夫井，德之地也，所以養民性命而清潔之主者也。自震化行，至于五世，改殷紂比屋之亂俗，而不易成湯昭假之法度也。故曰改邑不改井。」《井》八宮卦屬《震》，《震》於五行屬木為周德，雖時機未熟，但暗示木德取代水德之象。干寶納干支應情之例頗多，故屈萬里曾言：「納甲者，……其說始於京房，初不過用以比附五行，以便占說災異耳。」〔註61〕干寶廣借干支以應五行，正是為言人事興衰災異而來。

〔註59〕漢·京房《京氏易傳》收錄於《文津閣四庫全書》，頁726。
〔註60〕此條注引《文津閣四庫全書》之《易漢學》未收，但《叢書集成初編》之《易漢學》有之，故引之。見清·惠棟《叢書集成初編·易漢學·卷四》，頁60。
〔註61〕屈萬里《先秦漢魏易例述評》收錄於《屈萬里全集》（台北：聯經出版社1984出版），頁121。

另外值得一提的是：干寶採京房的納甲、納支說，泰半爲配合人事而來，故有「應情說」。何謂「應情說」？據《易漢學》載：「翼奉上封事曰：『北方之情，好也；好行貪狼，申子主之。東方之情，怒也；怒行陰賊，亥卯主之。南方之情，惡也；惡行廉貞，寅午主之。西方之情，喜也，喜行寬大，巳酉主之。上方之情，樂也，樂行姦邪，辰未主之。下方之情，哀也，哀行公正在，戌丑主之。』」〔註62〕以下以注例爲證：

《節卦·爻辭》：「上六，苦節，貞凶，悔亡。」干寶注曰：

> 《象》傳苦節不可貞在此爻也。稟險伏之教，懷貪狼之志；以苦節
> 之性，而遇甘節之主，必受其誅；華士少正卯之爻也；故曰貞凶。
> 苦節既凶，甘節志得；故曰悔亡。

以坎上六戊子，子主北方，故貪狼。舉華士與少正卯之例。華士具「不臣天子」、「不友諸侯」等五項罪行，故太公誅之；少正卯兼有五惡「心達而險、行辟而堅、言僞而辯、記醜而博、順非而澤」，故孔子殺之〔註63〕，凡此干寶以爲皆屬貪狼之人，故言「苦節不可貞」。

《蒙·象辭》：「初六，利用刑人，以正法也。」干寶注曰：

> 初六戊寅，平明之時，天光始照，故曰發蒙。此成王始覺周公至誠
> 之象也。坎爲法律，寅爲貞廉，以貞用刑，故利用刑人矣。此成王
> 將正四國之象也。……

《蒙》爲坎下艮上，故《蒙》初六爻屬坎爲戊寅，寅時爲天將亮之時，有「平明之時，天光始照」之象，以解周公之貞，故成王的盡釋前嫌，以還周公輔政之正。再者，就納甲應情，據惠棟注曰：「廉貞，火也；寅中有生火，故云。」〔註64〕寅屬「貞廉」，配以「南方之情，惡也；惡行廉貞」故得惡行者使之廉貞，唯有「以貞用刑」，以證「成王將正四國之象」的必然。

再如《比·象辭》：「比，吉。原筮元永貞無咎，不寧方來，後夫凶。」干寶注曰：

〔註62〕清·惠棟《漢學》收錄於《文津閣四庫全書》，頁145。
〔註63〕孔子誅少正卯因其具五惡：「一曰心達而險，二曰行辟而堅，三曰言僞而辯，四曰記醜而博，五曰順非而澤。」故殺之；太公誅華仕因「不臣天子，不友諸侯，耕而食之，掘而飲之，吾無求於人；無上之名，無君之祿，不仕而事力。」故殺之。見楊柳橋《荀子詁釋·宥坐》（新竹：仰哲出版社1987年），頁810～811。
〔註64〕清·惠棟《易漢學》收錄於《文津閣四庫全書》，頁142。

比者，坤之歸魂也，亦世于七月，而息來在巳。去陰居陽，承乾之

命，義與師同也。原、卜也。《周禮》：三卜，一曰原兆。坤德變化，

反歸其所，四方既同，萬國既親，故曰比吉。

《比》在八宮世運爲歸魂，其同三世屬七月；而就十二消息《比》屬「巳」爲四月，而惠棟《漢易學》爲干寶解曰：「七月辰在申，四月辰在巳，故云去陰居陽，乾爲辟，故云承乾命，師亦世于七月而息在巳。」〔註65〕干寶解《比》卦運用「世應」同三世卦與「十二消息」同四月巳的《師》卦，並兼引出同四月巳屬辟卦的《乾》卦，目的何在？首先必須理解，何謂「辟」？惠棟引孟康之言解釋：「房以消息卦爲辟，辟，君也。」〔註66〕如此答案極明顯，干寶實欲帶出《師》上六「大君有命」言武王承文王之德，受「乾命」的正當性。

（6）三才觀

《繫辭下傳》：「六者非他也，三才之道也。」《說卦傳》：「兼三才而兩之，故易六畫而成卦。」此部分亦爲義理派所著重，故至干寶「義理」注處即不再重提。所謂三才觀，即以六爻分配三才，得出：初、二爻爲地；以三、四爻爲人；以五、上爻爲天。以下即以《乾卦》全卦解之：

《乾·爻辭》初九，注曰：「陽處三泉之下，聖德在愚俗之中，此文王在羑里之爻也。」九二注曰：「二爲地上，田在地之表而有人功者也。」；九三注曰：「陽氣始出於地上，而接動物。人爲靈，故以人事成天地之功者，在於此爻焉。」九四注曰：「四虛中也；躍者，暫起之言。既不安於地，而未能飛於天也。」至九五注曰：「五在天位，故曰飛龍。」上九曰：「乾體既備，上位既終。」若以「三才說」初、二爲地爻；三、四爲人爻；五、六則爲天爻，干寶《乾·爻辭》遵循的正是此「天地人」的秩序。而九三正處於地出，人事行之時，干寶言「以人事成天地之功者」，正意謂天地人關係的密切，而人成天地之功，顯示「天象」引「人事」的合理性。

（7）爻位貴賤說

即是將每卦六爻各配以一定官爵，以達到比附人事的作用。《易緯乾鑿度》承京房易傳提出：「初爲元士，二爲大夫，三爲三公，四爲諸侯，五爲天子，上爲宗廟，凡此六者，陰陽所以進退，君臣所以升降，萬人所以爲象者也。」

〔註65〕清·惠棟《易漢學》收錄於《叢書集成初編》，頁13。
〔註66〕清·惠棟《易漢學》收錄於《文津閣四庫全書》，頁134。

〔註67〕六爻各有一定相應位置與地位。以下即舉干寶運用情形爲證：

《坤・爻辭》：「六三，含章可貞，或從王事，無成有終。」干寶注曰：

> 陰氣在三，七月之時，自否來也。陽降在四，三公位也；陰升在三，
> 三公事也。上失其權，位在諸侯。坤體既具，君弱臣強，戒在二國。
> 唯文德之臣，然後可以遭之運而不失柔順之正。坤爲文，坤象既成，
> 故曰含章可貞。此蓋平襄之王，垂拱以賴晉鄭之輔也。苟利社稷，
> 專之則可，故曰：或從王事；遷都誅親，疑於專命，故亦或之。失
> 後順之節，故曰無成。終於濟國安民，故云有終。

首先干寶由「陰氣在三，七月之時，自否來也。」言卦氣說；以《坤》六三
自《否》而來，《否》本身是《坤》下《乾》上，形成「陽降在四」、「陰升爲
三」，產生陽陰失位、君弱臣強的情形，應是具凶象的，但因晉鄭強臣輔弱君，
輔者是「文德之臣」，故云：「坤體既具，君弱臣強，戒在二國。唯文德之臣，
然後可以遭之運而不失柔順之正。」最後得以「終於濟國安民，故云有終」。

《師卦・爻辭》：「上六，大君有命，開國承家，小人勿用。」干寶注曰：

> 大君，聖人也，有命，天命也。五常爲王位，至師之家而變其例者，
> 上爲郊也。故易位以見武王親征與師人同處于野也。《離》上九曰：
> 「王用出征，有嘉折首。」上六爲宗廟，武王以文王行，故正開國
> 之辭于宗廟之爻，明己之受命文王之德也。故《書・泰誓》曰：「予
> 克受，非予武，惟朕文考無罪，惟予小子無良。」開國，封諸侯也；
> 承家，立都邑也；小人勿用，非所能也。

據世應解人事，上爻爲宗廟之爻，以武王承文王之事功，來解「天命之正」；
接著舉《離・爻辭》：「上六爲宗廟」再次證得「武王以文王行」的正當性；
並以《尚書・泰誓》附解武王克殷的不得已。

（8）卦體、互體

所謂卦體，即在一卦本於上下兩卦重卦的基礎來解《易》，此類極普遍，
僅以一卦爲例，不再贅言。《師・彖辭》：「剛中而應，行險而順，以此毒天下
而民從之。」干寶注曰：「坎爲險，坤爲順。兵革刑獄，所以險民也；毒民于
險中，而得順道者，聖王之所難也。」《師》正爲「坎下坤上」的關係，故有
「坎爲險，坤爲順」之說；再進一層：坎以喻險民；坤以喻順道，故有連「聖
王之所難也」之嘆。

〔註67〕清・惠棟《易漢學》收錄於《文津閣四庫全書》，頁144。

所謂互體最早來自京房〔註 68〕，其最單純的形式是一卦初爻與上爻不計，以中間四爻交叉運用的體例，稱有三爻互體，具體言之，即一卦二、三、四爻與三、四、五爻互爲一卦。

《漸‧象辭》上九：「其羽可用爲儀，吉；不可亂也。」干寶注曰：「處漸高位，斷漸之進。順艮之言；謹巽之。履坎之通，據離之耀。」來自《漸》艮下巽上，二、三、四爻互《坎》，三、四、五爻互《離》。引四卦以釋婦德、婦儀可象之跡。

2. 以爻位關係解《易》

干寶一如所有象數派，以基本爻位關係解《易》，僅列較著重者三：

（1）得位應位

所謂的「得位」是指爻位初、三、五爲奇，屬陽爻；二、四、六爲偶，屬陰爻，即稱得位；反之則不得位。所謂的「相應」，是指下卦初爻與上卦四爻、二爻與五爻、三爻與上爻，呈現一陰一陽的關係即稱之。若兩爻既「得位又相應」，則多半爲吉。現舉干寶注爲述：

《比卦‧爻辭》六二：「比之自內，貞吉。」干寶注曰：「二在坤中；坤，國之象也。得位應五，而體寬大；君樂民人自得之象也。故曰比之自內貞吉矣。」「得位應五」乃因六二陰居陰位，並與陽居陽位的九五相應，故產生既得位又相應的現象，故引出人事「君樂民自得」的景況。反之，亦有得位不相應的情形：

《未濟卦‧象辭》：「雖不當位，剛柔應也。」干寶注曰：「六爻皆相應，故微子更得爲客也。」此卦六爻皆未得位但卻相應，故亦無惡。

（2）承乘說

「承」爲「承順」；「乘」爲「乘凌」，又稱「據」。凡一卦上下兩爻，下爲陰爻上爲陽爻，陰爻上拱承陽爻多爲吉，若又應位，則幾可確定必吉，反之多凶。若上爻爲陽爻下乘凌陰爻亦多吉，反之多凶。現舉干寶注例以說明：

「九五，大蹇朋。」《蹇卦‧小象》：「大蹇朋，以中節也。」干寶注曰：「在險之中，而當王位，故曰大蹇。此蓋以託文王爲紂所囚也。承上據四應二，象陰並至，此蓋以託四臣能以權智相救也，故曰以中節也。」何謂「承

〔註68〕 「子夏及京房之師焦延壽都曾用過互體說，但從現存文獻來看，最早明確提出『互體說』者，乃是京房。」劉玉建《兩漢象數易學研究（上）》（南寧：廣西教育出版社 1996 年 9 月），頁 268。

上據四應二」？《蹇卦》四爻皆陰，與五爻相應爲二爻亦陰；又九五以一陽
乘六四、六四則承九五，故九五相應又合承乘；干寶再以「象陰並至」，以「四
陰」附會「四臣」，以成「四臣救文王」史事。

再見《震卦・象辭》：「六二，震來厲，億喪貝，躋于九陵，勿逐，七日
得。象曰：震來厲，乘剛也。」干寶注曰：

> 得位無應，而以乘剛爲危。此託文王積德累功以被囚爲禍也。……
> 紂拘文王、閎夭之徒乃于江淮之浦求盈箱之具而以賂紂也。故曰億
> 喪貝。……

六二與六五未相應，故無應；加上初九在下，六二在上，故以陰乘剛，以說
明文王受拘之難。

（3）居中說與卦主說

若就六爻位置言，所謂的「中」，即指二、五爻，處於下卦與上卦居中位，
多吉。此部分干寶亦留意。

《比・爻辭》六二，比之自，貞吉。干寶注曰：「二在坤中；坤，國之象
也。得位應五，而體寬大；君樂民人自得之象也。故曰比之自內貞吉矣。」
六二在坤中，加上得位應五，故爲吉卦。

再見《未濟》：「未濟。亨。小狐汔濟，濡其尾，無攸利。」干寶注曰：「坎
爲狐。《說文》曰：汔，涸也。案：剛柔失正，故未濟也。五居中應剛，故亨
也。小狐力弱，汔乃可濟；水既未涸，而乃濟之，故尾濡而無所利也。」此
卦一、三、五爻皆陰；而二、四、六爻皆陽，故言「剛柔失正，故未濟也」；
然後因「五居中應剛，故亨也。」可見中爻的重要性。

另以卦爻位置解《易》，亦常涉及「卦主說」。何謂「卦主說」？即一卦
六爻，必有一爻爲主卦，通常領卦具有原凶後吉的作用。《比・彖辭》：「比。
吉。原筮元永貞無咎，不寧方來，後夫凶。」干寶注言「去陰居陽，承乾之
命，義與師同也。……坤德變化，反歸其所，四方既同，萬國既親，故曰比
吉。考之蓍龜，……德善長於兆民……古曰原筮永貞。……」《比》屬《坤》
之歸魂；再由《比》卦五陰一陽，陽在九五，此爲正卦主卦，故「去陰居陽，
承乾之命」，因之得到「坤德變化，反歸其所，四方既同，萬國既親」的吉象。

干寶承襲孟、京象數《易》注，表面上言天象，但與兩者最大不同是干
寶更側重人事。亦即孟京致力於天象，則干寶企由天象引人事，其重心乃在
後者。卦的主核心思想由「卦氣說」開始，將卦爻配以四季、十二月、二十

四節氣、七十二侯、一年三百六十五又四分之一日，凡有關天象的部分，依循卦氣說的「六日七分法」、「十二消息」、「起月法」與「八宮方位說」而來；更甚配天干、地支，「八宮世應」、「納甲」、「五行」之說擇要納入，目的乃在由原卦比附另一卦象的出現，以期爲後面的義理《易》，尤其是史例做合理注解。故舉凡五行說推到最後則爲「五德終始」；八宮卦最後爲世應宗廟、天子、諸侯……等的階級觀；納甲亦應情解人事。

至於爻位解易部分亦同，京房在《易傳》中自言：「分六十四卦，配三百八十四爻，成萬一千五百二十策，定氣候二十四，考五行於運命，人事天道日月星辰局于指掌，吉凶見乎其位。」〔註69〕足見其所有天象所秉守，乃爲合人事而來。因之，此類象數派舉凡以爻位關係解《易》，得位應位、承乘說、居中說與卦主說，全圍繞著陽陰各得其位、陽主陰輔兩大重心，以利說人事。

何謂「各得其位」的關係：凡得位者必陽居陽位，陰居陰位；何謂「陽主陰輔」的關係，陰必承陽，陽必據陰；凡居中者多吉，領卦者以又以居中爲多，若居中又爲陽爻必更吉。干寶承之，尤其側重以「主輔關係的秩序觀解史注」。（如：《師·象辭》「剛中而應」，以顯示武王「民從之」的正當性；《未濟卦·象辭》：「雖不當位，剛柔應也。」以釋「微子更得爲客」的合理性；《未濟·卦辭》以「剛柔失正，故未濟也。五居中應剛，故亨也」以顯主卦、領卦的主導性。

所不同是，孟喜與京房以象數爲主，一生致力於研擬一套合理宇宙天象觀，以解「天象」的合理性。而干寶的重點乃在藉天象以擇取人事的合理性以解史注，故常多方綴湊或片取一隅，以求人事比附的合理性，實未能周全觀照象數《易》的全貌。

如：干寶注《蒙·卦義》：「蒙，亨。」一字，連用孟喜的「起月」、京房的「世運」，以得八月「降陽布德，薺麥並生」及正月的「陽氣上達，故屯爲物之始生，蒙爲物之稺也」（見「以天象注易」——起月法之說」）目的在強化文德之臣——周公輔年幼成王的合理性，集攬多家已失應有推理之脈絡，淪爲附會湊綴；此情形干寶注《比·象辭》：「比，吉。原筮元永貞無咎，不寧方來，後夫凶。」（見納甲例），更顯而易見。以《比》卦引出「世應」同三世卦與「十二消息」同四月巳的《師》卦，但若嚴格言：就世應說《比》與《師》分屬陽陰兩不同卦組，就世應起月而言，《比》屬七月，《師》屬正

〔註69〕漢·京房《京氏易傳》收錄於《文津閣四庫全書》，頁734。

月，干寶未交代何以此處不取世應起月之由，逕以十二消息以取出兩者的共同性，實略牽強；再藉由此線索引出同四月巳的《乾》卦，故三者形成，由《比》引主戰之《師》卦，再由《師》卦引《乾》卦，以顯示《師》上六「大君有命」的正當性，一卦三折，已流附會。

　　另干寶的十二消息上，既依全卦，又附各爻，原本《乾》、《坤》二卦依十二消息，應配四月及十月；但若依《乾》、《坤》十二爻配月，則前者依序為：《復》、《臨》、《泰》、《大壯》、《夬》、《乾》；後者則為《姤》、《遯》、《否》、《觀》、《剝》、《坤》，干寶集眾家之說，穿梭於各有利條件下舉述，彈性極大，但卦爻互混，不免有牽強之嫌。（見卦氣說——《坤‧六五爻辭》之例）

　　同樣是納甲說的運用，亦有片取一隅者：《蒙‧象辭》：「初六，利用刑人，以正法也。」（見納甲說之例）此處干寶全然不管世應《蒙》屬《離》卦，而是以上下卦關係解出《蒙》為坎下艮上，《坎》卦為《蒙》初六爻，故注曰：「初六戊寅，平明之時，天光始照，故曰發蒙。」然由《坎》得出「戊寅」是依八宮世應排序而來，干寶未交代取捨之因。故干寶穿梭在各個卦爻間，取其有利者以為繫，無一定秩序與標準，無怪乎《愚菴小集‧周易廣義略序》評孟喜與京房之後的象數家：

> 漢魏以下，如鄭玄、荀爽、王肅、干寶、陸績、虞翻、崔憬、侯果諸家，都從卦變互卦取義，非不時契易旨，而穿鑿傅會迂僻不可解者，亦往往有之，所以自宋迄今世，不復尊信其書也。〔註70〕

由鄭玄起始在兼顧象數與義理的情形下，漢魏象數學家皆患有「卦變互卦取義」既不契易旨又多穿鑿附會之弊，此即王弼《易》學家興盛於魏晉之因，干寶亦不例外，故象數《易》學有其地位，但成就有限。

（二）干寶義理《易》的部分

　　近人學者黃慶萱對干寶《易》注，投注極多心力，以為干寶《周易注》內容，不出四端：一依《周易》以解《周易》之例；二依群書以解《周易》之例；三依前賢說以解《周易》之例；四據史事以說《周易》之例。〔註71〕在此個人望借前賢之力，補其不足，以期更臻完備，將此部分視為干寶注《易》的方法；另一部分據此再配合卦爻的解析，言其注《易》的內在意涵。

〔註70〕清‧朱鶴齡撰《愚菴小集》收錄於《文淵閣四庫全書》，頁 1319。
〔註71〕黃慶萱《魏晉南北朝易學考佚》，頁 325～355。

1. 干寶注《易》手法

有傳承前賢者有三，亦有自創新法者有一，後者乃干寶憑依史家長才，在《易》注上的發揮：

（1）以儒家經典注《易》

干寶據他經解《易》者不少，此兩部分學者黃慶萱皆已逐條整理，不再贅言。〔註72〕個人據黃氏研究基礎，整理出干寶引用群經的慣例，大抵不出：

取《尚書》以帝王經驗或言行印證天德；取《詩經》來自〈大雅〉、〈大明〉……大概建立在自省、護民、天佑的基礎上；取《周禮》、《禮記》多言婦德，並強調依時而祭；取《穀梁》、《左傳》多引史事以證人存天地之道；取《論語》不多，如曾引「言忠信，行篤敬」（〈衛靈公〉）說明人君唯德方可取信神明；引孔子言為邦「行夏之時，乘殷之輅，服周之冕。」（《衛靈公》）多言賢德與禮法傳承；取《白虎通》引三綱六紀的政治秩序觀；以《說文》將《易》作訓詁解；以《易緯乾鑿度》則多象數之解，並取其以「說明《易》有君人五號也：帝、王、天子、大君、大人；其中大君者，君人之盛者；大人者，聖人之在位者也」；《老子》：「有物混成，先天地生，吾不知其名，彊字之曰道。」另亦引《老子》及《莊子》：「六合之外，聖人存而不論。」說明《序卦》：「有天地然後萬物生焉」的道理。此部分極特殊，干寶是反玄思想家，卻不不反對原始的老莊思想；然不反對並不代表重視，其引老莊，只為將天功與人事分開，目的極明顯，企圖建立「聖人存而不論」的儒家承天命治世的精神。

由干寶引注他經，我們不難看出：除《說文》偏重訓詁之解無關思想，與《老子》及《莊子》屬道家思想外，餘全為儒家經典，其中不外言人倫、定禮義、順天德治的內涵且設定對象多為位高權重者，故可以肯定干寶注《易》最後落實史證，乃為國家統一和諧為目的，實可稱為帝王治世之書。

（2）以《易》傳解經

此部分大抵傳承自費直、馬融與鄭玄，近人劉玉建在《兩漢象數易學研究》曾言：

> 西漢孟喜，乃漢代卦氣說之開先河者，故人們多視其為象數派。……
> 又以《禮》解《易》，這又體現了其義理派易學的一面。鄭玄也是如
> 此，他繼承了兩漢以來孟、京、焦的卦氣說，……但他又師事馬融

〔註72〕黃慶萱《魏晉南北朝易學考佚》，頁 325～338。

而傳以十翼解《易》的費氏易……〔註73〕

雖說象數、義理合流是普遍現象，但象數家大量以傳解經，是由馬融開始，鄭玄承之並大力發揚，而干寶沿用。舉凡據《卦辭》、《爻辭》、《文言》、《象傳》、《象傳》、《繫辭》、《說卦》、《序卦》、《雜卦》解經皆有之，如，《坤·六三爻辭》：「含章可貞，或從王事，無成有終。」干寶注曰：「不失其柔順之正」來自《文言》：「坤，至柔而動也剛……坤道其順乎？承天而時行」而來；另《繫辭下》：「無有師保如臨父母」干寶注曰：「外為丈夫之從王事，則夕惕若厲；內為婦人之居室，則無攸遂也。」其中「夕惕若厲，無咎。」來自《乾·九三爻辭》；「無攸遂，在中饋，貞吉。」來自《家人·六二爻辭》。《易傳》是義理派重要思想的傳達者，干寶承襲，無疑亦在昭示一併承襲費直、馬融、鄭玄，合流象數、義理的思想內涵。

（3）以訓詁解《易》

此部分是受東漢馬融的影響，他是大量以訓詁解《易》的大家，據劉玉建統計，馬融訓詁注為鄭玄取法者有二十六條；荀爽所取法者八條；虞翻所取法者三十六條；王肅所取法者二十一條；干寶亦取法有二條〔註74〕，足見其對魏晉《易》學家的影響。干寶據此訓詁手法，自立新條，留下十三條訓詁《易》〔註75〕，每條多為簡短單字釋義，未見干寶另附文辭比附，大體不易看出干寶中心思想，價值不高，故不再贅述。

（4）據史事注《易》

干寶《易》注據黃慶萱本共計一百二十條，個人以表格收錄者如下：純

〔註73〕劉玉建《兩漢象數易學研究（上）》，頁449。

〔註74〕劉玉建《兩漢象數易學研究（上）》，頁356～358。

〔註75〕1《需卦·大象》雲上於天，需干寶注曰：「上、升。」；2《需卦·大象》君子以飲食宴樂干寶注曰：「宴，烏殄反，安也。」；3《大有卦·爻辭》九三，公用享于天子；小人弗克。干寶注曰：「享，宴也。」（此爻《周易集解》無）；4《噬嗑卦·爻辭》九四，匪其彭，無咎。干寶注曰：「彭，亨，驕滿貌。」；5《中孚卦·爻辭》九二，鳴鶴在陰，其子和之：我有好爵，吾與爾靡之。干寶注曰：「靡，亡池反，散也。」；6《既濟卦·爻辭》六二，婦喪其茀。干寶注曰：「茀，馬髴也。」；7《繫辭上》憂悔吝者存乎介。干寶注曰：「介，纖介也。」；8慎斯術也以往。干寶注曰：「慎，時震反。」；9大衍之數五十，其用四十有九。干寶注曰：「衍，合也。」；10古之聰明睿知，神武而不殺者夫。干寶注曰：「殺，所戒反。」；11《繫辭下》重門繫柝，以待暴客，蓋取諸豫。干寶注曰：「卒暴之客為舒寇。」；12《說卦》震……為駹。干寶注曰：「駹，雜色。」；13為旉。干寶注曰：「花之通名鋪為花貌謂之旉。」（12、13《周易集解》無）。

訓詁解《易》者一三條；明確標有史事者爲五二條（見表格所列注有史事者）；由上下爻可臆測史注者爲一四條（見表格表打＊者），餘無史注及無法臆測之史注，爲表格中之空白者，留供上下爻推測史事用，不列入統計。若扣除訓詁一三條，以一百零七條計，干寶的明確可計的史注已近半數（五十二條）；若再加上可臆測者（十四條）一併算入，則已過半數強（六十六條），可見干寶史注在他的《易》注中，占有極重要的比重。以下即據黃慶萱集各家考訂本，列表說明干寶史注：〔註76〕

加＊爲據該卦上下爻文義，干寶雖未明示史注，但可推測者：

《周易》出處	干寶史注
1《乾卦・爻辭》初九，潛龍勿用	文王在羑里之爻
2 九二，見龍在田，利見大人	文王免於羑里之日也
3 九三，君子終日乾乾，夕惕若厲	文王反國，大釐其政之日也
4 九四，或躍在淵，無咎	武王舉兵孟津觀釁而退
5 九五，飛龍在天，利見大人	武王克紂正位之爻
6 上九，亢龍有悔。	＊武功既成，義在止戈〔註77〕
7《乾卦・象辭》天行健，君子以自強不息	堯舜一日萬幾，文王日昃不暇食，仲尼終夜不寢，顏子欲罷不能。
8《乾卦・文言》元者……體仁；亨者，……合禮；利者……利物；貞者，……貞固。	四德者，文王所由興；四愆者，商紂所由亡。
利貞者，性情也。	
君子以成德爲行。	

〔註76〕 唐・李鼎祚《周易集解》爲最早可據之干寶注本；但歷經元、明、清，孫堂、黃奭、張惠言、馬國翰等學者的努力，較唐時李鼎祚收集更臻完善，而黃慶萱《魏晉南北朝易學考佚》一書，據此四人版本並與李鼎祚《周易集解》一一比對，可謂集五家之大成，故今所列資料，即以此爲底本。據個人考探，大抵此五本以馬國翰本與李氏及三家出入最大，故在此排除馬氏本，僅約略將李氏本與三家之異，提出簡要說明：大體較有爭議者爲《大有卦・九三爻辭》李氏未輯；《姤卦・九五》：「以杞包瓜，含章。」李氏不察，列爲《姤卦・初六》；《說卦》「爲駁」、「爲專」、「其於木也爲堅多心」三條李氏未標有干寶注文，然三家皆收；《蒙・序卦》李氏隨附《蒙卦》之後，餘各家皆放於最後總論。

〔註77〕 雖未明示史事，但承《九四》「武王克紂正位之爻」得知，此「武功」乃指「武王舉兵」之事。

9《坤卦・彖傳》坤。元、亨、利牝馬之貞。	
10 初六，履霜堅冰至。	
11 六二、直、方、大，不習無不利。	
12《坤卦・六二小象》不習無不利，地道光也。	
13 六三，含章可貞，或從王事，無成有終	平襄之王，垂拱以賴晉鄭之輔也。〔註78〕（以喻文德之臣，不失柔順之正。）
14 六四，括囊，無咎，無譽。	甯戚、蘧瑗與時卷舒之交也。〔註79〕（喻懷智苟容，以觀時釁）
15 六五，黃裳元吉	成昭王之主，周霍之臣
16《坤卦・六五小象》黃裳元吉，文在中也。	＊承六五仍指「成昭王之主，周霍之臣」一事
17《坤卦・爻辭》上六，龍戰於野，其血玄黃	文王忠于殷，紂仍惡違天命，武王伐之
18《坤卦・上六小象》龍戰於野，其道窮也。	＊承上六，仍指武王牧野之戰
19《坤卦・爻辭》用六，利永貞。	周公始於負扆南面，以先王道；卒於復子明辟，以終臣節
20《坤・文言》萬物而化光，坤道其順乎，承天而時行。	
21《屯・彖傳》宜健侯而不寧。	殷周交替之際
22《蒙・卦義》蒙，亨。	成王之遭周公
23《蒙・彖辭》蒙以養正，聖功也。	周公輔成王
24《蒙・小象》初六，利用刑人，以正法也。	成王覺周公至誠；正四國之象；追恨昭德之晚

〔註78〕《左傳・隱公六年》曰：「我周之東遷，晉鄭焉依。」杜預左傳注：「幽王爲犬戎所殺，平王東徙，晉文侯、鄭武公左右王室，故曰晉鄭焉依。」李學勤《春秋左傳正義》收錄於《十三經注疏》（北京：北京大學出版社 1999 年 12 月第一版），頁 104。

〔註79〕指甯戚不「借宦於朝，假譽於左右」而能在「飯牛車下」爲齊桓公所用。（《文淵閣四庫全書・史記》，頁 534；蘧瑗佐衛獻公，善盡輔臣之責。清・李鍇《尚史》收錄於《文淵閣四庫全書》，頁 828。

25《需卦・爻辭》初九，需于郊，利用恆，無咎。	✳中有「進道北郊」一文，可能指武王伐紂一事；「處不避汙，出不辭難，臣之常節，雖小稽留，終于必達」應指中之困難，至後必可行。〔註80〕
26《訟卦・卦義》訟。	✳由《象辭》之注，可知「用師」乃指「周武王之征」一事
27《訟卦・大象》君子以作事謀始。	武王故先觀兵孟津
28《師卦・彖傳》剛中而應，行險而順，以此毒天下而民從之。	✳仍指武王伐紂事
29《師卦・爻辭》上六，大君有命，開國承家，小人勿用。	武王親征
30《師卦・上六小象》大君有命，以正功也。	湯武之事
31 小人勿用，必辟邦也。	楚靈、齊閔之變〔註81〕
32《比卦・彖傳》比。吉。原筮元永貞無咎，不寧方來，後夫凶。	✳未明舉史注，但以此推之，此處應統言周朝得政之初：「德善長於兆民」、「逆取順守」乃周以德逆取天下；又「後夫凶」來自管蔡與武康之亂
33《比卦・爻辭》六二，比之自內，貞吉。	
34《比卦・爻辭》六三，比之匪人，不亦傷乎。	管蔡之叛
35《比卦・六四小象》外比於賢，以從上也。	✳由「上比聖主，下御列國，方伯之象」應喻為周位之升

〔註80〕 此卦應與以下兩例同看：《師卦・象辭》：「上六，大君有命，開國承家，小人勿用。」干寶注曰：「大君，聖人也，有命，天命也。五常為王位，至師之家而變其例者，上為郊也。故易位以見武王親征與師人同處於野也。」《需卦・九三》：「需于泥，致寇至。」據虞翻注：「離為戎，乾為敬，陰消至五，遁臣將弒君，四上壯坤，故敬慎不敗也。」兩卦合看，應可順理推為武王伐紂事。虞翻注見孫星衍撰《周易集解・卷二》收錄於《無求備齋易經集成》（台北：成文出版社有限公司 1936 年），頁 84。

〔註81〕 指東周時期兩無道之君事蹟。齊閔公事蹟，見清・李鍇《文淵閣四庫全書・尚史》，頁 228；楚靈王事蹟，見漢・司馬遷《史記》收錄於《文津閣四庫全書》，頁 50～59。

36《噬嗑卦‧爻辭》初九，屨校滅趾，無咎。	＊應爲周得位之初，以刑平亂民之象〔註82〕
37《噬嗑卦‧初九小象》屨校滅趾，不行也。	
38《賁卦‧彖傳》觀乎天文，以察時變；觀乎人文，以化成天下。	＊應指周「觀文明以化天下」之象〔註83〕
39《賁卦‧上九小象》白賁無咎，上得志也。	＊由干寶注曰：「延山林之人，采素士之言，以飾其政，故上得志也。」可推知應指天下初成，廣納素士之見
40《坎卦‧爻辭》初六「習坎，入于坎窞，凶。」	＊應爲以水比殷之失德成災
41《坎卦‧六三小象》來之坎坎，終無功也。	周人觀釁於殷，無功（因未伐故無功）
42《蹇卦‧九五小象》大蹇朋，以中節也。	文王爲紂所囚，四臣相救
43《益卦‧爻辭》六二，或益之十朋之龜，弗克違，永貞吉。王用享于帝，吉。	蒼精之帝同始祖〔註84〕，（指周之聖王先成其民，而後致力於神，故王用享於帝。）
44《益卦‧六三小象》：益用凶事，固有之矣。	桓文之徒，罪近簒弒，功實濟世。〔註85〕

〔註82〕 《噬嗑卦‧卦義》：「噬嗑亨，利用獄。」《噬嗑卦‧彖傳》崔憬注「噬嗑而亨」曰：「物在頤中，隔其上下，因齧而合，乃得其亨焉。以喻人於上下之間，有亂群者，當用刑去之，故言利用獄。」與干寶《噬嗑卦‧初九爻辭》對應，「得位于初，顧震知懼，小懲大戒，以免刑戮，故曰無咎。」可順理推得，應爲周初得位之象。崔憬注見孫星衍撰《周易集解‧卷四》收錄於《無求備齋易經集成》（台北：成文出版社有限公司1936年），頁194。
〔註83〕 《賁卦‧卦義》：「賁亨。小利有攸往。」鄭玄注曰：「賁，文飾也。……猶人君以剛柔仁義之道，飾成其德也。剛柔雜，仁義合，然後嘉會禮通，故亨也。……」可推知應爲周初得天下之象。鄭玄注見孫星衍撰《周易集解》收錄於《無求備齋易經集成》（台北：成文出版社有限公司1936年），頁200。
〔註84〕 《周易集解纂疏》注云：「震巽於五行皆屬木，木于時屬春，月令：『孟春之月，其帝大皡，其神句芒。』鄭注：『此蒼精之君，木官之臣。』又春官小宗伯：『兆五帝於四郊。』鄭注：『蒼帝曰靈威仰，震巽同聲』故曰：蒼精之帝同始祖矣。」清‧李道平《周易集解纂疏》收錄於《孔子文化大全》（濟南：山東友誼書社1992年10月第1次印刷），頁546。亦即震巽五行屬木，蒼精爲木官之臣，正爲木德之周爲紂臣之比。
〔註85〕 《後漢書‧賈復傳》曾言：「臣聞圖堯舜之事而不能至者，湯武是也。圖湯武之事不能至者，桓文是也。」分指堯舜禪位、湯武革命、齊桓公與晉文公於春秋之時，周衰二君霸有海內。清‧王先謙南朝‧宋范曄《後漢書‧馮岑賈復列傳》收錄於《二十五史》（新文豐），頁213。

45《夬卦‧彖辭》孚號有厲,其危乃光。	✳未明言,但「以剛決柔,以臣伐君」顯指武王伐紂一事。
告自邑。	殷民向周訴苦
46《升卦‧爻辭》孚乃利用禴,無咎。象曰:九二之孚,有喜也。	文王儉以恤民,神享德與信,雖不未依時行禴禮,仍有喜之象。
47《井卦‧卦義》改邑不改井,無喪無得,往來井井,汔至亦未繘井。羸其瓶,凶。	改殷紂比屋之亂俗,而不易成湯昭假之法度,喻「改邑不改井」;並以殷末爲「井道之窮」;周德雖興,未及革正爲「未繘井」;井泥爲穢,交受塗炭,故曰「羸其瓶,凶」
48《井卦‧爻辭》初六,井泥不食,舊井無禽。	以井有泥,喻「紂之穢政」
49《井卦‧九三小象》井渫不食,行惻也;求王明受福也。	殷微箕不得見用,周德來被
50《井卦‧爻辭》六四,井甃無咎。	
51《井卦‧爻辭》上六,井收网幕,有孚無吉。《井卦‧小象》元吉在上,大成也。	
52《革卦‧彖傳》革,水火相息。二女同居,其志不相得曰革。巳日乃孚,革而信。	武王孟津觀兵,隔年紂殺比干、囚箕子,故伐之
53《革卦‧彖傳》文明以說,大亨以正。革而當,其悔乃亡。天地革而四時成,湯武革,順乎天而應乎人,革之時大矣哉	武王革紂;誅二叔;定天下。
54《革卦‧爻辭》初九,鞏用黃牛之革。	天下心歸周;但三分之二服事殷(喻文王雖有德,但天下尚未定)
55《革卦‧九四小象》改命之吉,信志也。	舉甲子武王克殷事
56《革卦‧爻辭》上六,君子豹變;小人革面。征凶;居貞。吉。象曰:君子豹變,其文蔚也;小人革面,順以從君也。	周初定,君聖臣賢,分封諸侯
57《鼎卦‧爻辭》六五,鼎,黃耳金鉉,利貞。	✳干寶言:「凡舉鼎者,鉉也;尚三公者,王也。」此象爲「鉉鼎得其物,施政得其道」應指周順商天子之象。〔註86〕

〔註86〕據宋袁注曰:「……公侯謂五也,上尊故玉,下卑故金,金和良可柔屈,喻諸侯順天子。」故此應指周臣順輔商朝一事。孫星衍撰《周易集解》收錄於《無求備齋易經集成》,頁421。

58《鼎卦・爻辭》上九，鼎玉鉉，大吉，無不利。	＊應指周居三公，具聖明之象，人臣自振之道。〔註87〕
59《震卦・彖辭》震亨，震來虩虩，恐致福也。笑言啞啞，後有則也。震驚百里，驚遠而懼邇也。出可以守宗廟社稷，以為祭主也。	文王爲殷諸侯，小心翼翼昭事上帝，故以百里而臣諸侯也。
60《震卦・爻辭》初九，震來虩虩，後笑言啞啞，吉也。	文王困羑里（震來虩虩），後受方國之象（後笑言啞啞）
61《震卦・六二小象》震來厲，乘剛也。	文王困羑里，閔夭賂紂以救
62《歸妹卦・彖辭》歸妹，人之終始也。	帝乙之嫁妹〔註88〕
63《歸妹卦・象辭》澤上有雷，歸妹；君子以永終知敝。	
64《豐卦・卦辭》豐。亨，王假之，勿憂，宜日中。	指周德當天人之心，宜居中位
65《豐卦・爻辭》九三，豐其沛。	
66《豐卦・上六小象》豐其屋，天際祥也；闚其戶，闃其無人，自藏也。	紂敗亡之象（「豐其屋」託紂侈造璿室玉台；「蔀其家」託紂多傾國女；王者亡其家，必天示其祥、地出其妖、人反其常。）
67《旅卦・六五小象》終以譽命，上逮也。	祿父小叛，周室終安〔註89〕
68《節卦・爻辭》上六，苦節，貞凶，悔亡。	華士、少正卯之貪狠過

〔註87〕 宋・鄭剛中《周易窺餘》：「干寶曰：凡亨飪之事，上達彌貴；故鼎之義，上爻彌吉。六五以金鉉鼎則堅而從事，人臣之義也。上九以玉鉉鼎，則剛而不變，人臣自振之道也。……。」《周易窺餘》收錄於《中國古代易學叢書》（中國書店（出版地不詳）1992年七月第一版第一次印刷），頁547。

〔註88〕 黃慶萱找出《易緯乾鑿度》證帝乙之嫁妹乃湯之嫁妹；而《史記・殷本紀》則以帝乙即帝辛，即紂父；顧頡剛〈周易卦爻辭中的故事〉以紂父曾歸妹於文王，並舉〈大明〉篇以證。黃慶萱《魏晉南北朝易學考佚》，頁463～464。然無論是湯或帝辛或紂王嫁妹，可以肯定此處無關上下君臣秩序，純爲明示禮法而來。

〔註89〕 「武王已克殷，紂復以殷餘民紂子武庚祿父比諸侯，……武王乃令其弟管叔、蔡叔傅相武庚祿父，以和其民。武王既崩，成王少，周公旦代成王治，當國管叔、蔡叔疑周公乃與武庚祿父作亂，欲攻成周，周公旦以成王命興師伐殷，殺武庚祿父，管叔放蔡叔，以武庚殷餘民，封康叔爲衛君，……」即指周克殷後，殷公子武庚祿父叛變事。漢・司馬遷《史記》收錄於《文津閣四庫全書》，頁319。

69《既濟卦‧爻辭》九三,高宗伐鬼方,三年克之,小人勿用。	指殷中興之君高宗伐鬼方一事(目的述先代之功,以明周因於殷,有所弗革。
70《未濟卦‧卦義》未濟。亨。小狐汔濟,無攸利。	
71《未濟卦‧彖傳》小狐汔濟,未出中也。	紂亡祿父猶封
72 濡其尾,無攸利,不續終也。	祿父未敬而叛受誅
73 雖不當位,剛柔應也。	微子更得爲客一事〔註90〕
74《未濟卦‧爻辭》九二,曳其輪,貞吉。	周諸侯攻三監,以康周道
75《未濟卦‧六三小象》未濟征凶,位不當也。	涉三階段史事:祿父反叛、管蔡興亂指「未濟征凶」;平克四國指「以濟大難」;周公以臣而君之事指「位不當」。
76《未濟卦‧爻辭》六五,貞吉無悔,君子之光,有孚吉。	周公攝政——制禮作樂,復子明辟,天下乃明其道之象
77《繫辭下》君子知微、知章、知柔、知剛,萬夫之望。	周公聞齊魯之政,知後世彊弱之勢及辛有見被髮而祭,則知爲戎狄之居,比喻的「知幾」
78《繫辭下》物相雜,故曰文;文不當,故吉凶生焉。	元亨利貞,穆姜以死;黃裳元吉,南蒯以敗:是所謂事不稱、文不當也
79《雜卦》夬,決也,剛決柔也。君子道長,小人道消也。	鎖定於周史: 文王、周公所遭遇之運;武王成王所先後之政;蒼精受短長之期;備于此矣。 以決卦言「變易」:舉堯舜禪代、湯武逆取、太甲思愆、周公攝政,證聖賢所遭遇異時者也。

　　以上七十九條《易》注中,明確史注與可臆測之史注,共計六十六條,以下即據此,分析干寶以史注《易》的重心爲:

　　A. 商朝史事

　　商紂暴殘華奢之象,計有七條:《乾卦‧文言》、《井卦‧卦義》、《井卦‧初六爻辭》、《井卦‧九三小象》、《革卦‧彖傳》、《豐卦‧上六小象》、《未濟卦‧彖傳》

〔註90〕 「紂既立不明,淫亂於政,微子數諫,紂不聽,及祖伊以周西伯昌之修德滅阢,阢國懼禍至,以告紂,紂曰我生不有命在天乎,何能爲?於是微子度紂終不可諫,欲死之、及去,未能自決……」指紂王殘暴微子三諫不聽,命危,眾人勸其往他國事。漢‧司馬遷《史記》收錄於《文津閣四庫全書》,頁324。

B. 周朝史事

（A）文王有德，居羑里至後得民心者

計有十八條：《乾卦・初九爻辭》、《乾卦・九二爻辭》、《乾卦・九三爻辭》、《乾卦・象辭》、《乾卦・文言》、《坤卦・上六爻辭》、《比卦・六四小象》、《蹇卦・九五小象》、《益卦・爻辭》、《夬卦・象傳》、《升卦・爻辭》、《革卦・初九爻辭》、《鼎卦・六五爻辭》、《鼎卦・上九爻辭》、《震卦・象辭》、《震卦・初九爻辭》、《震卦・六二小象》、《雜卦》

（B）武王伐紂前、得位之初始與納士建國之事

依序為十七條／四條／三條：《乾卦・九四爻辭》、《乾卦・九五爻辭》、《乾卦・上九爻辭》、《坤卦・上六爻辭》、《坤卦・上六小象》、《需卦・初九爻辭》、《訟卦・卦義》、《訟卦・大象》、《師卦・象傳》、《師卦・上六爻辭》、《師卦・上六小象》、《坎卦・六三小象》、《夬卦・象辭》、《革卦・象傳》、《革卦・象傳》、《革卦・九四小象》、《雜卦》／《噬嗑卦・初九爻辭》、《賁卦・象傳》、《賁卦・上九小象》、《革卦・上六爻辭》／《屯・象傳》、《坎卦・爻辭》、《豐卦・卦義》

（C）周公輔成王初期之事

計有十七條：《坤卦・六五爻辭》、《坤卦・六五小象》、《坤卦・用六爻辭》（整個《坤卦》講女德與臣德，事實上主重點在，暢輔臣守德必吉的重要性，以喻周公輔政。）《蒙・卦義》、《蒙・象辭》、《蒙・小象》、《比卦・象傳》、《比卦・六三爻辭》、《革卦・象傳》、《旅卦・六五小象》（祿父小叛，周室終安）、《未濟卦・象傳》（「小狐汔濟，未出中也」——紂亡祿父猶封）《未濟卦・象傳》（「濡其尾，無攸利，不續終也。」——祿父未敬而叛受誅）〔註91〕、《未濟卦・九二爻辭》、《未濟卦・六三小象》、《未濟卦・六五爻辭》、《繫辭下》《雜卦》。

據上文統計，即可歸納干寶以史注《易》的重點，不外兩大方向：

a. 強調新朝君德取位的正當性

干寶史注，言商朝史事者僅七條，周史者有五十九條，其中強調文王之德（十八條）、武王之革命及得位事（二十四條）。凡言商者皆言殷君之暴行；

〔註91〕《旅卦・六五小象》、《未濟卦・象傳》、《未濟卦・象傳》三者，雖皆以祿父為例，但因取捨角度不同，故干寶連引三遍，故亦以三次算之。

而言文王與武王者，不外讚美其德治的深得民望。無疑干寶藉《周易》，以昭示代魏之晉已失德在先，晉室之君，唯君德是尚，方能得民望，令人心服。

b. 強化能臣輔君的必要性

干寶注周史事，另一重心爲周公輔政一事（十七條），此注的重心不在強調成王之德，而是周公文德是輔之用心，目的無非昭示能臣居輔，嚴守臣德的重要性。此舉無疑針對晉室輔者宗子、能臣、后妃之僭越而發。

大量史注是干寶的創舉，然干寶因爲過度強調後主立的正當性與能臣周公的輔者之德的合宜性，因之將通本《易》注，強行規範於以周朝爲中心的史事中，因之，張惠言言：〔註92〕

> 言文武革紂、周公攝成王者十有八焉。……則是以《易》爲周家紀
> 事之書，文武所以自旌其伐也。……《蒙》托成王遭周公，《未濟》
> 托祿父不終，微子爲客，則是《易》爲讖數之言，妖災之紀也。……
> 魏晉之代《易》學中微，令升 知空虛之壞道而未得其門，欲以穢瑣
> 附會之說勝之，遂使後之學者指漢師爲術數而不敢道，則《易》之
> 墜，令升實與有責焉耳。

干寶是有計畫性以政治理念解《易》，結果造成《周易》限定於殷周交替，文、武、周時代，並時常在前後卦義中不斷重複著周公攝政、武王克殷的史事，且亦未能細涉前後的時序問題，因之，此史注非隨時推移的是定鎖的，並未能眞正通達《周易》的眞精神，故張惠言糾其「空虛之壞道」、「穢瑣附會」，實是中肯之言。

三、干寶《易》注的思想內涵

以上兩節各自把干寶的象數與義理《易》做分析之後，在此即可合論。《說卦》言：「昔者聖人之作易也，幽贊於神明而生蓍。」干寶注說：「幽，昧，人所未見也；贊求也。言伏羲用明于昧冥之中，以求萬物之性，爾乃得自然之神物，能通天地之精而管御百靈者，始爲天下生用蓍之法者也。」干寶《易》注的思想內涵，是藉由天象管御人事，天象即象數的部分，人事爲義理的部分，從中建立一套天人的主從秩序觀，大體不出漢儒政治秩序的傳統。以下即據此論其所展現的思想內涵：

〔註92〕清·張惠言《易義別錄·周易干氏》收錄於《皇清經解》，頁 13468。

（一）以陰陽化生主輔關係

干寶以天象言人事，取十二消息說、六日七分法、起月法與八宮十二位……等法，目的乃在爲人事找到更好的時間點與方位，以便利運作；而納甲、八宮卦應情說，更是明白顯示，人事比附《易》注的趨向；五行說則是承漢學之後，已成各家象數不變的眞理，此部分無新意。而以爻解《易》的部分，卦體、互體配合三才觀，強調是天人主從關係；得位應位、承乘說、居中卦主說，本是爻位說的主項，目的亦是在凸顯一主從關係，而不管天象與爻位說，如何與人事結合，皆不脫傳統《易》學的基本面，即以陰陽爲進退，故可言，干寶象數《易》承襲傳統儒家《易》學，以天地陰陽比附卦爻陰陽，這是他象數《易》的重心。

至於進一步比附人事陰陽即屬義理《易》的部分，而陰陽兩者的關係，是主從的，於是天人、人事主從秩序便依序展開。這種主從關係在干寶注《雜卦》時已極清楚見得：「《雜卦》之末，又改其例，不以兩卦反覆相酬者；以示來聖後王，明道非常道，事非常事也。化而裁之存乎變，是以終之以夬，言能決斷其中，唯陽德之主也。」陽德是天地一切的主宰，這是干寶主從觀的關鍵點。

干寶的陰陽天人主從觀，並非個人獨創，早在漢朝董仲舒《春秋繁露》，即已建立一套完整的理論系統。他曾言：「天道之常，一陰一易」〔註93〕、「君臣父子夫婦之義皆取諸陰陽之道。」〔註94〕提及君民關係，則言「唯天子受命於天，天下受命於天子。」〔註95〕以此類推，董仲舒整理出一套統御秩序：「故號爲天子者宜現天如父，事天以孝道也。號爲諸侯者宜謹視所侯，奉之天子也。號爲大夫者宜厚其忠信，敦其禮義，使善大於匹夫之義，足以化也。士者事也。民者瞑也。士不及化，可使守事從上而已。」（《春秋繁露・深察名號》）〔註96〕天→天子→諸侯→大夫→士→民，層層負責，天子智高德賢，而最低層的人民是蒙昧的，必須接受教化，因之，建立出一套帶有陰陽天命，不可逾越的主從秩序觀。

1. 天主人輔的關係

天人關係既是主從的，干寶要世人如何看待天，在干寶注《序卦》：「有

〔註93〕漢・董仲舒《春秋繁露・陰陽義》收錄於《文津閣四庫全書》，頁666。
〔註94〕漢・董仲舒《春秋繁露・基義》收錄於《文津閣四庫全書》，頁667。
〔註95〕漢・董仲舒《春秋繁露・爲人者天》收錄於《文津閣四庫全書》，頁663。
〔註96〕漢・董仲舒《春秋繁露・深察名號》收錄於《文津閣四庫全書》，頁661。

天地然後萬物生焉。」有一段話：

> 物有先天地而生者矣，今止取始于天地；天地之先，聖人弗之論也。
> 故其所法象，必自天地而還。《老子》曰：「有物混成，先天地生，
> 吾不知其名，彊字之曰道。」《上繫》曰：「法象莫大乎天地。」《莊
> 子》曰：「六合之外，聖人存而不論。」《春秋穀梁傳》曰：「不求知
> 所不可知者，智也。」而今後世浮華之學，彊支離道義之門，求入
> 虛誕之域，以傷政害民，豈非讒說殄行，大舜之所疾者乎！

「天地之先，聖人弗之論也。故其所法象，必自天地而還。」人效天，並非平行關係，而是一主從關係，天命是一神秘的、不可片斷知解的、以天為上的，故聖人謙謙為懷，「存而不論」效天而行，天威與天成並行，國君處其間，成為天人的媒介；反之，若高與天齊，徒競己能，則易流於虛誕，離天意將越遠。因之在《晉紀‧總論》干寶沉痛指出：「學者以莊老為宗而黜六經，談者以虛薄為辯而賤名檢，行身者以放濁為通而狹節信，進仕者以苟得為貴而鄙居正，當官者以望空為高而笑勤恪」〔註97〕原本放曠自由的老莊思想，成為有心者規避責任、謹守禮法的護身符，人人失德狂妄，為所欲為，因之，私己亂國的現象逐次產生。所以在《師卦‧上六爻辭》：「大君有命，開國承家，小人勿用。」干寶注曰：「大君，聖人也，有命，天命也……上六為宗朝，武王以文王行，故正開國之辭于宗朝之爻，明己之受命文王之德。」代表武王承文王之德，即是承天命而來。干寶的「天命」強調的是道義的責任，故在《乾‧文言》解釋「元亨利貞」四德，注曰：「是故乾冠卦首，辭表篇目，明道義之門，在于此矣；猶《春秋》之備五始也，故夫子留意焉。」何謂「五始」，胡安國注曰：「元者，氣之始；春者，四時之時；王者，受命之始；正月者，政教之始；公即位者，一國之始：是為五始。」〔註98〕前兩者是天象，後三者是人事，王者是依時而行，說明儒家正統的精神，並表明《乾》卦明「道義之門」的倫理關係。此即干寶注《易》的重點。

2. 君主臣從的關係

干寶區隔出上行下效的天人關係後，在人倫上亦以主輔區分。目前所存干寶《易》注，強調的人倫關係，不外君臣與夫妻二倫。君夫為主，臣妻為輔。《坤‧爻辭》六二干寶注曰：

〔註97〕清‧黃奭《黃氏逸書考（三）》，頁 2889～2890。
〔註98〕宋‧胡安國《胡氏春秋傳‧提要》收錄於《文津閣四庫全書》，頁 539。

> 陰出地上，佐陽成物，臣道也，妻道也。臣之事君，妻之事夫，義
> 成者也。臣貴其直，義尚其方，地體其大：故曰：直方大。……士
> 該九德，然後可以從王事；女躬四教，然後可以配君子。道成於
> 我……不習無不利。

以天地人三才的順序，以陰地佐陽天；干寶引《文言》：「陰雖有美，含之以
從王事，弗敢成也。地道也，妻道也，臣道也」之理。因之，陽，天也，君
也，夫也；陰，地也，臣也，妻也；以天理證人事秩序明矣。更進一步標舉
輔者盡輔之功，即是合「義」的行為，故曰：「臣之事君，妻之事夫，義成者
也。」又言：士具德方得「從王事」；女躬四教然後「配君子」，更見主從關
係。再者《繫辭下》：「無有師保，如臨父母。」干寶注曰：「言易道以戒懼為
本，所謂以終始，歸無咎也。外為丈夫之從王事，則夕惕若厲；內為婦人之
居室，則無攸遂也。雖無師保切磋之訓，其心敬戒，常如父母之臨己者也。」
以為《周易》造就的社會是男主外，女主內的一個各司其職，時時戒懼無咎
的社會。

　　個人在列表研究干寶史注時，發現此二倫，干寶又特重君臣的關係，此
點可由史注全為君臣、朝廷之事，引史例標舉女德者極少，多為說明政治的
附庸，何以證得，如：《漸卦・上九爻辭》：「鴻漸于陸，其羽可用為儀，吉。」
《象辭》：「其羽可用為儀，吉；不可亂也。」干寶注曰：「婦德既終；母教又
明。有德而可受；有儀而可象。」及《歸妹卦・象辭》：「歸妹，人之終始也。」
干寶注曰：「歸妹者，衰弱之女也。父既沒矣，兄主其禮，子續父業，人道所
以相終始也。」前者強調德修禮備，後者強調的並非女子之德，而是父死兄
繼，代父主其事之責，至於干寶正面舉史例言女德者無。

　　對干寶《易》注而言，夫妻之德、女德，只是附庸，目的著重政治與「主
從」的關係，干寶企圖建立一和諧的政治社會，《易》注對他而言，是帝王明
秩序之書，可知矣。

（二）以「時中」強調天命的合理性

　　象數派解《易》，以居中爻為吉；並以應位與得位為吉凶的指標；這部分
對義理派來說，則是以「切時得中」為解《易》之重要關鍵，干寶在這方面
也大力運用。何謂「切時」如：《坤・爻辭》：「初六，履霜堅冰至。」干寶注
曰：「履霜則必至于堅冰：言有漸也。藏器于身，貴其俟時；故陽在潛龍，戒
以勿用。防禍之原，欲其先幾……」面對重陰之卦，「陽在潛龍，戒以勿用」，

故「貴其俟時」極重要。既而「俟時」如此重要，故「待時」、「觀時」、「知幾」成爲聖者的智慧。《坤・六四爻辭》：「括囊，無咎，無譽。」干寶解此卦爲「天地將閉，賢人必隱」之象，故強調「懷智苟容，以觀時釁」的重要，此即「待時」、「觀時」。干寶更進一步強調，君子須有「知幾」的智慧。《繫辭下》：「君子知微、知柔、知剛，萬夫之望。」注曰：「周公聞齊魯之政，知後世彊弱之勢；辛有見被髮而祭，則知爲戎狄之居。凡若此類，可謂知幾也。皆稱君子，則以得幾不必聖者也。」故可知，何謂「知幾」？即聖人不僅具備知時之見，亦能知事於未發生之先。

何謂「中」？見《升・象辭》：「九二，孚乃利用禴，無咎。」象曰：「九二之孚，有喜也。」干寶注曰：「剛中有應，故孚也。……文王儉以恤民，四時之祭，皆以禴禮，神享德與信，不求備也。……不奢盈于禮，故曰有喜矣。」原本文王行的非時而祭的禴禮，是不完備的；但因「德與信」，故「得喜」，王弼注曰：「體夫剛德，進不求寵，閑邪存誠，志在大業，故乃利用納約于神明矣。」〔註99〕故此時之「中」，已是實質的內涵，合宜之行事，故此卦必吉。所以「時中」觀念，除合時而爲，亦應行合宜之事。故干寶注《繫辭下》注言：

> 事不稱義，雖有吉凶，則非今日之吉凶也。故元亨利貞，而穆姜以死；黃裳元吉，南蒯以敗：是所謂文不當也。故於經則有君子吉小人否；於占則王相之氣，君子以遷官，小人以遇罪也。

穆姜、南蒯皆非法而取，故即便所占則吉，但因「事不稱義」、「文不當」而實凶。因之君子合義故天佑、小人違道故天譴，比附讖緯乃在強調合義的必然性。

綜論干寶的「時中」觀念，所謂的「合理」性，是「合時」與「合義」的結合。因之，若前君不賢，下一位賢君待時而起，取而代之，乃是合天理之舉，這就是干寶一直強調周德的由來，亦爲警示晉室，已失時在先，德化合義之舉將能補過。

（三）以五行比附「不易」的恆常性

干寶亦同於漢《易》學家運用五行來強調帝王的合理性，故其在《井・卦辭》注曰：「水，殷德也；木，周德也。夫井，德之地也，所以養民性命而

〔註99〕清・孫星衍《周易集解》收錄於《無求備齋易經集成》，頁383。

清絜之主者也。自震化行，至于五世，改殷紂比屋之亂俗，而不易成湯昭假之法度也。故曰改邑不改井。」即代表「天命」以「養民性命」爲主要指標，殷末失德，由周德代之，干寶在此言「改殷紂比屋之亂俗，而不易成湯昭假之法度」無疑昭示一重要觀念，周承商德而來，「變易」的是亂俗的法度，「不易」的是「德治」的中心思想。亦即五行的「天」，依著人事的「德」，順行著宇宙的秩序。

《坤·上六小象》：「龍戰于野，其道窮也。」干寶注曰：「天道窮至于陰陽相薄也；君德窮至于攻戰受誅也；柔順窮至于用權變矣。」《坤》講的是「臣德」，原本臣德屬陰，但柔順窮極，暴君無改，則只得權變。權變即是《易經》的「變易」觀，這點由干寶史注言周事多於商事，即可見出干寶對「變易」觀的重視。干寶在《雜卦》注云：

> 凡易既分爲六十四卦，以爲上下經，天人之事，各有始終。夫子又爲《序卦》，以明其相承受之義。然則文王周公所遭遇之運；武王成王所先後之政；蒼精受命短長之期；備于此矣。而夫子又重爲《雜卦》，以易其次第；《雜卦》之末，又改其例，不以兩卦反覆相酬者；以示來聖後王，明道非常道，事非常事也。化而裁之存乎變，是以終之以夬，言能決斷其中，唯陽德之主也。

《序卦》說的是相承之義，即「不易」的相承性，而《雜卦》說的是「非常道」與「非常事」，即是「變易」的特殊性，但後者並非常態，它是改朝換代的不得已，至此我們可知干寶的「變易」觀，並非視「變」爲常態，而是以「不易」爲常態，故干寶注《雜卦》再言：

> 易窮則變，通則久。總而觀之，伏羲黃帝皆繫世象賢，欲使天下世有常君也。而堯舜禪代，非黃農之化，朱均頑也；湯武逆取，非唐虞之跡，桀紂之不君也；伊尹廢立，非從順之節，使太甲思愆也；
> 周公攝政，非湯武之典，成王幼年也；凡此皆聖賢所遭遇異時者也。

凡「堯舜禪代」、「湯武逆取」、「伊尹廢立」、「周公攝政」皆異時而變的非常行，目的乃爲維護正法不可變易的不得已；在《乾·九四爻辭》言及武王孟津觀釁一事，注以「守柔順則逆天人之應，通權道則違經常之教，故聖人人不得已而爲之……」，即同此理；至終將會回至「不易」的常道。故干寶的《易》注即便緊鎖「周史」，目的在爲「不易」做更多的擁護，著重的是對帝王的警示，至於如何維持，德治成爲重要關鍵。

（四）以德治闡述正道的根源

《繫辭傳下》曰：「履，德之基也；謙，德之柄也；復，德之本也；恆，德之固也；損，德之脩也；益，德之裕也；困，德之辯也；井，德之地也；巽，德之制也。」履、謙、復、恆、損、益、困、井、巽，分爲德之基；柄、本、固、脩、裕、辯、地、制，以履、謙、復爲德之本；損則脩，益則裕，記取持盈守虧之道，時時存德守德，儒家將《易》視爲一部德治之書明矣。干寶承此將《易》注帶往「周德」的正當性，暢言德治，並明示對君與臣的德行指導，無疑乃在踐行儒家最高政治的「德治」原則。在首卦《乾卦·文言》即明白昭示注示四德：

> 夫純陽，天之精氣；四行，君之懿德。是故乾冠卦首，辭表篇目。
> 明道義之門，在于此矣；猶春秋之備五始也。故夫子留意焉。然則
> 體仁正己，所以化物；觀運知時，所以順天。器用隨宜，所以利民；
> 守正一業，所以定俗也。逾亂則敗禮，其教淫；逆則拂時。其功否；
> 錯則妨用，其事廢；忘則失正，其官敗。四德者，文王所由興；四
> 愆者，商紂所由亡。

《乾卦》爲《周易》之首，側重明「道義之門」，以爲文王所由興，乃在「體仁正己」、「觀運知時」、「器用隨宜」、「守正一業」以成「化物」、「順天」、「利民」、「定俗」之功；可見干寶的德治乃隨時化宜的德治觀，目的非修己，更爲利民定俗。再見《升卦·九二象辭》：「九二之孚，有喜也。」干寶注曰：

> 剛中而應，故孚也。又言乃利用禴于春時也。非時而祭曰禴。然則
> 文王儉以恤民，四時之祭，皆以禴禮，神享德與信，不求備也。故
> 既濟九五曰：「東鄰殺牛不如西鄰之禴祭，實受其福。」九五坎，坎
> 爲豕，然則禴祭以豕而已，不奢盈于禮，故曰有喜矣。

周改殷時之祭，因非時而祭，故稱行禴禮，但因有德與信儉，故較之以牛祭之無德之君佳。即凡德治者，皆能有應於天，故可知其欲推行的是君以德治的理想社會。

干寶除了君德，次重臣道，故在《乾·象辭》：「天行健，君子以自強不息。」注言：

> 言君子，通於賢也。凡勉強以進德，不必須在位也。故堯舜一日萬
> 幾，文王日昃不暇食，仲尼終夜不寢，顏子欲罷不能。自此以下，
> 莫敢淫心捨力，故曰自強不息矣。

凡聖賢者皆爲修德爲先，強調「修德」勝於「得位」，乃在標示「君有仁，臣有守」的和諧政治觀。故《坤·六五爻辭》：「黃裳元吉」。干寶注曰：「陰登於五，柔居尊位，若成昭之主，周霍之臣也。百官總己，專斷萬幾；雖情體信順，而貌近僭疑，周公其猶病諸。言必忠信，行必篤敬，然後可以取信於神明，無求於四海也。」周公之所以受讚賞，乃在柔居尊位卻能不僭越，謹守輔臣之責。故君以德治，臣以德輔，干寶再次強調儒家秩序觀，此亦是干寶重視禮義的由來。

注《序卦》時，他整理出一套完整的天人觀：

> 有天地然後有萬物；有萬物然後有男女；有男女然後有夫婦；有夫婦然後有父子；有父子然後有君臣；有君臣然後有上下；有上下然後禮義有所錯。

天→萬物→男女→夫婦→父子→君臣→上下生→禮義出，依干寶之言，君臣之前是平等的；到君臣關係出才有上下，而禮義即由此出，亦即禮義出的目的，是在規範上下秩序用的。《繫辭傳》：「有上下，然後禮義有所錯。」干寶注「此詳言人道，三綱、六紀，有自來也。人有男女陰陽之性，則自然有夫妻配合之道，有夫妻配合之道，則自然有剛柔尊卑之義；陰陽化生血體相傳，則自然有父子之親，以父之君，以子資臣，則必有君臣之位，有君臣之位，故有上下之序，有上下之序，則必禮以定其體。」再次強調「禮義」對上下秩序觀的規範性。

在上文《坤·六二爻辭》曾言：「臣之事君，妻之事夫，義成者也。」「義」爲合宜之事、應盡之責，但在《坤·上六爻辭》干寶解釋武王伐商紂一事，則爲：「文王之忠于殷，抑參二之強以事獨夫之紂，蓋欲彌縫其闕而匡救其惡，以祈殷命，以濟生民也。紂遂長惡不悛，天命殛之，是以至于武王遂有牧野之事，是其義也。」盡臣之責爲義，而伐殘暴之君亦是義。

故由此我們得知，「德」是決定君位是否持續的關鍵，而輔臣除以輔君，亦扮演監君的角色，所以《坤·六三小象》在「君弱臣強」、「文德之臣」當道的時代，面對「或從王事，知光大也。」一辭，干寶注曰：「位彌高，德彌廣也。」這是一句極關鍵的話，此臣可能是伐紂的武王，亦可能是順輔成王的周公，其中的倫理，則有賴禮義爲繫。

四、干寶《易》注的貢獻與影響

干寶《易》承象數之舊說，追鄭玄之後與義理合論；然史注卻走在時代

尖端，因之，干寶的《易》注，自有其價值：

（一）漢《易》的延續者及轉型者

漢《易》象數讖緯觀，著重實踐天人感應的思想，強化的是「天」的崇高性與合理性；尤其至京房等人，大量言卦氣明天行，致漢《易》走向氣論、曆論，當《易》成爲天《易》，《易》將走向玄遠，知《易》者將日少，因之致東漢末年今文漢學衰弱。至三國另一重要《易》家出現，鄭玄不再嚴守一家一法，融眾家、合象義，蔚成風氣。鄭玄此法，雖不免有「鄭學盛而漢學衰」〔註100〕的缺失，但鄭玄合古今、義理與象數的《易》法，正令魏晉王弼義理《易》盛行之際，象數《易》得以存續不墜。

而干寶爲東晉《易》家與《史》家，在時代脈動下，採京房、孟喜的象數，即便干寶象數《易》注，有其疏失，但由唐・李鼎祚於《周易集解》收干寶的《易》注多達一百零四條，收攬數量排名第七；〔註101〕清・惠棟撰《周易述》自言該書：「主發揮漢儒之學，以荀爽、虞翻爲主，而參以鄭元、宋咸、干寶諸家之說，融會其義，自爲注而自疏之。」〔註102〕李鼎祚與惠棟兩人是象數《易》大家，皆不等收攬干寶《易》注，故可知干寶承續漢學象數《易》地位，應是確定的。

再者干寶受鄭玄影響，兼融費直以義理的方式解《易》，可謂是承鄭氏之後，於東晉接力捍衛象數《易》，以力抗王弼玄學《易》者，此種轉型在力保晉朝象數《易》上，是有一定貢獻的。

（二）廣泛以史注《易》的初始者

據史注《易》，早在《易傳》時代即有，《明夷・象傳》釋「明夷」爲「內文明而外柔順，以蒙大難，文王以之」；釋「利難貞」爲「晦其明也；內難而能正其志，箕子以之。」而後鄭玄曾運用此法注《易》，如：《乾・上九》：「亢龍有悔」。鄭玄注曰：「堯之末年，四凶在朝，是以有悔，未大凶也。」〔註103〕《坤・六五》：「黃裳元吉」。鄭玄注曰：「如舜試天子，周公攝政」。

〔註100〕清・皮錫瑞《經學歷史》，頁148。

〔註101〕「《周易集解》中收錄……從數量上看，除虞、荀兩家，依次是崔憬、《九家易》、侯果、李鼎祚、干寶……虞翻、鄭玄、荀爽、干寶、《九家易》等，都屬於典型象數派易學。」參見劉玉建《兩漢象數易學研究（上）》，前言頁5。

〔註102〕清・惠棟《周易述》收錄於《文津閣四庫全書》，頁1。

〔註103〕漢・鄭玄注《周易鄭注》收錄於《叢書集成初編》，頁2。

〔註104〕《離‧象辭》：「明兩作離，大人以繼明照於四方」。鄭玄注曰：「作，起也。……明明相繼而起，大人重光之象。堯、舜、禹、文、武之盛也。」

〔註105〕大多不出歷代五聖人，以標領聖德為主要。

而大規模以史事注《易》者，應首推干寶。故黃凡《周易商周之交史事錄》言：〔註106〕

> 對《周易》歷史內容進行猜測的代表，可推舉晉代的干寶，其《周易注》十卷，最顯著特色便是猜測《周易》某卦某爻所指為何歷史……他的猜測是漫無目標而雜亂的，終因無憑無據、信口雌黃而難以服人。干寶以後，以歷史內容猜測《周易》者，看來沒有新的突破。直到現代，一種以比較嚴肅的態度來考證《周易》……以顧頡剛《周易卦爻中之故事》為代表……從《周易》的片言只語中提煉歷史內容。……可惜顧頡剛等沒能夠將《周易》的歷史視為一個整體的連貫的時期，而視為對跨越商、周千年以上歷史的零碎引用。

由此，我們看出干寶即便史注有失嚴謹，但可以肯定其大量以史注《易》的先發地位；且史注的影響性是延至後世的。因之有宋朝之程頤《易程傳》、楊萬里《誠齋易傳》〔註107〕、李光《讀易詳說》〔註108〕等，皆不等量以史注《易》；清朝的章太炎更力讚「六經皆史也。……易以道陰陽，願聞所以為政典，而與史同科之義焉。」〔註109〕又今人黃凡著有《周易商周之交史事錄》，眾人皆肯定《易》學與史事的重要關聯性，而干寶是大量以史注《易》的第一人，

〔註104〕漢‧鄭玄注《周易鄭注》收錄於《叢書集成初編》，頁3。

〔註105〕漢‧鄭玄注《周易鄭注》收錄於《叢書集成初編》，頁41。

〔註106〕黃凡《周易商周之交史事錄》（汕頭：汕頭大學出版社1995年），頁128。

〔註107〕《叢書集成初編》於提要中曾評楊氏之《易傳》：「大旨本程氏，而多引史傳以證之，……曾與程傳並刊以行，謂之程楊易傳。」楊氏以史注易承程氏之跡，首卦比比皆是。如：《乾‧卦辭初九》：「潛龍勿用」楊氏注曰：「程子謂舜之側微，是也」；《乾‧卦辭九二》：「龍在田，利見大人。」楊氏注曰：「程子謂舜之田漁之時也」；《乾‧卦辭九四》：「或躍在淵，無咎」楊氏注：「程子以為舜之歷試時也。」宋‧楊萬里《誠齋易傳‧提要》收錄於《叢書集成初編》（北京：中華書局1985年出北京新一版），頁1。

〔註108〕紀昀等所作的〈提要〉曾言「書中于卦爻之詞，皆即君臣立言證以史事，或不免間有牽合，然聖人作易以垂訓，將使天下萬世無不知從違。」宋‧李光《讀易詳說》收錄於《中國古代易學叢書》（（出版地不詳）中國書店1992年七月第一版第一次印刷），頁385。

〔註109〕清‧章學誠《文史通義‧易教》收錄於《叢書集成初編》（北京：中華書局1985年出北京新一版），頁1。

故其中應有不等程度的影響。

（三）鞏固儒家正統地位者

漢《易》首重以「天人感應」思想鞏固儒家政治地位的正統性，曾春海曾明確指出此思想的背後目的：〔註110〕

> 天人感應，主要對象是皇帝，有二層涵義：一則謂天子代表天意，人們應服從天子，蓋「君權神授」；另方面期求皇帝要尊天保民，約束一己的行為以符合天志的規範。他說：「屈民而伸君，屈君而伸天。」前者要求人民服從天子，後者旨在以天志約束天子。後漢代的權力與秩序關係而言，由天下的混亂失序而歸於治，建立大一統的王權是有客觀需要的。

干寶身處東晉，侍司馬氏為其史官，由其史注緊鎖周德，暢言「後出之君以德」實是有其內在意涵。既晉朝失德在先，已失「君權神授」之機，如此的王室，如何得民望、使臣服，便成為輔臣極艱困的工作，故《晉紀‧總論》力斥司馬氏篡曹魏失德的舉措與晉室長期陷入諸王爭奪的難堪，〔註111〕可證干寶大力強調帝王的「德治觀」及輔臣周公的「文德之輔」有其深意。前者正是警世帝王「天命」須依德而行，無德將時失，即曾春海所言「以天志約束天子」的作用；而「輔臣觀」正是為「正名定位」，糾眾司馬王以倫理，兩者至終目的，無疑是力求「變易」後以「不易」的重要性，目的乃在鞏固王位的正統性。

（四）反玄的中流者

王仲犖《魏晉南朝史》一書言：「東漢中葉以後，階級矛盾激化，社會危機日益尖銳，儒家思想的統治基礎動搖……曹魏以來……帶有『自然』、『無

〔註110〕曾春海《兩漢魏晉哲學史》（台北：五南圖書出版股份有限公司 2002 年 1 月），頁 49。

〔註111〕《晉紀‧總論》干寶直言「今晉之興也，功烈於百王，事捷於三代，蓋有為以為之矣。」《晉紀‧論魏武帝》：「古者敬其事，則命以始，今帝王受命，而用其終，豈人事乎，其天意乎。」（《黃氏逸書考》（三），頁 2881、2891）實意有所指，顯示晉王室以德治恢復正統的重要。提及晉至武帝死後情形：「武皇既崩，山陵未乾，楊駿被誅……至乃易天子以太上之號，而有免官之謠，……李辰石冰傾之於荊揚，劉淵王彌撓之於青冀，二十餘年，而河洛為墟，戎羯稱制，二帝失尊，山陵無所……」見清‧黃奭《黃氏逸書考》（三），頁 2887）人臣爭位，王室垂危，輔臣之德成為必要關鍵。此部分在干寶史論自再詳言。

爲』「對命運不作反抗的老莊思想開始抬頭。」〔註112〕當時王弼以老莊注《易》，因之義理《易》盛行，人與天齊，玄風大行，其曾在《晉紀・總論》抨擊魏晉老莊思潮：「風俗淫僻，恥尙失所，學者以莊老爲宗而黜六經」，〔註113〕因之，同尊義理《易》的干寶，在談玄時代反玄，力批支解文辭，高與天齊的老莊《易》，是有一定意義的，令時人知義理《易》並非皆是老莊《易》，天人關係亦並非無限延伸的絕對自由，反之，是一上下相承的秩序觀，其爲少謙多狂的時代注入更多積極的時代意義。亦即其注《易》的思想處理，正展現匡濟「玄學誤國」的正當性與積極性，也爲當時社會注入正統儒家的用世觀。因之元・屠曾給他一極中肯的評論：〔註114〕

> 吾師草廬先生謂，易爲五經冠，而吳晉英舊以易解聞，吾鹽得兩君子爲陸郁林公紀、干常侍令升。第干氏易有注者僅三十卦……皆自古易類萃中摘抄，然亦義文象數幸衍一脉，於蛟潭海澨間，不可謂東南易髓不自令升標揭之也。況駿心雄理，遺詞英上不遜輔嗣，錄之不啻起晉儒而清言也乎。

視干寶爲玄風大行中，知《易》之精髓的晉儒，並美讚爲濁世之「清言」，正是爲晉儒干寶「反玄」的中流地位，做了最佳註解。

第三節　干寶經部著作的思想特色及成就

　　由以上資料，我們不難發現，干寶經部著作不外禮法、《春秋》與《周易》等三大方向的探研，其著作之豐碩，分類之廣泛，實是有目共睹，以下即統論其特色與成就：

一、《易》注通貫君統思想，蔚成反玄勢力

　　干寶全思想以《周易》陰陽通貫，這點可由其對《周易》系書投注的心

〔註112〕葉友琛〈虛浮世界的清流──《周易干寶注》述評〉（《周易研究》1997年第4期（總第三十四期）），頁35。

〔註113〕「風俗淫僻，恥尙失所，學者以莊老爲宗而黜六經，談者以虛薄爲辨而賤名儉；行身者以放濁爲通而狹節信；進仕者以苟得爲貴而鄙居正；當官者以望空爲高，而笑勤恪。」（《晉紀・總論》）清・黃奭《黃氏逸書考》（三）（京都：中文出版社1986年10月），頁2889。

〔註114〕清・朱彝尊《經義考》收錄於《文津閣四庫全書》，頁486。

血；僅存有限的經部佚文，不失陰陽架構可知。如：《春秋左氏函傳義》的「朱絲縈社」與注〈天官冢宰第一〉「辨方正位」之說，即緊扣《周易》陰陽之理。干寶於《周易・序卦》時注言：〔註115〕

> 人有男女陰陽之性；則自然有夫婦配合之道。有夫婦配合之道；則
> 自然有剛柔尊卑之義。陰陽化生，血體相傳；則自然有父子之親。
> 以父立君，以子資臣，則必有君臣之位。有君臣之位，故有上下之
> 序。有上下之序，則有禮以定其體，義以制其宜。……上經始于乾
> 坤，有生之本，下經始于咸恆，人道之首也。……易以咸恆備論，
> 禮義所由生也。

《周易》是天地「生之本」，又天地陰陽，生化男女陰陽之性，因之夫婦、父子、君臣之「禮義」出，故其亦是「人道之首」。此即干寶禮法系書，處處可見《周易》陰陽思想之跡。再者，干寶以《周易》陰陽思想論男女、父子、君臣，但至末將其緊扣君臣之道，在陽主君，陰主臣，君主臣輔下，遂行君一統的政治觀。因之，《古詩紀》引蕭穎士之言，評論干寶著作：〔註116〕

> 六經之後有屈原、宋玉文甚雄壯而不能經，賈誼文辭最正近於治
> 體，……曹植豐贍，王粲超逸，稽康禮舉，左思詩賦有雅頌遺風，
> 干寶著論近王化根源，此後寖絕無聞焉。

《古詩紀》引此段話本言詩文教化之功，雖然我們得幸得見干寶《百志詩集》，但由「近王化之源」之論，實已一語中，言出干寶所有著作的至終目的，即爲「君一統」思想做最好印證。而此思想正可爲抵禦魏晉玄遠尚虛之風，亦可力挽干寶《晉紀》總論所言，后妃、宗子、能臣之僭越，若就學術論其承漢儒部分地位不高，但若就政治面言自有其時代價值。

二、禮法制度明示王者之尊，名重古今

目前僅存的禮法系書下，大抵可見干寶在東晉禮法制度上有其一定地位，這由《後養議》群臣之論後，其成爲最後定奪者，即可見出；而其《司徒議》雖今已亡佚，但每言及官位職掌，則多爲後出所引用，這與他任「長

〔註115〕「有天地然後有萬物；有萬物然後男女；有男女然後有夫婦；有夫婦然後有
　　　　父子；有父子然後有君臣；有君臣然後有上下；有上下然後禮義有所錯。」
　　　　黃慶萱撰《魏晉南北朝易學書考佚》，頁491。
〔註116〕明・馮惟訥撰《古詩紀》收錄於《文津閣四庫全書》，頁416。

史」的職務有極大關係。據《職官分紀》引《南齊百官志》之言：「左右長史
在西掾主簿祭酒令史以下，晉王導為司徒，右長史干寶撰立官府職儀已具。」
〔註117〕足見干寶在當代，已是擬定禮法制度的典範。

　　另由後代各家借助干寶禮注，解決古禮法制度的頻繁引用，亦可見其此
部分對後代的貢獻：

　　　自魏孝武遷西，雅樂廢缺，徵博采遺逸，稽諸典故，創新改舊，方
　　始備焉。又樂有錞于者，近代絕此器，或有自蜀得之，皆莫之識。
　　徵見之曰：「此錞于也。」弗信之，徵遂依干寶周禮注，以芒筒捋之，
　　其聲極清，乃歎服。徵仍取以合樂焉。(《北史‧斛斯椿‧子徵傳》)
　　〔註118〕

　　　(聖曆)元年正月，又親享及受朝賀。尋制：每月一日於明堂行告
　　朔之禮，司禮博士辟閭仁諝奏議曰：謹按經史正文，無天子每月告
　　朔之事。惟禮記《玉藻》云：「天子聽朔於南門之外。」《周禮‧天
　　官太宰》：「正月之吉，布政于邦國都鄙。」干寶注云：「周正建子之
　　月，告朔日也。」此即玉藻之聽朔矣。(《舊唐書‧禮儀志》)〔註119〕

斛徵言將已絕跡的古樂器「錞于」，依干寶在《周禮‧天官太宰》的詳細注解，
而重製之，遂使古樂器的風貌得以還原；第二則唐武則天時，司禮博士辟閭
仁諝，先是在《禮記玉藻》得「告朔」儀式之記載；次在《周禮天官太宰》
得可能舉行此儀式之日期；然直至干寶《周禮》注一出，方能得證「告朔之
禮」行於建子之月。由大唐司禮博士引干寶之語作結，即可明證干寶禮注具
有一定之威權及信服力。另我們再細究兩則干寶禮注：

　　　後周之時，以四聲降神，雖采周禮，而年代深遠，其法久絕，不可
　　依用。謹案司樂：「凡樂，圜鍾為宮，黃鍾為角，太簇為徵，姑洗為
　　羽，舞雲門以祭天。函鍾為宮，太簇為角，姑洗為徵，南呂為羽，
　　舞咸池以祭地。黃鍾為宮，大呂為角，太簇為徵，圜鍾為羽，舞韶
　　以祀宗廟。」……鄭玄又云：「此樂無商聲，祭尚柔剛，故不用也。」
　　干寶云：「不言商，商為臣，王者自謂，故置其實而去其名，若曰，
　　有天地人物，無德以主之，謙以自牧也。」先儒解釋，既莫知適從，

───────────

〔註117〕宋‧孫逢吉《職官分紀》收錄於《文津閣四庫全書》，頁254。
〔註118〕唐‧李延壽《北史‧斛斯椿‧子徵傳》收錄於《二十五史》(台北：新文豐出
　　　　版公司1975年)，頁776。
〔註119〕宋‧劉昫《舊唐書‧禮儀志》收錄於《二十五史》(新文豐)，頁471。

> 然此四聲，非直無商，又律管乖次，以其爲樂，無克諧之理。今古
> 事異，不可得而行也。〔註120〕（《隋志·音樂下》）

各家以舞樂論四聲；鄭玄以剛柔論四聲；干寶以君臣論四聲，並證德治，足
見干寶禮治受漢朝君臣禮治秩序的影響頗深。另《後漢書·禮儀志》：「晝漏
上水初納，執事告祠先農，已享。」一語，引各家注曰：

> 春秋傳曰：「耕藉之禮，唯齋三日。」……薛綜注二京賦曰：「爲天
> 神借民力於此田，故名曰帝藉，田在國之辰地。」干寶周禮注曰：「古
> 之王者，貴爲天子，富有四海，而必私置藉田，蓋其義有三焉：一
> 曰，以奉宗廟，親致其孝也；二曰，以訓于百姓在勤，勤則不匱也；
> 三曰，聞之子孫，躬知稼穡之艱難無逸也。」〔註121〕

干寶以爲天子「私置藉田」的目的，乃在敬祖、示勤、戒警子孫勿安逸，完
整表達古王者承先、治民、啓後的正當性與教化性。可見干寶《周禮注》目
的乃在建構一以君王爲主體，民治國安的家園。

三、效行《春秋》、《左傳》，護持編年正統

干寶一生尊《春秋》、《左傳》，故於《史通》即可明顯見此趨向：〔註122〕
> 晉世干寶著書，乃盛譽丘明而深抑子長，其義云：能以三十卷之約，
> 括囊二百四十年之事，靡有遺也。

干寶力讚左丘明的《左傳》，貴在以二百四十年的史事，以三十卷概括，簡而
能約。因之劉知幾言《左傳》對後世的影響，亦點出干寶：〔註123〕
> 于是摯虞、束晢引其義以相明，王接、荀顗取其文以相證，杜預申
> 以注釋，干寶藉爲師範（事具干寶晉紀敘例中），由是世稱實錄，不
> 復言非，其書漸行，物無異議。

干寶身爲史官以《左傳》爲師範著《晉紀》，「不復言非」代表的是謹實錄、
重史事不言傳的風格，其以史家之筆效《春秋》、《左傳》之風，已蔚然成形。

〔註120〕唐·魏徵《隋書·音樂志》收錄於《二十五史》（新文豐），頁193。
〔註121〕南朝宋·范曄《後漢書·禮儀志》收錄於《二十五史》（新文豐），頁1090。
〔註122〕清·浦起龍撰《史通通釋》收錄於《文津閣四庫全書》，頁258。
〔註123〕唐·劉知幾撰《史通》收錄於《文津閣四庫全書》，頁237。

第四章　干寶史部著作思想探析

　　干寶史部著作，今存者爲《晉紀》及《史議》，後者幾已不存，僅能於後人散見的評論著作中，窺其一、二，至於前者，清代《黃氏逸書考》所收者有，屬於《晉紀》者有：〈總論〉、〈論武帝革命〉及一百一十則三國晉代的人物註解；另亦將《晉書·五行志》所搜集之干寶注，多爲預言事蹟者，亦一併歸入《晉紀》，唯此部分與汪紹楹注《搜神記》內容重疊，此處乃採汪本之見，亦即將《晉書·五行志》歸屬《搜神記》；而同時代湯球所輯本的特色是，將史事依帝王及年號分類，是較能見干寶原貌的編排方法，今人喬治忠作《眾家編年體晉史》〔註1〕即是承湯球之編排，然以上數書，大體內容皆未出《黃氏逸書考》所收，因之，本研究仍以黃奭所收爲文本。

第一節　干寶史（子）書的著述背景

　　史書與子書的時代背景是重疊的，子書乃接續史書之後發展而來，因之交集的部分將在此說明；至於子書衍生獨特背景的部分，則於子書時代背景中，再加以補充。

一、時代動亂，以史子爲殷鑑與寄託

　　自東漢明章開始，至魏晉南北朝時期，中國四百多年一直處在動盪不安

〔註 1〕湯球、黃奭輯·喬治忠校注《眾家編年體晉史》（天津：天津古籍出版社 1989年）。

的時局中，〔註2〕而干寶正處西東晉之交，舉凡政治、社會層面皆弊象環生，因此群臣借史書凡例以殷鑑，應是可知的必然，故袁宏在《後漢紀·自序》：〔註3〕

> 夫史傳之興，所以通古今而篤名教也，丘明之作，廣大悉備。史遷剖判六家，建立十書，非徒記事而已，信足以明義教，網羅治禮，然未盡也。……今因前代遺事，略舉義教所歸，庶以弘敷王道。

袁宏明言，作史爲倡王道，行義教，爲救時弊而來。而干寶作《晉紀·總論》，由政治、社會、文化現象細數西晉之衰亡，則是借史事以殷鑑的最徹底反省。〔註4〕

又時代動亂，對神鬼的信崇與寄望，必定更加熾於太平時期：

> 叔世衰亂，崇信巫史，至乃宮殿之內，戶牖之間，無不沃酹，甚矣其惑也！自今其敢設非祀之祭，巫祝之言，皆以執左道論，著於令典。（《三國志·卷二·魏書·文帝紀》）〔註5〕

舉凡時代動亂，政治不安時期，除群臣寄望藉史事以殷鑑；非主流的忠志之士對現世已無太多的期望；戰事頻傳的基層人民，時時面對死亡的威脅，於

〔註2〕「東漢從明章之治後，開始經歷外戚——和帝時竇氏、殤帝時的鄧氏、質帝時的梁氏……等的掌政，相對另一股與之制衡的宦官勢力隨之而起，終至釀成第一次的黨錮之禍（一一六年）；三年後（一六九年）第二次黨錮之禍再起，朝中忠貞大臣人人自危，不到二十年，民變黃巾之亂產生（一八四年），接著漢獻帝爲曹操所挾持（一九六年），曹丕即位（二二〇年），歷史上開始陷入三國鼎立的分裂局面；此時曹魏內部另股強臣勢力出現——司馬懿發動政變（二四九年），隨後司馬炎正式即位爲晉武帝（二六五年）。整個晉朝持平時日不長，由賈后殺太傅楊駿始，歷史上進入八王之亂，同時期有劉淵等異族稱霸，自此晉室外加五胡十六國的外患（三〇四年），致使司馬睿不得不定都建康（三一七年），歷史上進入東晉時期，直至南北朝，天下一直在四分五裂當中。」參考曾蓓襄、王孝平編《中國歷史大事記》（台北：年輪文化事業股份有限公司1998年），頁61～81。

〔註3〕晉·袁宏撰·王雲五主編《後漢紀·序》收錄於《國學基本叢書四百種》（台北：商務印書館印行1968年）

〔註4〕干寶《晉紀·總論》：「故觀阮籍之行，而覺禮教崩弛之所由；察庾純賈充之事，而見師尹之多僻。（姦邪）考平吳之功，知將帥之不讓；思郭欽之謀，而悟戎狄之有釁。覽傅玄劉毅之言，而得百官之邪；核傅咸之奏，錢神之論，而睹寵賂之彰。」以人應事言西晉之弊，實具殷鑑之效。見黃奭《黃氏逸書考（三）》，頁2890。

〔註5〕北齊·魏收《三國志集解·魏書·文帝丕紀》收錄於《二十五史》（新文豐），頁104。

是紛紛寄託宗教，寄望來生自是必然，於是神鬼世界自然成爲時人的精神支柱。因之，志怪著作盛行，自是必然。因之，大陸學者楊義言：「漢魏六朝志怪小說以神秘主義幻想，變異時空，溝通幽明，出入人仙境界，無不折射著人對世局亂變和遐思的一次反省。」〔註6〕因之，《搜神記》亦同樣出現殷鑑的功能。大陸學者侯忠義，提及《搜神記》作品的價值有四類，其中首類即爲：「反抗強暴和迫害的故事，包括對最高統治者、官府、封建家長制的復仇與抗爭。」〔註7〕另王枝忠於《搜神記》重要題材分類中，亦提及：「批判暴政」類，〔註8〕無疑昭示《搜神記》的借鏡與政治反射的功能。

二、儒學式微，史子地位提高

　　此處之「子」學地位，並非指「諸子」之地位，乃指史家末流，雜傳著作者的地位，亦即後出所言「小說」家之地位。自東漢末桓、靈兩帝——梁太后與竇太后臨朝，曹操挾獻帝以令諸侯，曹操於建安十五、十九年、二十二年，紛紛下了「唯才是舉」的求才政策，因此，在「若必廉士而後可用，則齊桓其何以霸世！」（《三國志·武帝紀》）〔註9〕的策略下，儒家尊上體下的忠臣五倫觀，因之瓦解；而西晉外戚干政、八王之亂、五胡亂華遂起，時代動亂及儒家式微下，東晉以爲殷鑑的史書必定出現。因之，王導推薦干寶爲著作郎，所爲來自「上敷祖宗之烈，下紀佐命之勳，務以實錄，爲後代之準，厭率土之望，悅人神之心，斯誠雍熙之至美，王者之弘基也。」（《晉書·干寶傳》）〔註10〕意即以史殷鑑爲其建議修史的目的；又見其勸告周顗「當共勠力王室，克復神州，何至作楚囚相對？」（《世說新語·言語31》）〔註11〕再見其薦〈上疏請修學校〉，……等種種跡象顯示：東晉偏安，國家命臣一心企盼以儒家救國的趨向極爲明顯，因之史家地位在魏晉抬頭是可知的。再由《南史》評江淹、任昉時言「觀乎兩漢求賢，率由經術，近代取人，率由文史」〔註12〕更可明見。

〔註6〕楊義《中國古典小說史論》（北京：中國社會科學出版社1995年），頁125。

〔註7〕侯忠義《漢魏六朝小說史》（遼寧：春風文藝出版社1989年3月），頁55。

〔註8〕王枝忠《漢魏六朝小說史》（浙江：古籍出版社1997年6月），頁85。

〔註9〕晉·陳壽撰；宋·裴松之注《三國志集解·魏書·武帝操紀》收錄於《二十五史》（新文豐），頁46。

〔註10〕唐·房玄齡《晉書斠注·干寶傳》收錄於《二十五史》（新文豐）頁，1394。

〔註11〕余嘉錫《世說新語箋疏·言語》（台北：華正書局1989年），頁92。

〔註12〕唐·李延壽《南史·江淹；任昉傳》收錄於《二十五史》（新文豐），頁677。

又據逯耀東整理《隋書‧經籍志‧史部》計有十三類：正史、古史、雜史、霸史、起居、舊事、職官、儀注、刑法、雜傳、地理、譜系、簿錄。其中存目部數以雜傳類最高，而《隋書‧經籍志‧史部‧雜傳》內容大體不出：一郡書，二、家史，三、類傳，四、別傳，五、佛道，六、志異。其更進一步統計，在《隋志‧史部‧雜傳》類中，內容最豐者為：別傳（個人傳記）有 205 種；家史（以家族為單位的家史）39 種；類傳（共同行為表現的傳記）24 種，〔註13〕可見魏晉不僅正史發展，雜傳的發展更在其上，此又是儒家式微，史學脫離經學的一個關鍵。

大體而言，此類傳記文體在魏晉創新高地出現，始自魏文帝九品中正制的實行，「魏文帝初定九品中正之法，郡邑設小中正，州設大中正。由小中正品第人才以上大中正，大中正核實以上司徒，司徒再核然後送尚書選用。」（《二十二史箚記‧九品中正》）；〔註14〕再由史官報到必須「著作郎初至，必撰名臣傳一人。」〔註15〕的時代風氣，可知推舉人物的傳記類史書，受重視的情形，而此正是子書志人的前身；另時代動亂，人人自危，儒家入世理想，不得彰顯，因之，寄想望於另一不可知的神鬼世界，遂為志怪小說蔚成風氣的重要關鍵。

另必須釐清一點，魏晉時期已有子書名目出現，此點可由葛洪的《抱朴子》的記載可知：

> 正經為道義之淵海，子書為增流之川流……雖津途殊闢，而進德同歸。(《抱朴子‧尚博》) 〔註16〕

> 洪年二十餘，乃計件作細碎小文，妨棄功日，未若立一家之言，乃草創子書。(《抱朴子‧自敘》) 〔註17〕

> 洪少有定志，決不出身。每覽巢、許、子州、北人、石户、二姜、兩袁、法真、子龍之傳，嘗廢書前席，慕其為人。念精治五經，著

〔註13〕逯耀東《魏晉史學的思想與社會基礎》（台北：東大圖書股份有限公司 2000年），頁 97。

〔註14〕清‧趙翼《二十二史箚記‧九品中正》收錄於《叢書集成簡編》（台北：台灣商務印書館 1965 年），頁 146。

〔註15〕唐‧劉知幾著、清‧淵起龍釋、民國呂思勉評《史通釋評‧覆才》（台北：華世出版社 1981 年），頁 289。

〔註16〕晉‧葛洪；陳飛龍註譯《抱朴子‧尚博》，頁 440。

〔註17〕晉‧葛洪；陳飛龍註譯《抱朴子‧自敘》，頁 893。

一部子書，令後世知其爲文儒而已。(《抱朴子・自敘》)〔註18〕

葛洪此處所言之子書，乃個人思想的發揮；至於志人與志怪小說，則歸屬於《史部・雜傳類》，直到北宋才眞正獨立出來，由史部雜傳類，分家爲子部小說類。(此部分在下章「子部著作思想研究」自有說明。)但無可否認史子內涵已充分在魏晉脫離經學，而逐漸發展自己的文采與思想。

三、世家大族蔚成私家著作風氣

魏晉時期世家大族的出現，首要助長之因，來自魏文帝推行的九品中正制與晉武帝開國之初的大封功臣，至後遂成舉內避外「王戎爲右僕射領吏部尚書……，未嘗進一寒素，退一虛名」(《山堂肆考》)〔註19〕及「上品無寒門，下品無士族」(《晉書・劉毅傳》)〔註20〕的情形。因之《唐書・柳沖傳》言：〔註21〕

> 魏氏立九品，置中正，尊世胄，卑寒士，權歸右姓。其州大中正，
> 主簿、郡中正、功曹，皆取著姓士族爲之，以定門胄，品藻人物。
> 晉宋因之。……於時有司選舉，必稽譜籍而考其眞僞。故官有世胄，
> 譜有世官。……過江則爲僑姓，王、謝、袁、蕭爲大。東南則爲吳
> 姓，朱、張、顧、陸爲大。

世家大族形成，大族有足夠的實力展現家族的財力與才情，因之晉朝私修史書的風氣亦盛。據張儐生言：〔註22〕

> 過江初期，高門和寒門雖有距離，仍無嚴格的界限。及至中晚，江
> 南局面既安，世族根基穩固。他們於是一面藉文學和玄談來陶醉性
> 情，顯示清雅；一面又持祿保位，修飾儀容，以顯示身份。因此，
> 高門愈加矜貴，遂與寒門截然成爲兩級。

這些大族附庸風雅抬高身份，因之著書成爲取得高名的最佳途徑，故有言「小說，唐人以前，紀述多虛，而藻繪可觀；宋人以後，論次多實，而彩艷殊乏，

〔註18〕晉・葛洪；陳飛龍註譯《抱朴子・自敘》，頁899。

〔註19〕「王戎爲右僕射領吏部尚書，自戎居選，未嘗進一寒素，退一虛名，理一冤枉，隨時浮沉，門調戶選。」明・彭大翼《山堂肆考・未退虛名》收錄於《文津閣四庫全書》，頁755。

〔註20〕唐・房玄齡《晉書斠注・劉毅傳》收錄於《二十五史》(新文豐)，頁855～856。

〔註21〕宋・宋祁《唐書・儒學・柳沖傳》收錄於《二十五史》(新文豐)，頁2228。

〔註22〕張儐生《魏晉南北朝史》(台北：幼獅文化事業公司1978年)，頁421。

蓋唐以前出文人才士之手，而宋以後率俚儒野老之談故也。」（《少室山房筆叢·九流緒論》）〔註23〕因之，世家大族助長撰著之風自是必然。此風氣一開，著書成為上流風尚，故據此，何法盛竊郗紹《晉中興書》並不令人意外。〔註24〕

　　再者即非大族，然時代動亂，史官不得著者，比比皆是；時有文人非大族者，不忍時事乏人記載而失實，故《隋書·經籍志》遂言：〔註25〕

> 靈獻之世，天下大亂，史官失其常守。博達之士，愍其廢絕，各記聞見，以備遺亡。是後群才景慕，作者甚眾。自後漢以來，學者多鈔攝舊史，自為一書，或起自人皇，或斷之近代，亦各其志，而體制不經。又有委巷之說，迂怪妄誕，真虛莫測。然其大抵皆帝王之事，通人君子，必博采廣覽，以酌其要。

文人鈔舊史為「愍其廢絕」，所鈔內容有正史；亦有所謂「又有委巷之說，迂怪妄誕，真虛莫測。然其大抵皆帝王之事」，皆在在顯示文人與史著間的私修關係。前者是正史的部分，後者即是後分流出來的小說，因之，子史皆在此時期蔚然成長。再見以下兩則資料：

> 中國本信巫，秦漢以來，神仙之說盛行，漢來又大暢巫風，而鬼道愈熾；會小乘佛教亦入中土，漸見流傳。凡此，皆張皇鬼神，稱道靈異，故自晉迄隋，特多鬼神志怪之書。其書有出于文人者，有出于教徒者。」〔註26〕（魯迅《中國小說史略》）

> 裴郎作《語林》始出，大為遠近所傳。時流年少，無不傳寫，各有一通。（《世說新語·文學·90》）〔註27〕

若以當時文史不分的情形下，小說為史家之末流〔註28〕，則魏晉時期的著作

〔註23〕明·胡應麟撰《少室山房筆叢·九流緒論》，頁375。

〔註24〕「南史郗紹嘗撰《晉中興書》，數以示何法盛，法盛有意圖之，謂紹曰：卿名位貴達，不俟此延譽，我寒士無聞於時，宜以為惠，紹不與，書成在齋內廚中，法盛詣紹，紹不在，直入竊書，紹還失之，無復兼本，於是遂行何書。」宋·祝穆《古今事文類聚別集·竊人所著》收錄於《文津閣四庫全書》，頁157。

〔註25〕唐·長孫無忌等撰《隋書·經籍志》收錄於《叢書集成初編》，頁41～42。

〔註26〕魯迅《中國小說史略·第五篇·六朝之鬼神志怪書（上）》（香港：三聯書店1996年），頁44。

〔註27〕余嘉錫《世說新語箋疏·文學》，頁269。

〔註28〕「因其事類相繼，而作者甚眾，名目轉廣，而又雜以虛誕怪妄之說，推其本源，蓋亦史官之末事也。……今取其見存，部而類之，謂之雜傳。」唐·長孫無忌

大開，應是在上流文人間先之，至後才廣放於民間。正因魏晉私修風氣的盛行，故據《史通·正史篇》所示資料，唐重修晉史作《晉書》前，魏晉修史者即有十八家之豐；〔註 29〕另在浦起龍《史通通釋·正史篇》論及宋·裴松之注《三國志》，引漢晉間群書，則有百餘種，分計有：錄魏事者、錄吳事者與統錄者，〔註 30〕足見魏晉著史風氣鼎盛。

四、史官兼及子史，志人志怪著作發達

魏晉志怪小說的作者不乏佛教與道教徒，他們的動機不外是藉小說以宣教；另有一股文人的主勢力與之同在，這些人共同特點是——皆曾任著作郎相關事務，此點王國良先生注意到了〔註 31〕；然我們再由此往前推，古之史官與巫術的密切關係：

> 載衛史對狄人之言：「我太史也，實掌其祭。」（《左傳·閔公二年》）
> 〔註 32〕

> 立冬……是月也，命大史釁龜、筮，占兆，審卦，吉凶是察。（《禮記·月令》）〔註 33〕

> 注〈司天臺〉一條「司馬談父子，相繼爲太史令，遷云：文史星曆近乎卜祝，至宣帝時修撰之職以也官領之，由是太史之官知占候而已。故後漢太史令掌天時星曆，而不及史事。」；注〈司天曆候〉一條：「孟春命太史司天曆候，日月星辰，宿離不忒，無失經紀。」（《古今事文類聚》）〔註 34〕

等撰《隋書·經籍志》收錄於《叢書集成初編》，頁 54～55。

〔註 29〕唐·劉知幾著、清·淵起龍釋、民國呂思勉評《史通釋評·古今正史》，頁 408。

〔註 30〕唐·劉知幾著、清·淵起龍釋、民國呂思勉評《史通釋評·古今正史》，頁 407。

〔註 31〕王國良「文士每每出身寒素之家，博學多聞，如張華、干寶、曹毗、吳均、顧野王，均曾擔任著作郎或著作佐郎，掌理國史修纂，平生著述亦多。」此部分王國良已有粗略整理。《魏晉南北朝志怪小說研究》（台北：文史哲出版社 1984 年），頁 38。

〔註 32〕晉·杜預注；唐孔穎達疏《春秋左傳正義》收錄於《十三經注疏》（台北：藝文印書館 1955 年），頁 191。

〔註 33〕漢·鄭玄注；唐孔穎達正義《禮記注疏》收錄於《十三經注疏》，頁 341。

〔註 34〕宋·祝穆《古今事文類聚》收錄於《文津閣四庫全書》，頁 498、499。

然非德不行巫史祈，祈者蓋所以交鬼神而救細微爾，至於大命，末如之何。(《潛夫論‧正列》) 〔註35〕

可見巫、史自古同源，與占與鬼神有著必然關聯性，至後才分流。因之，司馬遷才有「近乎」之慨，史官兼記史與熟禮，而禮兼含祭禮與祀鬼神之道，故可知史官是人、鬼神之間負責占卜與溝通的橋樑。因之，在魏晉儒家式微下，當年視為小道的神鬼傳說，在史官有心收集下，俯拾即得，或託以個人信守的義理；或以之為當代記錄；更甚者以之為時尚：故干寶既「以才器召為著作郎」受王導推薦「領國史」，作《晉紀》，〔註36〕亦為《搜神記》。《晉書‧王隱傳》：「丞相軍諮祭酒……乃上薦隱，……太興初，典章稍備，乃召隱及郭璞俱為著作郎」。〔註37〕雖郭璞至後辭之，未有史著，但注有《山海經》；張華則「郡守鮮于嗣薦華為太常博士，盧欽言之於文帝，轉河南尹丞，未拜，除佐著作郎。」(《晉書‧張華傳》)，〔註38〕亦為《博物志》；葛洪「干寶深相親友，薦洪才堪國史」，〔註39〕雖未受命，但亦有史學專才，做《神仙傳》及《抱朴子》傳世，皆在在顯示此些具史才者，對志異或雜傳的重視。再見《文獻通考》：「魏文帝又作《列異》，以序鬼物奇怪之事，嵇康作《高士傳》，以敘聖賢之風。因其事類，相繼而作者甚眾，名目轉廣，而又雜以虛誕怪妄之說，推其本源，蓋亦史官之末事也。」〔註40〕故《史通‧採撰》言：

晉世雜書，諒非一族，若《語林》、《世說》、《幽明錄》、《搜神記》之徒，其所載或詼諧小辯，或神鬼怪物。其事非聖，揚雄所不觀；其言亂神，宣尼所不語，撰晉史，多採以為書。夫以干、鄧之所糞除，王、虞之所糠秕，持為逸史，用補前傳，此何異魏朝之撰《皇

〔註35〕 漢‧王符撰《潛夫論》收錄於《百子全書》(台北：黎明文化事業公司 1993年)，頁 2005。

〔註36〕 「干寶……以才器召為著作郎……中興草創，未置史官，中書監王導上疏曰：『……陛下聖明，當中興之盛，宜建立國史，撰集帝紀，……宜備史官，敕佐著作郎干寶等漸就撰集。……寶於是始領國史。』……王導請為司徒右長史，遷散騎常侍，著晉紀。」唐‧房玄齡《晉書‧干寶傳》收錄於《二十五史》(新文豐)，頁 1394。

〔註37〕 唐‧房玄齡《晉書‧王隱傳》收錄於《二十五史》(新文豐)，頁 1389。

〔註38〕 唐‧房玄齡《晉書‧張華傳》收錄於《二十五史》(新文豐) 頁，728。

〔註39〕 「干寶深相親友，薦洪才堪國史，選為散騎常侍，領大著作，洪固辭不就，以年老欲煉丹以祈遐壽。」唐‧房玄齡《晉書‧葛洪傳》收錄於《二十五史》(新文豐)，頁 1244。

〔註40〕 元‧馬端臨《文獻通考》(浙江：古籍出版社 2000 年)，頁 1647。

覽》，梁世之修《遍略》，務多爲美，聚博爲功，雖取悅于小人，終

見嗤于君子。」〔註41〕

「其事非聖」、「其言亂神」，意味此類雜書，具有補傳效果，但終不及正史來得有所考，因之，地位不高。此乃意味實錄與逸史中間的差別，亦顯示小說與史書，走上分野之必然，前者屬於史學，後者發展成爲小說，史官在子史上正扮演一功不可沒的重要關鍵。

第二節 《晉紀》的編排體例及著作動機

依今日《晉紀》所留下的有限史料，實在無法看出干寶《晉紀》的體例，只得借助後人研究文獻，予以推衍考探。據《史通‧古今正史》：

> 皇家貞觀中，有詔以前後晉。史十有八家，制作雖多，未能盡善，乃敕史官更加纂錄。……自是言晉史者，皆棄其舊本，競從新撰者焉。

此條下《史通釋評》注干寶《晉紀》：「見《左傳》家。按干書是編年體，自《新晉書》行而其書遂廢也。」〔註42〕可知干寶《晉紀》以編年體成書，亦因唐時不興編年，故《晉書》一出，其書遂廢。再見《文獻通考‧經籍考》〔註43〕：

> 司馬遷創改春秋記事之體，爲本紀、世家、表、志、列傳，而班固因之，至悅始能復古，學者甚重其書，袁宏、干寶以下，皆祖述焉，事日月年之相繫，在史家固良法也，而傳錄歲久，卒未得其眞，可爲太息者矣。

馬端臨遺憾若干寶《晉紀》等，以日月年事相繫的編年體，未能在當時取代紀傳體的地位，這意味干寶的編年在非主流的紀傳時代，有其獨樹一幟的特殊性，此亦正是其價值所在。

今人喬治忠據清‧湯球收輯之《晉紀》本予以校注，分爲高祖宣皇帝、太祖文皇帝、世祖武皇帝、孝惠皇帝、孝懷皇帝五帝事跡，武帝之前未建國，

〔註41〕唐‧劉知幾著、清‧淵起龍釋、民國呂思勉評《史通釋評‧採撰》，頁138～139。

〔註42〕唐‧劉知幾著、清‧淵起龍釋、民國呂思勉評《史通釋評‧古今正史》，頁408。

〔註43〕元‧馬端臨《文獻通考》，頁1663。

故皆以帝名示之；自武帝始，標年號亦標年月，正是仿當年干寶《晉紀》體例為之，〔註44〕以上即有關《晉紀》之編排體例。

　　另必須正視一問題，干寶《晉紀》在《晉書》未出現前，乃屬作《晉書》之大家，待集各家而成的《晉書》一問世，便逐漸為其取代：

> 唐宰相房玄齡等，修題御撰，案唐藝文志為晉書者有：王隱、虞預、臧榮緒、謝靈運、干寶等諸家，太宗以為未善，命玄齡修之，與其事者，褚遂良、許敬宗、令狐德棻、李延壽、敬播、趙宏智等二十人。（《直齋書錄解題・注晉書一百三十卷》）〔註45〕

後出之史書，兼合各家，取歷代之長，因之，干寶的《晉紀》被取代可以想見；但《晉紀》的史論〈總論〉、〈論武帝革命〉被留下，並為南朝的《昭明文選》所收錄，此即代表干寶的史論在當代應是受到重視，更甚至後，其確然成為論東晉興亡的代表作。因之，研究干寶《晉紀》的重心應不在史書、史事本身，而是史論的價值。（此部分至後論「時代價值」再一併申說）另再見一極有價值的文獻資料：〔註46〕

> 左氏為書，不遵古法，言之與事，同在傳中，然而言事相兼，煩省合理，故使讀者尋繹不倦，覽諷忘疲。至於史漢則不然，凡所包舉，務存恢愽，文辭之記，繁富為多；是以賈誼、晁錯、董仲舒、東方朔等傳，唯止錄言，罕逢載事。……
>
> 昔干寶議撰晉史，以為宜準左邱明，其臣下委曲，仍為譜注。于時議者莫不宗之，故前史之所未安，後史之所宜革。是用敢同有識，爰立茲篇，庶世之作者，觀其利害，如謂不然，請俟來哲。（《史通・載言》）

干寶以為傳「唯止錄言，罕逢載事」，正史應以事為主，故寫史必以《左傳》體例是效；又干寶另創新法，以自行加注的方式為人物補注，目的乃見利害真象，盡露原委。此舉乃意味干寶效法《左傳》，除了是形式外，更重要是《左傳》殷鑑的精神。《史通・模擬》：「史臣注記，其言浩博，若不仰範前哲，何以貽厥後來？蓋模擬之體，厥途有二：一曰貌同而心異；二曰貌異而心同。何以言之？」此處所謂模擬，即是師法古人，指的正是《春秋》、《左傳》一

〔註44〕喬治忠《眾家編年體晉史》（天津：古籍出版社1898年），頁295～355。

〔註45〕宋・陳振孫《直齋書錄解題・注晉書》收錄於《文津閣四庫全書》，頁710。

〔註46〕唐・劉知幾著、清・淵起龍釋、民國呂思勉評《史通釋評・載言》，頁43。

系寓褒貶的精神。〔註47〕因之，劉知幾更舉證兩端之殊，以下即節錄其於《史通‧摸擬》，干寶《晉紀》所做之例證：

> 當春秋之世，列國甚多，每書他邦皆顯其號，至於魯國，直云我而已。如金行握紀，海內大同，君靡客主之殊，臣無彼此之異。而干寶晉紀，至天子之葬，必云「葬我某皇帝」。無二君，何我之有？以此而擬春秋，又所謂貌同而心異也。

> 孫皓暴虐，人不聊生，晉師是討，後予相怨。而干寶晉紀云：「吳國既滅，江外忘亡。」豈江外安典午之善政，同歸命之未滅乎？以此而擬左氏又所謂貌同而心異也。

> 干寶晉紀敘愍帝歿于平陽，而云：晉人見者多哭，賊懼帝崩，以此而擬左氏，又所謂貌異而心同也。〔註48〕

第一則「無二君，何我之有」正是「國有二主」的暗諷；而第二則晉師滅吳，以「江外忘亡」明諷吳‧孫皓暴虐，實諷晉僞善之政，此兩者爲「貌同心異」之謂，全定鎖於失德不仁之政；至於第三則愍帝歿而晉人哭，以致「賊懼帝崩」，意在非議僭越之事實，正是「貌異心同」之諭。三者，皆言干寶承繼《左傳》寓褒貶之精神，作《晉紀》。

因之，我們就可進一步論述干寶著作《晉紀》的動機何在？干寶於《晉紀‧總論》一心爲晉室把脈，展現全面檢討的決心，通篇史論干寶由帝王、后妃、輔臣之德與時代清談風尚談起，目的藉西晉史事，以殷鑑東晉偏安的司馬王室，力振圖強的心意頗深，此即干寶著作動機的由來。

另在《黃氏逸書考》一書中，有關干寶的《晉紀》，除了收有《晉紀‧總論》及相關附注、《晉紀‧論晉武帝革命論》外，又案《晉書‧五行志》所收，逐條歸入《晉紀》中。個人考探發現黃氏所列部分與汪紹楹本《搜神記》多所重疊，大體對照如下：孫休上長下短之服制（收於《搜神記‧卷六‧178》）、武帝泰始初衣服上儉下豐，元康末婦人出兩襠加乎平領之上與以白簽爲車（收於《搜神記‧卷七‧180》，唯略有出入，見附註）〔註49〕、元康太安之間敗

〔註47〕唐‧劉知幾著；清‧淵起龍釋；民國呂思勉評《史通釋評‧摸擬》，頁257。

〔註48〕以上三則分見──唐‧劉知幾著、清‧淵起龍釋、民國呂思勉評《史通釋評‧摸擬》（台北：華世出版社1981年），頁257～259。

〔註49〕黃氏將此則收《晉紀》，並於「白簽爲純」下，加以「蓋古喪車之遺像也，夫乘者君子之器，蓋君子立心無恆事，不崇實也，干寶以爲晉之禍徵也。至永嘉末，六宮才人流冗沒於戎狄，內出外之應也，及天下撓亂，宰輔、方伯，

屬自聚於道（收於《搜神記·卷七·205》）、魏明帝景初二年，雌雞化爲雄（收於《搜神記·卷六·130》略有出入，見附註）〔註50〕、忠臣淳于伯被殺，旱三年（收於《搜神記·216》）〔註51〕、太康六年獻兩足猛獸（收於《搜神記·184》略有出入，見附註）〔註52〕、孫亮時「大石自立」（收於《搜神記·176》）、太安元年大石浮二百步（《搜神記·202》後大半同）、天紀三年，目茶與曹茶生之事（《搜神記》未收）〔註53〕、惠帝元康五年，呂縣流血（（收於《搜神記·198》）、元康末，窮凶極亂，僵屍流血（汪氏《搜神記》未收）〔註54〕、魏明帝青龍見郊之摩陂井（與《搜神記·118》近似，唯略有出入）〔註55〕。

以上黃氏自言：「案已上敘說，不無《晉書》文飾其辭，既引干寶曰，是

多負其任，又數改易，不崇實之應也。」（見清·黃奭《黃氏逸書考（三）》，頁2902）然《搜神記》考證「夫乘者君子之器，蓋君子立心無恆事，不崇實也」爲《宋志》所出；其後則以注釋方式，附註於後，但未標出自干寶何著作。汪紹楹校注《搜神記》，頁93～94。

〔註50〕《搜神記》以爲此事發生於漢宣帝，亦應於漢宣帝，並引《法苑珠林》以證出自干寶《搜神記》（汪紹楹注，頁76）；而清·黃奭《黃氏逸書考（三）》以爲此事發生於魏明帝，而應於漢宣帝，頁2902。

〔註51〕「愍帝建興四年十二月，景寅丞相府斬督運令史淳于伯，血逆流上柱二丈三尺，此赤祥也。是時後將軍諸袁鎮廣陵，丞相揚聲北伐，伯以督運稽留及役使贓罪，依軍法戮之，其息訴稱督運，事訖無所稽，乏受求役使，罪不及死，兵家之事先聲後實，實是屯戍非爲征軍，自四年已來，運漕稽停，皆不以軍興法論，僚佐莫之理，及有變司直彈劾眾官，元帝不問，干寶以爲冤氣也。」清·黃奭《黃氏逸書考（三）》，頁2904。

〔註52〕《黃氏逸書考（三）》所收，加有「六水數，言水數既極，火應將作，而金受其敗也，至元康九年，始殺太子，距此十四年，二七十四火始終相乘之數也，自帝受命至愍懷之廢凡三十五年焉。」，頁2903。

〔註53〕「天紀三年八月，建鄴有鬼，目茶於工黃狗庄，依緣棗樹，長丈餘，莖廣四寸，厚二分；又有曹茶生工吳平家，高四尺，如枇杷，形上圓徑一尺八寸，莖廣五寸，兩邊生葉綠色，東觀案名鬼，目作芝草，曹茶作平慮，遂以狗爲侍芝郎，平爲平慮郎，皆銀印青綬。干寶曰：『明年平吳，王濬止船，正得平渚，姓名顯然指事之徵也。黃狗者吳以土運承漢，故初有黃龍之瑞，及其季年而有鬼目之妖，託黃狗之家，黃稱不改，而貴賤大殊，天道精微之應也。』」見清·黃奭《黃氏逸書考（三）》，頁2903。

〔註54〕「元康末，窮凶極亂，僵屍流血之應也，干寶以爲後八載而封雲亂，徐州殺傷數萬人，是其應也。」見《黃氏逸書考（三）》，頁2903。

〔註55〕《搜神記》以爲漢惠帝時見二龍於井；但黃氏本則爲：「魏明帝青龍元正月甲申，青龍見郊之摩陂井中，九瑞興非時則爲妖孼，況困於井，非嘉祥矣，魏以改年非也，干寶曰：『自明帝終魏世青龍見者，皆其主廢興之應也。魏土運青木色，而不勝於金黃得位，青失位之象也，青龍多見者，君德國運內相剋伐也，故高貴鄉公卒敗於兵。』」見清·黃奭《黃氏逸書考（三）》，頁2904。

必干寶《晉紀》所有，故備錄之。」〔註56〕黃氏所取自言《晉書》，個人考探大抵不出《晉書・志・五行志》兼及上、中、下三部分，屬汪紹楹注本卷六及卷七，爲讖緯魏晉史事的範疇；汪氏本所據則爲明代胡元瑞從《法苑珠林》及諸類書中輯錄而成，最初刊行於海鹽胡震亨的《秘冊彙函》中，後來爲毛晉收入《津逮秘書》，至清嘉慶中，又爲張海鵬輯入《學津討原》第十六集，今所據爲《學津討原》一書。〔註57〕

　　《晉書・五行志》所列屬干寶注的部分，遂成《晉紀》、《搜神記》爭逐之地，如何取捨，據逯耀東《魏晉史學及其他》所言：〔註58〕

> 表現漢晉間思想轉變的另一特色，是〈方術傳〉的確立。……不僅范曄的《後漢書》（〈方術傳〉），有這一類的記載，在魏晉時代其他的史書也有這類的記載，因此這種在當時被稱爲「志異」的著作，是當時的一種非常流行的寫作形式。這種超越現實世界的異常現象，不僅僅被認爲是一種眞實的存在，而且被肯定爲歷史事實的一部分著錄史部。這類作品在唐宋以後才劃入小說的範圍，是由於魏晉玄學發展而促成的。

若往此方向考探，則干寶的《搜神記》與《晉紀》在此範疇重疊，自是在所難免，然收錄問題非本論文研究重點，思想的一貫性則是本研究須留意的部分。依今日《搜神記》後人逐條收攬之規模與內容的一致性及按年代有系統讖緯史事的完整性，今《晉書・五行志》所收，應與《搜神記》內涵吻合，故此部分個人處理上，將之視爲《搜神記》範疇，不列入史部範圍。此目的有二：東晉劉惔視干寶撰《搜神記》爲「鬼之董狐」，《晉紀》則爲干寶奉令撰著，目的乃在以史爲鏡「上敷祖宗之烈。下紀佐命之勳。務以實錄爲後代之準。厭率土之望。悅人神之心。斯誠雍熙之至美。王者之弘基也。宜備史官。」（《晉書・干寶傳》）〔註59〕故若能不借讖緯之力，更可透析干寶以一史官身份，對政治的諄諄示警；另即便兩者確實重複處，若將之置於《搜神記》，將可把干寶完整的讖緯觀，一併敘述。

　　因之，今取《黃氏逸書考（三）》所收《晉紀》，計有：完整《晉紀・總

〔註56〕清・黃奭《黃氏逸書考（三）》，頁2904。

〔註57〕見晉・干寶撰・汪紹楹校注《搜神記》（台北：里仁書局1982年），出版說明。

〔註58〕逯耀東《魏晉史學及其他》（台北：東大圖書股份有限公司1998年），頁56～57。

〔註59〕唐・房玄齡《晉書・干寶傳》收錄於《二十五史》（新文豐），頁1394。

論》、《晉紀論晉武帝革命論》及相關附注，今就此部分，探研干寶於《晉紀》中展現的思想。

第三節　《晉紀》蘊含的思想內涵

通部《晉紀》現僅存〈總論〉與〈晉武帝革命論〉兩篇內容較完整，資料雖不多，但《周易》注一貫陽主陰輔的核心價值、反玄護儒的思維，已一覽無遺地展現其中。以下即逐條分析其蘊含的中心思想：

一、強調君命與人德的重要性

自君權神授觀倡行以來，人德遂成為國君得位與否的重要關鍵，亦即「天人感應」須應之以德，德不修，今君所受天命，將為下任有德者所取代。首先，舉干寶《晉紀‧論晉武帝革命》之言：

> 帝王之興，必俟天命，苟有代謝，非人事也。文質異時，興建不同，故古之有天下者，柏皇栗陸以前，為而不有，應而不求，執大象也。鴻黃世及，以一民也。堯舜內禪，體文德也。漢魏外禪，順大名也。湯武革命，應天人也。高光爭伐，定功業也。各因其運而天下隨時，隨時之義大矣哉！古者敬其事則命以始，今帝王受命而用其終，豈人事乎？其天意乎？

開宗明義宣明決定帝王即位關鍵者在「天命」，而非人事。並舉上古無為之君，鴻黃、堯舜等賢君得位者為例，大體而言，這些國君或得民望或受禪代得天下，是「應天人」得位；至漢魏干寶極有技巧言「漢魏外禪，順大名也」，後遂得一結論「各因其運而天下隨時，隨時之義大矣哉」，因文質異時，興建不同，故不論取自文德堯舜之屬，或武力而得位，如：湯武、漢高、光武之屬，皆隨時而得，亦是應天人哉！無疑標舉晉武帝得天下來自「隨時」，是褒；但由《晉紀‧總論》：「二祖（晉宣景二帝）逼禪代之期，不暇待三分八百之會也，是其（晉）創基立本，異於先代（周）者也。」一語，我們即可看出干寶話中有話，首先見《周易‧隨》：「隨，元亨。隨時之義大矣哉！」《隨》卦真義在享「元亨」之惠，然若得天下卻未應時，則反之；再由《文選‧論晉武帝革命》論及：「堯舜內禪，體文德也，漢魏外禪，順大名也」註引謝靈運之言：「晉書禪位表曰：夫唐、虞內禪，無兵戈之事，故曰文德。漢、晉外禪，

有竅伐之事，故曰順名。以名而言，安得不僭稱以爲禪代邪？」〔註60〕由「竅伐之事」更可清晰見出干寶服膺天命，但更強調天命來自君德，方得以相應，故其最後數語「古者敬其事則命以始，今帝王受命而用其終，豈人事乎？其天意乎？」諷刺意味極強。再由《晉紀・總論》，干寶藉周史與西晉史相較更可清晰見得干寶對君德天命的深意：

周

昔周之興也，……起於后稷。……故其詩曰：「思文后稷，克配彼天。」……至于公劉遭狄人之亂，去邰之齒，身服厥勞。故其詩曰：……「陟則在巘，復降在原」，以處其民。以至于太王爲戎翟所逼，而不忍百姓之命，杖策而去之。周民從而思之，曰：「仁人不可失也」，故從之如歸市。……以至于王季，能貊其德音。故其詩曰：「克明克類，克長克君，載錫之光。」……至于文王，備修舊德，而惟新其命。由此觀之，周家世積忠厚，仁及草木，內睦九族，外尊事黃耇，養老乞言，以成其福祿者也。

故自后稷之始基靜民，十五王而文始平之，十六王而武始居之，十八王而康克安之，故其積基樹木，經緯禮俗，節理人情，恤隱民事，如此之纏綿也。爰及上代，雖文質異時，功業不同，及其安民立政者，其揆一也。（干寶《晉紀・總論》）

晉

昔高祖宣皇帝以雄才碩量，應運而仕，值魏太祖創基之初，籌畫軍國，嘉謀屢中，遂服輿軫，驅馳三世。性深阻有如城府，而能寬綽以容納，任數以御物，而知人善采拔。……能西禽孟達，東舉公孫淵，內夷曹爽，外襲王凌，神略獨斷，征伐四克。……軍旅屢動，邊鄙無虧，於是百姓與能，大象始構矣。

世宗承基，太祖繼業，玄豐亂內，欽誕寇外，……淮浦再擾，而許洛不震，咸黜異圖，用融前烈。三關電掃，劉禪入臣，天符人事，於是信矣。始當非常之禮，終受備物之錫，名器崇於周公，權制嚴於伊尹。

至於世祖，遂享皇極。正位居體，重言慎法，仁以厚下，儉以足用；

〔註60〕梁・蕭統編、唐・李善注《文選》（台北：華正書局1994年），頁637。

和而不弛，寬而能斷。故民詠惟新。四海悅勸矣。聿修祖宗之志，思輯戰國之苦，……而獨納羊祜之策，……遂排群議而杖王杜之決，……役不二時，江湘來同。夷吳蜀之壘垣，通二方之險塞，掩唐虞之舊域，班正朔於八荒太康之中。天下書同文，車同軌。牛馬被野，餘糧棲畝，行旅草舍，外閭不通。民相遇者如親，其匱乏者，取資於道路，故于時有天下無窮人之諺。雖太平未洽，亦足以明吏奉其法，民樂其生，百代之一時矣。（干寶《晉紀‧總論》）

干寶列舉周代君王自后稷始，行文德之政，故「克配彼天」；公劉時代則「身服厥勞」、「以處其民」；太王時期則不忍百姓受苦，自行離位而去，但百姓『『仁人不可失也』，故從之如歸市」；至王季時代則「克明克類，克長克君」，是非分，教化行，君德盡；至于文王，則言「備修舊德，而惟新其命」，周以舊邦，得新命於商後。周之歷主無不以德受民載，而天命自生。所以干寶總結「周雖舊邦，其命惟新」的關鍵在「安民立政」。

反之，見晉朝諸王：晉高祖司馬懿歷侍魏武帝、魏文帝、魏明帝，既能策畫又能用人，擒蜀漢之孟達及為除異己則平叛軍燕王公孫淵、內誅曹爽、外襲王凌，「神略獨斷，征伐四克」、「百姓與能」，干寶標舉高祖者皆為「能」；至於世宗司馬師及太祖司馬昭，則承襲父業，面對異己李豐、夏侯玄、文欽與諸葛誕的叛亂，皆能承高祖之餘烈，一一平撫；對外更收服劉禪，最後受到主上的恩賜，「名器崇於周公，權制嚴於伊尹」，以周公、伊尹為比，非比其德，而是比其位高權重，故干寶言世宗所承仍是司馬氏之「能」；對世祖司馬炎的著墨，先以「德」言美，言其用法亦行仁，並嘉以「民詠惟新」，作比「周雖舊邦，其命惟新」的周朝（《毛詩‧大雅‧文王》）〔註61〕；並舉採羊祜、王濬、杜預伐吳之謀，以標舉其夷蜀通吳之功業，遠遠高過唐虞時期；至太康年間創曆法、訂制度，百姓「外戶不閉」、富庶安康，並言「吏奉其法，民樂其生」，而讚美以「百代一時」、民生富庶、民風淳樸之美言，可謂德能兼備。

大體而言，干寶言司馬氏開國前後之主共同點皆「能」，何以干寶對晉朝前數祖只稱「能」，不言德？實以當年晉高祖除異己曹爽、王凌的不擇手段也。干寶《晉紀‧注高祖宣帝》曰：「高祖與曹爽俱受遺輔政。爽橫恣日甚，

〔註61〕 漢‧毛亨傳；鄭玄箋；唐孔穎達疏《毛詩正義‧大雅‧文王》收錄於《十三經注疏》（台北：大化書局 1989 年），頁 1083。

高祖乃奏事永寧宮，廢爽兄弟，以侯歸第。有司奏黃門張當辭道爽反狀，遂夷三族。」又注曰：「東襲太尉王淩于壽春。初，淩以魏主非明帝親生，且不明也，謀更立楚王彪。淩聞軍至，面縛請降。高祖解縛，反服見之，送之京都，飲藥而死。」（《晉紀‧注高祖宣帝》）至於世宗除李豐，太祖除諸葛誕皆同出一轍。《晉紀‧注世宗景帝》注曰：「中書令李豐推太常夏侯玄謀廢大將軍。世宗聞之，乃遣王羨迎豐至，世宗責之。豐知禍及，遂肆惡言，勇士築殺之，皆夷三族。」又曰：「鎮東大將軍諸葛誕貳于我，太祖親率六軍東征，拔之，斬誕首，夷三族也。」（《晉紀‧注太宗文帝》）收服異己，嚴峻無德；權重而德不足正是亂象之根源，亦是晉朝開國異於周代之因。

　　至武帝登基，確實有過一段承平之治，然事實上未能守之：武帝得天下後，貪享樂，鼓動奢風；〔註62〕且多冗官，荒廢政務；〔註63〕誤立太子，所託非才；〔註64〕寵元后誤立惠帝之妻賈氏等。〔註65〕因之《晉書》給予今昔

〔註62〕　「崇塗屋以椒，愷用赤石脂。崇愷爭豪如此，武帝每助愷。嘗以珊瑚樹賜之，高二尺許。枝柯扶疏，世所罕比。愷以示崇，崇便以鐵如意擊之，應手而碎。」（《晉書‧石崇傳》收錄於《二十五史》（新文豐）頁，682）武帝不僅未禁，更助長命臣之奢風。

〔註63〕　「舊都督有四，今并監軍，乃盈於十。夏禹敷土，分為九州。今之刺史幾加一倍。……而置郡縣，更朋空校，牙門無益宿，而虛立軍府。動有百數。……諸所寵給皆生於百姓。一夫不農，有受其饑。今之不農，不可勝計。縱使五稼並收，僅足相接。暫有災患，便不繼贍。以為當今之急，先并官省事，靜事息役；上下用心，惟農是務也。」《晉書‧傅咸傳》收錄於《二十五史》（新文豐）頁，885武帝得天下後，任由冗官賤侵民食，任官從軍者眾多，務農者頓減，上下已失「務農」之國本；「初，曾侍武帝宴退，而告遵等曰：『國家應天受禪，創業垂統。吾每宴見，未嘗聞經國遠圖，惟說平生常事，非貽厥孫謀之兆也。及身而已，後嗣其殆乎！此子孫之憂也。汝等猶可護沒。』指諸孫曰：『此等必遇亂亡也。』」（《二十五史‧晉書‧何遵傳》（新文豐）頁，677）何曾本身為一奢華之人，尚有此憂患，晉武帝竟沈迷逸樂而不自知，足見昏亂之至。

〔註64〕　武帝私心立惠帝為太子，既無遠略，又靡爛走板：「惠帝之為太子也，朝廷咸不堪政事……及居大位，政出群下，綱紀大壞，貨賂公行，勢位之家以貴陵物，忠賢路絕，讒邪得志，更相薦舉，天下謂之互市焉。……及天下荒亂，百姓餓死，帝曰何不食肉糜，其蒙蔽皆此類也。《晉書‧惠帝紀》收錄於《二十五史》（新文豐）頁，76～77。

〔註65〕　泰始七年惠帝母親元后，一心屬意賈女為媳婦。武帝曰：「衛公女有五可，賈公女有五不可。衛家種賢而多子，美而長白。賈家種妒而少子，醜而短黑。」《晉書‧惠賈皇后傳》收錄於《二十五史》（新文豐）頁，653）武帝仍順元后之意，立賈后；另明知惠帝無能，卻冀望惠帝子司馬遹，因之捨齊王攸，而立惠帝。

不同評價：

> 帝宇量弘厚，造次必於仁恕；容納讜正，未嘗失色於人；明達善謀，能斷大事。故得撫寧萬國，綏靜四方，平吳之後，天下逸安，遂怠於政術，耽於遊宴，寵愛后黨，親貴當權，舊臣不得專任，彝章紊廢，請謁行矣。爰至末年，知惠帝弗克負荷，然恃皇孫聰睿，故無廢立之心。（《晉書·武帝紀》）〔註66〕

創業之初，「宇量弘厚」、「明達善謀」，但得天下之後，卻是「怠於政術」、「耽於遊宴」、「彝章紊廢」、寵用失準，今非昔比。回觀干寶，亦於〈總論〉美讚武帝初始創國之功，但對其日後的缺失，則隱言於「樹立失權，託付非才，四維不張，而苟且之政多也。」（《晉紀·總論》）另《晉紀》自注中，亦可見端倪：

> 鍾會、鄧艾將伐蜀與劉寔別，客謂寔曰：「二將當破蜀否？」寔曰：「必破但皆不還。」客問其故？寔曰：「治道在於克讓，因著《崇讓論》」。曰：「季世不能讓賢，虛謝見用之恩，莫肯讓于勝己？」（《晉紀·注羊祜》）

> 武帝詔曰：「散騎常侍中軍將軍羊祜，秉德清勁，經緯文武，雖處腹心之任，不總樞機之重，非垂拱無為，委任責成之意也，以祜為尚書左僕射衛將。」（《晉紀·注羊祜》）

當年鄧艾與鍾會合作破蜀，後兩人不合，鍾會先向司馬昭離間鄧艾後己又自叛，鍾會死，衛瓘懼於——被捕未死之鄧艾，可能危及自身，故殺之，兩人皆嶄露頭角太過，但不知讓，故遇上設防手下之司馬昭，更顯危機四伏。另一則武帝大讚羊祜「處腹心之任，不總樞機之重」，能臣而不居功，正是良臣的首選，可見司馬氏治國掌權，排除異己之切，由此即可理解劉寔《崇讓論》的弦外之音，褒貶寓其中，此即干寶《晉紀》廣受重視之因。

另干寶再由得位時機，比較周、晉兩朝創基業之初祖，德性異同：

周

> 於是天下三分有二，猶以服事殷，諸侯不期而會者八百，猶曰天命未至。以三聖之智，伐獨夫之紂，猶正其名教曰「逆取順守，保大定功，安民和眾」。猶著大武之容曰「未盡善也」。（《晉紀·總論》）

〔註66〕唐·房玄齡（《晉書·武帝紀》收錄於《二十五史》（新文豐）頁，60～61。

晉

> 宣景遭多難之時，務伐英雄，誅庶桀以便事，不及脩公劉太王之仁
> 也。受遺輔政，屢遇廢置，故齊王不明，不獲思庸於亳；高貴沖人，
> 不得復子明辟；二祖逼禪代之期，不暇待參分八百之會也。是其創
> 基立本，異於先代者也。(《晉紀·總論》)

周在文武時代，擁有極高的民望與人脈，但仍服侍殷；八百諸侯來會盟，請
以伐帝紂，武王仍言「天命未至」；干寶結論言：武王伐獨夫之君，尚須言「逆
取順守，保大定功，安民和眾」；已彰顯〈大武〉的隆盛，〔註67〕仍言尚未盡
美，顯示周德在謙。

反觀晉朝宣帝、景帝遇上國家多難，故以爭伐始，原無法如公劉、太王
行仁得民望；同樣廢無德之君，湯之伊尹流放無德之君太甲，待改過後迎回；
而魏明帝崩，齊王芳即位，即遭受司馬景廢帝，永不得歸位；周有周公輔成
王，但魏齊王芳之後高貴鄉公即位，卻等不到「復子明辟」，顯然晉與商、周
接新位的手法各異。此即兩帝逼禪的時期，不如周武王的「八百諸侯之會」，
來得順天應人，因之兩者至後，保任天下的結果自是迥異。干寶不言明晉室
得位失德亦失時，但意涵明矣。故干寶作結：「二祖逼禪代之期，不暇待三分
八百之會也。」(《晉紀·總論》)正是爲此而發。

《世說新語》記載一段王導與晉明帝的對話：

> 王導、溫嶠俱見明帝，帝同溫前世所以得天下之由。溫未答，頃，
> 王曰：「溫嶠年少未諳，臣爲陛下陳之。」王乃具敘宣王（司馬懿）
> 創業之始，誅夷名族，寵樹同己，及文王之末高貴鄉公事。明帝聞
> 之，覆面著床曰：「若如公言，祚安得長！」(《世說新語·尤悔》)
> 〔註68〕

此則記載明帝聽完己之祖先宣王、文王創業之時，誅除異己與殺高貴鄉公一
事，愧然言說「祚安得長」，正是爲晉室初創失德的舉措，做一注解。再見干
寶論天下大治之法：

> 夫天下，大器也；群生，重畜也。愛惡相攻，利害相奪，器大者不

〔註67〕 清·江永「設兩觀，乘大路，朱干玉戚以舞大夏，八佾以舞大武，此皆天子
之禮也。」《禮書綱目·名器》收錄於《四庫全書珍本十二集》（台北：台灣
商務 1981 年），頁 41。
〔註68〕 余嘉錫《世說新語箋疏·尤悔·七則》，頁 900。

可以小道治，勢動者不可以爭競擾，古先哲王，知其然也。……百
姓皆知上德之生己，而不謂浚己以生也。……順乎天而享其運，應
乎人而和其義，然後設禮文以治之，斷刑罰以威之，謹好惡以示之，
審禍福以喻之，求明察以官之，篤慈愛以固之，故眾知向方，皆樂
其生而哀其死，悅其教而安其俗，君子勤禮，小人盡力，廉恥篤於
家閭，邪僻銷於胸懷。故其民有見危以授命，而不求生以害義，又
況可奮臂大呼，聚之以干紀作亂之事乎？理節則不亂，膠結則不遷。
是以昔之有天下者，所以長久也。夫豈無僻主，賴道德典刑以維持
之也。（干寶《晉紀·總論》）

「夫天下，大器也；群生，重畜也」干寶一語中的——有德君王是「重畜群
生」，反之若「愛惡相攻，利害相奪」唯利是尚，則天下自亂。並言「小道私
己」實不能得天下，另「爭競」則非應時而動之必然；百姓感念的是「皆知
上德之生己，而不謂浚己以生也」的國君。故干寶以為唯君德是尚，是治天
下不二法門，如此國君自能「順乎天而享其運，應乎人而和其義」；君王順天
應人後，再行以禮制法度教化，則「悅其教而安其俗」，民以德應自有廉恥生，
自然犯紀之事不生，亦即君有安民之德，加上禮法教化，民自能見危受命，
殺身成仁，強調的是「道之以德，有恥且格」（《論語·為政》）〔註69〕的重要
性。

　　整篇〈總論〉指出國君德備與否，自是周、晉功業異同之所在，但末語，
言懷、愍帝亦是受天命而來，「亦有徵祥，而皇極不建，禍辱及身，豈上帝臨
我，而貳其心，將由人能弘道，非道弘人者乎？」不離徵祥；在〈論晉武帝
革命〉「古者敬其事則命以始，今帝王受命而用其終，豈人事乎？其天意乎？」
干寶再次將人事與天意合論作結，無非在提醒諸帝「天視自我民視，天聽自
我民聽」（《尚書·泰誓》）〔註70〕，強調的是天命與人德的配合。

二、著重陰德之輔的必然性

　　在〈總論〉一文中，干寶強調《周易》一重要的觀念「陰出地上，佐陽
成物，臣道也，妻道也」（《周易·坤卦·文言》）〔註71〕；干寶以極大篇幅在

〔註69〕魏·何晏注；宋邢昺疏《論語·卷二·為政》收錄於《十三經注疏》，頁16。
〔註70〕漢孔安國傳；唐孔穎達疏《尚書·泰誓》收錄於《十三經注疏》，頁155。
〔註71〕魏王弼注；孔穎達疏《周易·坤卦·文言》收錄於《十三經注疏》，頁21。

女德檢討上，但若把西晉敗亡之因，全歸於晉室數位皇后專權、外戚專政的原因上，則有違干寶史家的見地，干寶是將女德一併歸爲輔德之列與臣德合論，兩者不同的是——前者（后妃之德）是局部的檢討，後者（視爲輔德）則是全面的反思。此即干寶《晉紀・總論》歸結東晉諸多敗亡之因，最後總言：「其所由來者漸矣，豈特繫一婦人之惡乎」之眞意。

周

> 而其妃后躬行四教，尊敬師傅，服澣濯之衣，脩煩辱之事，化天下以婦道。故其詩曰：「刑于寡妻，至于兄弟，以御于家邦。」是以漢濱之女，守絜白之志；中林之士，有純一之德。故曰：「文武自天保以上治内，采薇以下治外，始於憂勤，終於逸樂。」……。及周公遭變，陳后稷先公風化之所由，致王業之艱難者，則皆農夫女工衣食之事也。故自后稷之始基靜民，十五王而文始平之，十六王而武始居之，十八王而康克安之，爰及上代，雖文質異時，功業不同，及其安民立政者，其揆一也。（《晉紀・總論》）

晉

> 婦女莊櫛織紝女金反，皆取成於婢僕，未嘗知女工絲枲胥里反之業，中饋酒食之事也。先時而婚，任情而動，故皆不恥淫佚之過，不拘妒忌之惡。有逆于舅姑，有反易剛柔，有殺戮妾媵，有黷亂上下，父兄弗之罪也，天下莫之非也。又況責之聞四教於古，修貞順於今，以輔佐君子者哉！（《晉紀・總論》）

周之后妃躬行四教，尊敬師長教誨，掌持家務，以盡天下婦人之道。所以干寶引《詩經・大雅・思齊》之言：「刑于寡妻，至于兄弟，以御于家邦。」[註72] 以后妃之德，推及天下之德，並以此外推於兄弟、君臣…… 等五倫之序，定邦國，如此自能民風淳厚，「是以漢濱之女，守絜白之志；中林之士，有純一之德。」男女無逾越之節，志士有忠心之志。再見干寶言「文武自天保以上治內」一句，即指《詩經・小雅》自〈鹿鳴〉篇始至〈天保〉止，用以治內的篇章，大抵六篇：〈鹿鳴〉、〈四牡〉、〈皇皇者華〉、〈天保〉言君臣相處之道；〈常棣〉論管蔡失道，言兄弟之情；〈伐木〉則言對故友不遺，故「民德

[註72] 漢・毛亨傳；鄭玄箋；唐孔穎達疏《毛詩正義》收錄於《十三經注疏》，頁1545。

歸厚」，〔註73〕強調的是君主臣輔、宗子輔與君德民厚的必要關聯性，故至此我們更可清楚理解，干寶注《易經》提女德；《晉紀‧總論》歸結女德，並非單純強調女德，而是將之視爲陰柔輔者之始，由此夫婦關係外推——君臣、父子、兄弟之道，若此則必無外戚、宗子、人臣之禍。又周公遭變，仍承周朝先主的風教，奉「農夫女工衣食之事」，女工即女德之範疇，而「農夫衣食」則是百工，可見周公在遭變後，陰輔之則不敢稍懈，令各業各司其職，自能達到「安民立政」的境地，這是人臣之責，此即干寶慣常把女德與臣德合論，以彰顯輔者之責，最終落實五倫之序，將此視爲天下大治之基業。

另值得一提的是，何以干寶在此不提成王，而著重輔臣周公的著墨，實乃再次印證其在《坤‧六五爻辭》：「黃裳元吉」所注：「陰登於五，柔居尊位，若成昭之主，周霍之臣也。百官總己，專斷萬幾；雖情體信順，而貌近僭疑，周公其猶病諸。言必忠信，行必篤敬，然後可以取信於神明，無求於四海也。」強調輔者守柔的至貴性。周公爲儒家輔臣的典範，所謂「遭變」是指遭管叔、蔡叔造謠篡權的流言所傷，〔註74〕但周公不改其志，至終輔佐成王以成帝業，因之，干寶在此以周公代成王言治道，無非彰顯輔臣之德，爲陰輔之最佳典範。

糾舉晉朝，后妃不諳女工及廚房之務，男女關係「任情而動」，故有早婚者不以爲恥，亦少受阻遏；性情剛烈，反陰柔之性，違逆公婆、丈夫，擾亂尊卑之序，父兄時人亦視而不糾。其至末以女德應爲「聞四教於古，修貞順於今，以輔佐君子者哉！」作結，可知，「貞順」、「輔君」是干寶對女德的期待，再次得證干寶以女德爲陰輔之代表。

周公是人臣陰輔的典範，那麼反觀晉朝輔臣的表現：

> 武皇既崩，山陵未乾，楊駿被誅，母后廢黜，朝士舊臣，夷滅者數

〔註73〕〈鹿鳴〉〈序〉曰：「鹿鳴，燕群臣嘉賓也。……然後忠臣嘉賓得盡其心矣。」；〈四牡〉〈序〉曰：「勞使臣之來也。有功而見知，則說矣。」〈皇皇者華〉〈序〉曰：「君遣使臣也。送之以禮樂，言遠而有光華也。」〈常棣〉〈序〉曰：「燕兄弟也。閔管、蔡之失道，故作常棣也。」〈伐木〉〈序〉曰：「燕朋友故舊也。……不遺故舊，則民德歸厚矣。」〈天保〉〈序〉曰：「下報上也。君能下下，以成其政，臣能歸美，以報其上焉。」漢‧毛亨傳；鄭玄箋；唐孔穎達疏《毛詩正義》收錄於《十三經注疏》（新文豐），頁865～907。

〔註74〕「周武王崩，武庚與管叔蔡叔作亂，成王命周公誅之，而立微子於宋，以續殷後焉。」西漢‧司馬遷《史記‧殷本紀》收錄於《二十五史》（新文豐），頁54。

十族。尋以二公楚王之變，宗子無維城之助，而閼伯實沈之郤歲構；師尹無具瞻之貴，而顛墜斁辱之禍日有。至乃易天子以太上之號，而有免官之謠，禪位于趙王倫，民不見德，唯亂是聞，善惡陷於成敗，毀譽脅於勢利。於是輕薄干紀之士，役姦智以投之，如夜蟲之赴火。內外混淆，庶官失才，名實反錯，天網解紐。國政迭移於亂人，禁兵外散於四方，方岳無鈞石之鎮，關門無結草之固。……二十餘年而河洛為墟。戎羯稱制，二帝失尊，山陵無所。何哉？樹立失權，託付非才，四維不張，而苟且之政多也。（《晉紀·總論》）

武帝一死，先有外戚楊駿被殺，皇太后被廢免之事；接著時有大臣因糾舉宗子之禍而被滅門〔註75〕；至後八王之亂生，以致「宗子無維城之助，而閼伯實沈之郤歲構」，兄弟如五帝時期高辛氏之二子閼伯、實沈般鬩牆；大臣「無具瞻之貴，而顛墜斁辱之禍日有」，朝廷命臣人人自危，因之有「天子以太上之號，而有免官之謠」。果真諷事出現，趙王倫篡晉惠帝之位，〔註76〕宗子非宗子以私己為尚，臣子人人自危紛紛另謀投效，自此價值觀改變——「善惡陷於成敗，毀譽脅於勢利」，是非毀譽唯利是尚；內無良臣，外釁必陷，於是內有李辰、石冰，外有劉淵、王彌之擾，「名實反錯」以致外族為帝，愍帝與懷帝失去尊位，死無葬身之所〔註77〕。干寶歸咎其因：「樹立失權，託付非才，四維不張，而苟且之政多也。」此結語乃針對武帝而來，所糾舉者為武帝私心，欽點無能的晉惠帝為傳人，並大封同姓宗親；加上任臣失據；又名實反錯、法制不彰；故「苟且之政多也」，德紀不彰，自然顯露無遺。前二者屬「能」，第三者屬「制度」，後者屬「德」。這與干寶〈總論〉論武帝初創基業，民生富庶，自是不可同日而語。干寶以一嚴苛的史官身份，督責西晉諸帝，言武帝之初功是彰顯的，但其過則是隱微於此四句中，既寓褒貶，亦還原史事真

〔註75〕干寶《晉紀·注孟觀》：「太子太傅孟觀知中宮旨，因譖二公欲行廢立之事。楚王瑋殺太宰汝南王亮、太保衛瓘。張華以二公既亡，楚必專權，使董猛言於后，遣謁者李雲宣詔免瑋付廷尉。瑋以矯詔伏誅。」

〔註76〕《文選》註引臧榮緒《晉書》曰：「惠帝永寧二年，禪位于趙王倫，倫以兵留守衛，上號曰太上皇，改金墉曰永昌宮。」中書令繆播云：「太史案星變事，當有免官天子。」晉室宗子以禪位為美名，實行篡位之實。梁·蕭統編、唐·李善注《文選》，頁689。

〔註77〕干寶《晉紀·注孝愍帝》：「劉曜寇長安，劉粲寇於城下，天子蒙塵於平陽矣。」；《晉紀·注劉曜》：「劉曜入京都，殺大將軍吳王晏，光祿大夫晚陵王，其餘官僚僵尸塗地，百一遺一。」

象，論斷客觀。

　　既后妃之德是陰輔的開始，而晉朝女子「反易剛柔」、「黷亂上下」，自無法「修貞順於今，以輔佐君子者」故晉朝出現的亂象──由后妃失德，外推宗子反目、大臣爲己，人人以「善惡陷於成敗，毀譽脅於勢利」爲價值觀，自是必然。此即干寶所言，晉室「朝寡純德之士，鄉乏不二之老，風俗淫僻，恥尚失所」（干寶《晉紀·總論》）之來由。

　　干寶《晉紀》另一重要突破，則是《晉紀》中對該人物所下的補注，此注或以補不足，或特爲人物明志節，干寶所著力處，亦相對可見干寶內在思想趨向。干寶在自注中提及曹魏大臣陳泰：

> 高貴鄉公之殺，司馬文王會朝臣謀其故。太常陳泰不至，使其舅荀顗召之。顗至，告以可否。泰曰：「世之論者，以泰方於舅，今舅不如泰也。」子弟內外咸共逼之，垂涕而入。王待之曲室，謂曰：「玄伯，卿何以處我？」對曰：「誅賈充以謝天下。」文王曰：「爲我更思其次。」泰曰：「泰言惟有進於此，不知其次。」文王乃止。（《晉紀·注太祖文帝》）

高貴鄉公乃文王所立的傀儡皇帝，見帝權日失，乃欲親自殺司馬昭，但後爲司馬昭心腹賈充，示意成濟殺之，事後文王假意吃驚，陳泰爲此事不早朝，至後受逼入宮，文王問此事該如何處置，陳泰回以「誅賈充」，痛快淋漓，令文王無言。不直言文王之非，然盡顯文王過當之舉；又「子弟內外咸共逼之」更顯司馬氏的強勢作風，已人人自危，家族自保；再者由其對陳泰不懼強權的著墨，更見干寶對陳泰直言的欣賞。

　　另由其對諸葛瞻的評價與他人相較，自能見出不同：

> 瞻雖智不足以扶危，勇不足以拒敵，而能外不負國，內不改父之志，忠孝存焉。（《晉紀·注諸葛瞻》）

> 尚歎曰：「父子荷國重恩，不早斬黃皓，以致傾敗，用生何爲！」乃馳赴魏軍而死。（《諸葛忠武書》引《華陽國志》）〔註78〕

> 瞻字思遠，……，蜀人追思亮，咸愛其才敏，每朝廷有一善政佳事，雖非瞻所建倡，百姓皆傳，相告曰：葛侯之所爲也，是以美聲溢譽，有過其實。……，瞻督諸軍至涪停住，前鋒破退，還住綿竹，艾遣

〔註78〕明·楊時偉《諸葛忠武書》收錄於《文津閣四庫全書》，頁50。

> 書誘瞻曰：若降者必表爲琅瑘王，瞻怒斬艾使，遂戰大敗，臨陣死
> 時年三十七，瞻長子尚，與瞻俱沒。(《諸葛忠武書》)〔註79〕

諸葛瞻爲蜀臣諸葛亮之子，敗於魏將鄧艾之手，《華陽國志》與《諸葛忠武書》
各指其過，干寶不標榜魏室之功，卻獨憐瞻膽識不足，並給予「忠孝」存焉
的美名。再見其對姜維之注：

> 姜維爲蜀相，國亡主辱弗之死，而死於鍾會之亂，惜哉！非死之難，
> 處死之難也。是以古之烈士，見危授命，投節如歸，非不愛死也，
> 固知命之不長而懼不得其所也。(《晉紀・注姜維》)

> 會與維書曰：君侯以文武之德，懷邁世之畧，功濟巴漢，聲暢華夏，
> 遠近莫不歸名，每惟疇昔，嘗同大化。吳札、鄭僑能喻斯好，維不
> 答書，列營守險，會不能克。糧運縣遠，將議還歸，而鄧艾自陰平
> 由景谷道傍入，遂破諸葛瞻於縣竹，後主請降於艾，艾前據成都，
> 維尋被後主敕令，乃投戈放甲詣於涪。軍前將士咸怒，拔刀斫石。
> 干寶晉記云，謂維曰：來何遲也？維正色流涕曰，今日見此爲速矣，
> 甚奇之，會厚待維等，皆權還其印號節蓋。會與維出則同輿，坐則
> 同席，謂長史。杜預曰：以伯約比中土名士，公休太初不能勝也。

> 世語曰：時蜀官屬皆天下英俊，無出維右。(《諸葛忠武書》)〔註80〕

鍾會欣賞姜維，示意歸化，姜維未理；至後後主令姜維投降，鍾會對姜維言
「來遲」，姜維回以「速矣」，盡顯人臣之忠；但至後姜維爲鍾會所感，助鍾
會叛司馬氏，以至不敵而死。干寶爲姜維惋惜，該死於「國亡主辱」之時，
方謂死得其所，可見忠臣觀念之深厚。

> 諸葛誕爲司馬昭所誅，麾下數百人坐不降，見斬皆曰：爲諸葛公死
> 不恨。魏志所記，止於如此。而注引干寶晉記云：數百人拱手爲列，
> 每斬一人輒降之竟不變，至盡時，人比之田橫，此幾大過也。當時
> 既知其不可，屈則騾殺之矣，何至一一遍問，而數百人者雖信感恩，
> 亦不應盡能如此。然而通鑑取之，豈多愛不忍，雖溫公未免歟。劉
> 子翬不信田橫客俱死事，以爲溢美之言，予於此亦云。(《滹南集》)
> 〔註81〕

〔註79〕明・楊時偉《諸葛忠武書》收錄於《文津閣四庫全書》，頁 50。
〔註80〕明・楊時偉《諸葛忠武書》收錄於《文津閣四庫全書》，頁 63。
〔註81〕金・王若虛《滹南集》收錄於《文淵閣四庫全書》，頁 414。

王若虛以爲，干寶對諸葛誕一死的陳述，有失眞過飾之嫌；然《通鑑》取之，實與干寶同是「多愛不忍」於諸葛誕之亡。此正得見干寶標舉忠烈之心，實不同於一般，在在顯示干寶對恭忠體國者之敬重。

三、強化返儒貶玄的必要性

漢武帝「獨尊儒術，罷黜百家」，到董仲舒的「天人感應」說，將儒家推向極致的權威；曹氏時代篡漢自立唯才是舉，刑名是尚，德已非取才之首要；至標舉儒家的司馬氏權霸魏室，大行權攬之事實，操持忠孝的口號，所行僅有禮法之外衣，而失仁厚之內涵，因之，嵇康才痛心言說：

> 大道陵遲，乃始作文墨，以傳其意，區別群物，使有族類；造立仁義，以嬰其心，制其名分，以檢其外；……六經以抑引爲主，人性以從欲爲歡。抑引則違其願，從欲則得自然。然則自然之得，不由抑引六經；全性之本，不須犯情之禮律；故仁義務於理僞，非養眞之要術，廉讓生爭奪，非自然之所出也。（嵇康·《難自然好學論》）
> 〔註82〕

嵇康指責的是僞情的禮法，推崇的是全性養眞的眞性情，訴求的是名教之外的解放。然回觀干寶於〈總論〉一文，花了不少篇幅論政治、社會及學術等方面的缺失，其中正中要害抨擊玄談流弊，狠切展現其衛儒的決心：

> 是以目三公以蕭杌之稱，標上議以虛談之名，劉頌屢言治道，傅咸每糾邪正，皆謂之俗吏。其倚杖虛曠，依阿無心者，皆名重海內。若夫文王日昃不暇食，仲山甫夙夜匪懈者，蓋共嗤點以爲灰塵，而相詬火候反病矣。由是毀譽亂於善惡之實，情慝奔於貨慾之塗，選者爲人擇官，官者爲身擇利。（《晉紀·總論》）

干寶的思想除言主輔關係外，極重視風俗教化與時代價值觀對國家的影響，當時尚老莊、六經不習、賤名儉、輕節義、鄙居正、好空無、笑勤實，〔註83〕如此名不正、禮義不興、正道不生的結果，源自尚虛無、是非不分；而尚虛

〔註82〕魏·嵇康《嵇中散集》收錄於《人人文庫》（台北：臺灣商務印書館1972年），頁52。

〔註83〕「學者以莊老爲宗，而黜六經，談者以虛薄爲辯，而賤名儉，行身者以放濁爲通，而狹節信，進仕者以苟得爲貴，而鄙居正，當官者以望空爲高，而笑勤恪。」（《晉紀·總論》）清·黃奭《黃氏逸書考》（三）（京都：中文出版社1986年10月），頁2889。

造成名實不符，無德造成是非不分，因之投機、多貪求官的亂象必生。前者已將孔子「君君、臣臣、父父、子子」的正名觀打破，徹底瓦解儒家至始陽主陰輔的人倫觀，因之干寶又指出：

> 故觀阮籍之行，而覺禮教崩弛之所由；察庾純賈充之事，而見師尹之多僻。（姦邪）考平吳之功，知將帥之不讓；思郭欽之謀，而悟戎狄之有釁。覽傅玄劉毅之言，而得百官之邪；核傅咸之奏，錢神之論，而睹寵賂之彰。（《晉紀・總論》）

放浪取代禮教，內官多姦，外將不讓，外患滋生，上下寵賂多貪，於是積極、責任、禮義、互讓的精髓已失，衍生出虛無、逃避、放浪卻又多貪好進的反向社會。干寶訴求的是名理的敬謹，於是名理與玄談在魏晉學術、政治上對峙並共存著。探究其因，江師建俊立論中肯：〔註84〕

> 假莊之不仕為拱默，推闡莊之剝剝仁義禮法為縱任不拘，此馳騖莊說，迷而不返者，充滿於士流間，且多任要職，造成朝綱不振。而規規小儒則援儒家禮教以矜持於周旋揖讓、檢名定分之形式中，僵化或遺失了儒家明德致善、立己達人之精義，⋯⋯儒道之衰即此，故可說莊子弊於「未有玄心，徒利放恣」之士；孔儒之教則壞於「洪生」之抱殘守缺。

假莊者託言莊子的無為、自然，為不仕、不言德義的藉口；攬權的執政者則一心只望借禮教來規範尊卑秩序，於是兩相失衡，兩者共立。而干寶的時代，已過張蓓蓓所言，東漢「研讀道家典籍，看重清虛玄默的人品」清議、尚節的時代，〔註85〕晉室是過放與私我相生的時代：〔註86〕

> 吾嘗謂晉代士大夫之沽名釣譽有似東漢士大夫。但東漢士大夫矯飾

〔註84〕 江師建俊〈阮籍「達莊」、郭象「隱莊」、王坦之「廢莊」在魏晉莊學發展中的意義〉（《六朝學刊・第二期95年8月》），頁158。

〔註85〕 「東漢後期以來，由於政治為戚宦所壞，學術為章句讖緯所壞，士人感覺不滿，遂立意要加以改革；⋯⋯當時士風頗見激揚，一方面近乎游俠的義烈，一方面漸趨於名士的風流。⋯⋯三國皆屬行法治，曹魏甚至明白宣示用人重才不重德，⋯⋯社會上舊有的規模和價值標準都遭到了破壞，士人也多方受到摧挫裁抑；⋯⋯當時士人的標準生活態度，可以「縱情風雅，游心道術」八字盡之。他們多在不違忤當道的原則下從事人生藝術的追求，注重文學與藝術的創作，⋯⋯他們也從事研讀道家典籍，看重清虛玄默的人品。」張蓓蓓《東漢士風及其轉變》（台北：國立臺灣大學出版委員會1985年），頁177～178。

〔註86〕 薩孟武《中國社會政治史（二）》，頁195。

其行，乃表示其尊重禮教。晉代士大夫則以違反禮教爲放達，有的好貨，有的好色，世人不之恥也，反視爲風雅之事。此蓋東漢之時，儒學尚盛，魏晉之際，列子思想方興，而世道多虞，士大夫只求自全之策，不遵禮法，生活因之頹廢，實是時勢使然。（薩孟武《中國社會政治史》）

魏晉士大夫在「世道多虞」的時代，列子「私我」的思想與曹魏取才不取德的制度結合，於是「個人享樂主義」抬頭，假老莊之名反禮法，汲汲於個人利益，因之《晉書‧王導傳》言：

自魏氏以來，迄于太康之際。公卿士族，豪侈相高。政教陵遲，不遵法度。群公卿士，皆縻於安息。遂使姦人乘釁，有虧至道。

此風氣並非一時，而是經長期積累形成，故干寶言「子眞著崇讓而莫之省，子雅制九班而不得用，長虞數直筆而不能糾。」（《晉紀‧總論》）因之，「人以克己爲恥，士以無措爲通。時無履德之譽，俗有蹈義之愆」的廢莊論〔註87〕；「時禮讓未興，賢者壅滯，」少府劉寔著崇讓論〔註88〕；亦有「放者因斯，或悖吉凶之禮，而忽容止之表，瀆棄長幼之序，混漫貴賤之級」的崇有論〔註89〕；另「君子立行，應依禮而動，雖隱顯殊途，未有不傍禮教者也。若乃放蕩不羈，以肆縱爲貴者，非但動違禮法，亦道之所棄也」的崇檢〔註90〕

〔註87〕王坦之著廢莊論來自：「先王知人情之難肆，懼違行以致訟，故敦禮以崇化，日用以成俗。誠存而邪忘，利損而競息。若夫莊生者，其言詭譎，其義恢誕，眾人因藉之以爲弊薄之資。天下之善人少，不善人多，莊生之利天下也小，害天下也多。禮與浮雲俱征，僞與利蕩並肆。人以克己爲恥，士以無措爲通。時無履德之譽，俗有蹈義之愆，驟語賞罰不可以造次，屢稱無爲不可與適變，雖可用於天下，不足以用天下人」。唐‧房玄齡《晉書‧王坦之傳》收錄於《二十五史》（新文豐）頁，1278。

〔註88〕干寶《晉紀‧注劉寔》曰：「時禮讓未興，賢者壅滯，少府劉寔著崇讓論。」劉寔著崇讓論之由：「以世朋進趣，廉遜道闕，乃著崇讓論以矯之。……推讓之道興，則賢能之人日見推舉，爭競之心生，則賢能之人日見謗毀。」唐‧房玄齡《晉書‧劉寔傳》收錄於《二十五史》（新文豐）頁，801。

〔註89〕西晉裴頠以崇有論破時之虛無：「悠悠之徒，……闡貴無之議，而建賤有之論。是以立言藉其虛無，謂之玄妙，處官不親所司，謂之雅遠，奉身散其廉操，謂之曠達，故砥礪之風，彌以陵遲。放者因斯或悖吉凶之禮，而忽容止之表，瀆棄長幼之序，混漫貴賤之級。其甚者至於裸裎言笑忘宜，以不惜爲弘士，行又虧矣」。唐‧房玄齡《晉書‧裴頠傳》收錄於《二十五史》（新文豐）頁，707。

〔註90〕江惇：「君子立行，應依禮而動，雖隱顯殊途，未有不傍禮教者也。若乃放蕩不羈，以肆縱爲貴者，非但動違禮法，亦道之所棄也，乃著崇檢論。」唐‧

之說，亦隨之而起。克己、履德、蹈義、守禮，一直是儒家所奉行，玄談者發展至後，是反其道而行。再見幾則當時衛道名理派者對玄談的憂心，即可見出兩者思想的對立性：〔註91〕

> 王衍不治經史，唯以莊、老虛談惑眾。（王隱《晉書》）

> 傅玄曰：「論經禮者，謂之俗生，說法理者，名爲俗吏。」（王隱《晉書》）

> 應瞻表曰：「元康以來，以儒術清儉爲群俗。」（劉謙《晉紀》）

> 應瞻表曰：「以宏放爲夷達。」（劉謙《晉紀》）

> 傅玄上疏曰：「魏文慕通達，而天下賤守節也。」（王隱《晉書》）

透過應瞻與傅玄此些衛道之士之上言，得以明晰可見儒教已非主流，清談已嚴重危及儒家禮義，更遑論儒家所標舉尚德的秩序觀，更甚他們在政治上更處處標舉的是「無君論」，以爲立君是失自然的舉措：

> 鮑生敬言……以爲「古者無君勝於今世」。故其著論云：「儒者曰：『天生烝民，而樹之君。』豈其皇天諄諄言，亦將欲之者爲辭哉？夫強者凌弱，則弱者服之矣；智者詐愚，則愚者事之矣。服之，故君臣之道起焉；事之，故力寡之民制焉。然則隸屬役御，由乎爭強弱而校愚智，彼蒼天果無事也。」（《抱朴子・詰鮑》）〔註92〕

> 阮籍說：「無君而庶物定，無臣而萬事理。」（阮籍〈大人先生傳〉）
> 〔註93〕

舉凡鮑敬言、阮籍，皆是無君的服膺者，而干寶一生致力推行輔者之道，而今魏晉虛無思想的大肆解放——無君、臣不臣、失序，將使儒家倫理秩序不得運行；另就時代言，我們皆知司馬氏初創「昔魏晉間，士流罕身全，高人

房玄齡《晉書・江惇傳》收錄於《二十五史》（新文豐）頁1019。

〔註91〕 李善注〈總論〉於「談者以虛薄爲辯，而賤名儉」、「行身者以放濁爲通，而狹節信」、「當官者以望空爲高，而笑勤恪」、「劉頌屢言治道，傅咸每糾邪正，皆謂俗吏」下，紛紛列注，若將之一一列出，正可檢視時人虛談說玄的嚴重情形。梁・蕭統編、唐・李善注《文選》（台北：華正書局 1994年），頁692。

〔註92〕 晉・葛洪《抱朴子外篇校箋（下）》收錄於《新編諸子集成（第一輯）》（北京：中華書局 1997年），頁49。

〔註93〕 明・賀復徵《文章辨體彙選・大人先生傳（阮籍）》收錄於《文津閣四庫全書》，頁443。

樂遺世，學者習虛玄」（《灌園集》）〔註94〕人人自危的時代已過，東晉已至「失之過放」的時期〔註95〕，因之，干寶以爲回歸儒家倫常秩序觀，即可拯救東晉之弊。

第四節　《晉紀》的時代價值

干寶的史學資料所存有限，但因後人推崇備至，致使今之研究，得以由此處探得部分眞象，並就此循索出其反玄與秉承《春秋》、《左傳》編年與直書精神的堅持；再者，其於《史議》與《總論》所展現史評、史論上獨具慧眼的論斷，對後代都有極重要的影響：

一、揚儒反玄中繼者

干寶思想極爲一貫，凡著作中展現的重要思想，皆由陽主陰輔的君臣觀起始，人倫秩序依序展開。因之，魏晉標榜賤名儉，尚虛無，倚杖虛曠，依阿無心的的玄風，失序又失禮，實無法令干寶這位儒家能臣滿意。當初王導於天下初定之際，即上疏建議國君：

> 陛下聖明，當中興之盛，宜建立國史，撰集帝紀。上敘祖宗之烈，
> 下紀佐命之勳，務以實錄爲後代之準，厭率土之望，悦人神之心，
> 斯誠雍熙之至美，王者之弘基也。宜備史官，敕佐著作郎干寶等，
> 漸就撰集。〔註96〕（《晉書・干寶傳》）

自西漢武帝「獨尊儒術，罷黜百家」，至東漢曹操挾獻帝以令諸侯，「唯才是舉」的求才策略下，儒家尊上體下的忠臣五倫觀，因之瓦解；再加上朝野的玄談風，標舉老莊、虛無，實已重創禮教：

〔註94〕宋・呂南公《灌園集》收錄於《文津閣四庫全書》，頁 245。

〔註95〕「東漢末年的政治黑暗，激起知識分子和正直官僚的強烈不滿，他們『上議朝政，下議卿士』，不斷發表『危言核論』，勇敢抨擊朝政弊端，揭露宦官丑行。這便引發了轟轟烈烈的黨人太學生運動。但是，黨人太學生遭到了宦官集團的殘酷鎮壓，經過兩次黨錮之禍，許多黨人太學生『破族屠身』。在惡勢力的嚴逼下，批評朝政的清議日漸消沈，而以推崇老莊自然爲特色的清談應運而生……漢末名士郭林宗是由清議向清談轉化的代表人物。……不僅清談出名，甚至他的容止風度也爲時人仿效。……進入魏晉以後，政治鬥爭非常激烈，許多士人慘遭殺害。」劉澤華《士人與社會》（天津：天津人民出版社1992 年），頁 279。

〔註96〕唐・房玄齡《晉書・干寶傳》收錄於《二十五史》（新文豐），頁 1394。

清談起於魏正始中，何晏、王弼，祖述老莊，謂天地萬物皆以無爲本，無也者，開物成務，無往而不存者也。……（《二十二史箚記》）〔註97〕

卞壺斥王澄、謝鯤，謂悖禮傷教，中朝傾覆，實由於此。范甯亦謂王弼、何晏二人之罪，深於桀紂。謂元康以來，賤經尚道，永嘉之弊由此。熊遠、陳頵各有疏論，莫不大聲疾呼，欲挽回頹俗。（《二十二史箚記》）〔註98〕

衛道之士若卞壺、范甯之屬，直指清談之罪爲「中朝傾覆」、「深於桀紂」，何爲？正因其「悖禮傷教」、「賤經尚道」的結果；亦即儒家秩序的破壞，人倫職份已失，因之，爭伐、爲己的亂源自出，故反玄之士把諸王爭位的「永嘉之禍」歸於清談禍國，正是此因：

裴遐善言元理，音詞清暢，泠然若瑟，嘗與郭象談論，一座盡服，衛玠善元言，每出一語，聞者無不咨嘆，以爲入微，王澄有高名，每聞玠言，輒嘆息絕倒，後過江與謝鯤相見，欣然論終日，王敦謂鯤曰：昔王輔嗣吐金聲於中朝，此子復玉振於江表；不意永嘉之末，復聞正始之音，王衍爲當時談宗，自以論易略盡，……及遇阮修談易，乃嘆服焉。……郭象善老莊，時人以爲王弼之亞，……張憑初詣劉惔，處之下座，適王濛來，清言有所不通，憑即判之，惔驚服，此可見當時風尚大概也，其中未嘗無好學者，然所學亦正以供談資，向秀好老莊之學，嘗註解之，……郭象又從而廣之，儒墨之跡見鄙，道家之風遂盛。……〔註99〕

「永嘉之末，復聞正始之音」，意味清談由曹魏至東晉，清談人物競相風雅，正跨時代接續，並越演越烈，儒墨入世的顯學不見，而虛無誤國的思想遂起。當年王衍臨死曾言：「嗚呼，吾曹雖不如古人，向若不祖尚浮虛，勠力以匡天下，猶可不至今日。」（《晉書·王衍傳》）〔註100〕可見此風至後已非風雅，而是逐步邁向頹靡亡國之風。而捍衛儒家正統的干寶，高聲急呼的即是儒家的人倫觀，以爲唯有此，方能力保王室不衰，此點在〈總論〉即可見出端倪：

〔註97〕清·趙翼《六朝清談之習》收錄於《二十二史箚記》，頁148～149。
〔註98〕清·趙翼《六朝清談之習》收錄於《二十二史箚記》，頁148。
〔註99〕清·趙翼《六朝清談之習》收錄於《二十二史箚記》，頁148～149。
〔註100〕唐·房玄齡《晉書·王衍傳》收錄於《二十五史》（新文豐），頁833。

庶人楊氏幽于金墉城，陳留董仲道遊於太學，喟然而嘆曰：建斯室
也何爲者乎？每見國家赦書：謀反大逆皆除，其殺祖父母、父母者
不除者，以爲道法所不容也。何今日公卿處議，文飾禮典以至于此
乎？天理之理既惑，大亂將作矣。顧謂謝鯤、阮千里等曰：易稱：「知
幾其神」，卿等各可深逃，乃自荷擔，妻子推鹿車，以入於蜀山莫知
所往。（干寶《晉紀‧注董仲道》）

惠帝死後，武帝之妻賈后，唯恐大權落入惠帝楊太后之手，於是召楚王瑋入
京誅楊駿；再召汝南王亮殺瑋；最後再殺亮……，並廢太子司馬遹，幽太子
三子及其母親，枉顧人倫。如此前後共涉八王，件件皆是骨肉相殘，故董仲
道喟然長嘆，干寶錄董氏之言：「天理之理既惑，大亂將作矣」，實言出國家
亂象在禮法不彰，天下自亂。

范寧言及孔子作《春秋》之目的，乃在「贊人道之幽變，舉得失以彰黜
陟，明成敗以著勸誡，拯頹綱以繼三五，鼓芳風以扇游塵」。（范寧《春秋穀
梁傳集解‧序》）〔註101〕正所謂明天人之變，以爲帝王得失成敗之殷鑑，企求
拯救頹風，回至三皇五帝聖明之治，是儒家天人秩序觀的發揮。

吳懷祺在《中國史學思想史》一書中，分析《漢書》時，提及封建史學
的二重性，個人以爲以此評斷干寶史學思想極貼切，何謂二重性：〔註102〕

一方面要從歷史中吸取真實的經驗教訓，要求歷史的真實，追求實
錄直書的精神；又一方面，要求歷史著作證明自己的政權是合乎天
意的，因此，通過歷史的作品宣傳皇權神授，這又是在主觀上要求
曲解歷史。真實的歷史和虛幻的結合在一起，就構成封建史學的二
重性。

歷史著作把天人感應說和史實結合起來，比起「空言著書」的說教
更能有效地維護封建的統治。……這兩個方面相互影響，統治者要
維護統治，吸取歷史教訓，制約著他們不能完全置歷史事實於不顧，
同時，也由於此，封建時代的史家的實錄又總是有限度的，實錄精
神不能貫徹到底。

干寶著作史書正是服膺此標準，既言天命亦強調實錄，而實錄的目的，除了

〔註101〕晉‧范寧《春秋穀梁傳范氏集解》收錄於《四部備要》（台北：中華書局1981
年），頁2。
〔註102〕吳懷祺在《中國史學思想史》（台北：文史哲出版社2005年），頁96。

給予天命得位的君王省思，更多是留給命臣、后妾、百姓的警示。因之，劉勰評其：「孫盛（子寶）〔干寶〕，文勝爲史，準的所擬，志乎典訓，戶牖雖異，而筆彩略同。」（《文心雕龍‧才略》）〔註103〕所謂「準的所擬，志乎典訓」正是儒家明教化、知興替的思想發揮。而時玄談充斥，干寶可謂爲魏晉振興儒教正統之反玄派人物：

> 何曾嘗謂阮籍曰：「卿恣情任，敗俗之人也，今忠賢執政，綜核名實，若卿之徒，何可長也。」復言之於太祖，籍飲噉不輟，故魏晉之間有被髮夷傲之事，背死忘生之人反謂行禮者。籍爲之也。（《晉紀‧注何曾》）

> 劉頌在朝，忠正才經政事，武帝重之，訪以治道，悉心陳奏，多所施行。（《晉紀‧注劉頌》）

> 傅咸兼司隸校尉，時朝廷寬宏，豪右放恣，郡縣從容，寇賊充斥，交相請託，朝野涵濁，咸於是數日之內，三奏免送官案，謇諤終無所撓，有司肅然。（《晉紀‧注傅咸》）

> 王濬在巴郡，兵民苦役，生男多不舉，濬乃嚴其殺子之防，而厚卹之，所育者數千人，於此能稱兵矣。父母戒之曰：王府君，生爾必勉之，無愛生。（《晉紀‧注王濬》）

其指責阮籍，並且力揚務實的從政派王濬，《晉紀》標舉的是忠正愛民之風，至於放浪無份際者，則視爲「魏晉之間有被髮夷傲之事，背死忘生之人反謂行禮者」，則去之，可見其衛道護禮之心。另干寶於〈總論〉曾言：「百姓皆知上德之生已而，不謂浚己以生也。」令百姓以爲生的是「上德之君」，顯示干寶泱泱於德範，強調的是君上德出，民下必自重的道理。

二、承《春秋》、《左傳》直書精神

　　干寶《史議》一卷貴在標舉《春秋》、《左傳》顯眞象、明利害、寓褒貶、直書之精神；《晉紀》亦承其體例與直書精神撰寫，肩負著史傳殷鑑的精神。

　　諸葛誕當年爲晉太祖所殺，干寶《晉紀‧注諸葛誕》：「數百人拱手爲列，每斬一人輒降之，竟不變至盡，時人比之田橫。」〔註104〕干寶所標舉者非晉

〔註103〕南朝梁‧劉勰著；詹鍈義證《文心雕龍義證‧體性》（上海：古籍出版社1994年），頁1827。
〔註104〕「漢滅項籍，漢王立爲皇帝，以彭越爲梁王，田橫懼誅，而與其徒屬五百餘

室太祖之功，而是蜀漢諸葛誕的忠烈；言及策略失誤的諸葛瞻，在後人交相指責下，干寶卻注以「瞻雖智不足以扶危，勇不足以拒敵，而能外不負國，內不改父志，忠孝存焉。」（《晉紀·注諸葛瞻》）亦獨舉諸葛瞻的忠孝，可見干寶於《晉紀》中，並不以致勝為喜，而是以失德為憂。再者《晉紀·注王經》：「經正直，不忠於我，故誅之。」當年王經明知高貴鄉公殺司馬昭是以卵擊石，但仍一心護主，至後為司馬昭所殺，〔註105〕干寶為晉臣，不言王經為逆黨，卻言王經之死，乃在非我族類「不忠於我」，〔註106〕以諷示晉室司馬王朝對異己的趕盡殺絕，頗有還原歷史真象的決心。

另干寶亦側寫太尉賈充：

> 成濟問賈充曰：「『事急矣，若之何？』」充曰：『公畜養汝等，為今日之事也，夫何疑？』」濟曰：『然。』乃抽戈犯蹕。」（《晉紀·注賈充》）

司馬昭示意賈充，指揮手下成濟刺死魏帝高貴鄉公曹髦一事，當時史家不敢言，但干寶直言，故《史通·直書》美讚：「干令升亦斥以抽戈犯蹕之言，歷代厚誣，一朝如雪。考斯人之書事，蓋近古之遺直歟？」〔註107〕更見干寶之

人：入海，居島中。高帝聞之，以為……恐為亂，乃使使赦田橫罪而召之，田橫因謝曰……乃復使使持節以詔……橫謝使者曰……陛下所以欲見我者，不過欲一見吾面貌耳……遂自剄……既葬，二客穿其冢旁孔，皆自剄，下從之，高帝聞之，乃大驚，以田橫之客皆賢，吾聞其餘尚五百人在海中，使使召之，至則聞田橫死，亦皆自殺，於是乃知田橫兄弟能得士也。」西漢·司馬遷《史記·田橫傳》收錄於《二十五史》（新文豐），頁1063～1064。

〔註105〕晉·習鑿齒：清·湯球輯《漢晉春秋輯本·卷二》收錄於《叢書集成初編》記載【景耀三年，魏景元元年，昭弒其主髦及王經】一事，並於【初，曹髦將自討司馬昭】條下議載當時君臣的對話。「王經諫曰：『昔魯昭公不忍季氏，敗走失國，為天下笑。今權在其門，為日久矣，朝廷四方，皆為之致亡，不顧逆順之理，非一日也。且宿衛空闕，寸刃無有，陛下何所資用？而一旦如此，無乃欲除疾而更深之邪？禍殆不測，宜見重詳。』」髦不聽。后殺經並及其母，經被收將死，垂泣謝母，母顏色不變，笑而謂曰：『人誰不死，往所以不止汝者，恐不得其所也，以此并命，何恨之有哉！』」（北京：中華書局1985年），頁28～29。

〔註106〕「王經少貧苦，仕至二千石，母語之曰：『汝本寒家子，仕至二千石，此可以止乎！』經不能用，為尚書，助魏，不忠於晉，被收。涕泣辭母曰：『不從母敕，以至今日！』母都無慼容，語之曰：『為子則孝，為臣則忠。有孝有忠，何負吾邪！？』」王經非不忠之臣，只是其力效魏室而與晉室對立，干寶站在中立觀點論王經被殺事。余嘉錫《世說新語·賢媛》，頁678。

〔註107〕唐·劉知幾著、清·淵起龍釋、民國呂思勉評《史通釋評·直書》，頁228。

直筆。干寶並於自注下，引秦秀之言，以側寫賈充形象：

> 太尉賈充薨，初賈用韓謐爲賈氏嗣，上特許之，及議諡，博士秦秀
> 曰：「充位冠群，後惟民之望，而悖禮溺情以亂大倫。案諡法昏亂紀
> 度曰荒，充宜諡曰荒，上弗從，賜諡曰武。」（《晉紀·注賈充》）

更甚亦引劉毅之言，諷武帝之昏：

> 上嘗謂劉毅曰：「朕方漢何主？」對曰：「桓靈。」帝曰：「吾雖不及
> 古賢，猶剋己爲治，方之桓靈，不亦甚乎？」對曰：「桓靈賣官，錢
> 入於官，陛下賣官，錢入私門，以此言之，殆不若也。」（《晉紀·
> 注劉毅》）

賈充受司馬昭之令殺高貴鄉公，干寶於《晉紀》紀事，但藉秦秀之言，獨出
賈充之惡；武帝初建晉室，干寶於《晉紀》中是美讚的，但由劉毅之口，可
見至後武帝的治績，是令人失望的。

　　干寶於《晉紀》借〈總論〉泛指西晉敗亡共象；並於自注中借他人之言
以還原歷史眞象，在在顯示他史家寓褒貶的直書精神。此點亦正是後代學者
對其高評價之因：唐宰相房玄齡等奉太宗之命修《晉書》，乃因人宗以爲諸家
皆未善，〔註108〕但卻獨稱美干寶「其書簡略，直而能婉，咸稱良史。」（《晉
書·干寶傳》）〔註109〕；《文心雕龍·史傳》則言：「至於晉代之書，繫乎著作。
陸機肇始而未備、王韶續末而不終，干寶鎭述紀，以審正得序；孫盛《陽秋》
以約舉爲能。」〔註110〕；劉知幾稱其與習鑿齒爲：「考斯人之書事，蓋近古之
遺直者歟？」（《史通·直書》）〔註111〕。上文各家的評論，皆集中在「直」與
「正」之兩端，所謂「直而能婉」正是時而屈筆、時而直筆之謂，因之干寶
承《春秋》、《左傳》精神，自是無疑義的。

三、編年體、凡例復興者，史評催生者

　　中國史書兩大體例爲編年與紀傳體，以編年最早，但幾經更迭，各時代

〔註108〕「唐宰相房玄齡等，修題御撰，案唐藝文志爲晉書者有：王隱、虞預、臧榮
　　　　緒、謝靈運、干寶等諸家，太宗以爲未善，命玄齡修之，與其事者，褚遂良、
　　　　許敬宗、令狐德棻、李延壽、敬播、趙宏智等二十人。」宋·陳振孫《直齋
　　　　書錄解題·注晉書一百三十卷》收錄於《文津閣四庫全書》，頁 710。
〔註109〕唐·房玄齡《二十五史·晉書·干寶傳》（新文豐），頁 1394。
〔註110〕南朝梁·劉勰著；詹鍈義證《文心雕龍義證·史傳》（上海：古籍出版社 1994
　　　　年），頁 596。
〔註111〕唐·劉知幾著、清·淵起龍釋、民國呂思勉評《史通釋評·直書》，頁 228。

史家各有所偏，而干寶卻獨排眾議，一心護衛編年體，此部分《史通》時有分析：

> 班、荀二體，角力爭先，欲廢其一，固亦難矣。後來作者，不出二途，故晉史有王、虞，而副以《干紀》；《宋書》有徐、沈，而分爲《裴略》。各有其美，並行於世。異夫令升之言，唯守一家而已。（《史通‧二體篇》）〔註112〕

> 當漢代史書以遷固爲主，而紀傳互出，表志相重，於文爲煩，頗難周覽。至孝獻帝始命荀悅，撮其書爲編年體，依附左傳，著漢紀三十篇，自是每代國史，皆有斯作。起自後漢，至於高齊，如：張璠、孫盛、干寶、徐賈、裴子野、吳均、何之元、王邵等，其所著書，或謂之春秋，或謂之紀，或謂之略，或謂之典，或謂之志，雖名各異，大抵皆依左傳以爲的準焉。（《史通‧六家》）〔註113〕

紀傳與編年體二體，向來編年爲正統，但自西漢司馬遷《史記》一出，正統遂爲紀傳體所取代，因之，《隋書‧經籍志》將紀傳體視爲「史部‧正史類」列第一部，而仿《春秋》的編年體則視爲「史部‧古史類」列第二部，而魏晉是九品取人及唯才是尚的時代，因之記人的別傳特別凸出，依逯耀東統計《世說新語》劉孝標注、唐宋類書如《太平御覽》、《北堂書鈔》、《初學記》、《藝文類聚》等著作，都蘊藏豐富別傳，而以上諸書所引用的別傳種次，以東晉最高達 107 種；三國則 76 種；西晉則 67 種，可見東晉正是別傳風行的時代。〔註114〕而干寶正逢此時，承東漢孝獻帝時荀悅編年傳史之後，在魏晉類傳盛行的時代，卻獨排時風，指陳紀傳「傳唯止錄言，罕逢載事」（《史通‧載言》）〔註115〕無法明事的缺失，干寶此舉，確實有助魏晉編年體史書之保存。

　　而干寶爲編年所做的努力，尚包含中興《左傳》凡例。何謂凡例？據大陸學者秦平解釋：「『凡例』之法其實包括兩個層次：其一是據文之內容總結出凡例，其二是依據凡例推知經傳中省略或缺漏的部份。」〔註116〕亦即凡例

〔註112〕唐‧劉知幾著、清‧淵起龍釋、民國呂思勉評《史通釋評‧二體》，頁37。

〔註113〕唐‧劉知幾著、清‧淵起龍釋、民國呂思勉評《史通釋評‧六家》，頁11。

〔註114〕逯耀東《魏晉史學的思想與社會基礎》（台北：東大圖書股份有限公司 2000年），頁104～105。

〔註115〕唐‧劉知幾著、清‧淵起龍釋、民國呂思勉評《史通釋評‧載言》，頁43。

〔註116〕秦平〈晉代經學之華章：范寧《春秋穀梁傳集解》——以經典解釋學方法爲

的目的，往往是一作者意有所指的指歸，亦是其一貫中心思想的統整與安排，今日我們無緣見干寶完整的凡例說明，但由後人對其凡例的評價，則可見出當年干寶獨承《春秋》的決心：

> 晉太康年中，汲冢獲書，全同左氏，故束皙云：「若使此書出於漢世，劉歆不作五原太守矣。」於是摯虞、束皙引其義以相明，王接、荀顗取其文以相證，杜預申以注釋，干寶藉爲師範。由是世稱實錄，不復言非，其書漸行，物無異議。(《史通・申左》)〔註117〕

> 夫史之有例，猶國之有法，國無法則上下靡定，史無例則是非莫準。昔夫子修經，始發凡例，左氏立傳，顯其區域。科條一辨，彪炳可觀。降及戰國，迄乎有晉，年逾五百，史不乏才，雖其體屢變，而斯文終絕。唯令升先覺，遠述丘明，重立凡例，勒成《晉紀》，以後「劉（粲）孫（盛）以下，遂躡其踪，史例中興，于斯爲盛。若沈（約）《宋（書）》之志，蕭（子顯）《齊（書）》之序錄，雖皆以序爲名，其實例也。(《史通・序例》)〔註118〕

干寶不僅是《春秋》寓褒貶精神的捍衛者，更是外效體例的尊崇者，其於魏晉紀傳體通行時期，獨排主流提倡編年；另干寶獨承宗法，效《左傳》於編年久衰的魏晉，以凡例臧否善惡；更甚於《晉紀》自創寫史者「自注」人物之風尚，故《史通・載言》：「昔干寶議撰晉史，以爲宜準左邱明，其臣下委曲仍爲譜注，于時議者莫不宗之。」〔註119〕，皆意指干寶在明《春秋》、正史事上的努力。

由以上兩者我們得見干寶分明的史學觀，因之，在其《史議》一卷中，充斥標舉《春秋》、《左傳》的色彩，此類評論史書著作的專著，後之史家將之歸爲「史評」類。因之，此處所謂「史評」與下文的「史論」不同，史論乃針對史書之一人、一事、一家、一代所做之評論；所謂史評者多以史書爲考訂範疇，針對該史書體例或取證資料之謬實或論證角度之偏全等，予以考辨。

干寶所著《史議》一卷，就體例言即是史評類，今此卷已多亡佚，散伏

視角〉(第三屆儒道國際學術研討會 —— 魏晉南北朝)，頁4～7。

〔註117〕唐・劉知幾著、清・淵起龍釋、民國呂思勉評《史通釋評・申左》，頁510。

〔註118〕唐・劉知幾著、清・淵起龍釋、民國呂思勉評《史通釋評・序例》，頁106～107。

〔註119〕唐・劉知幾著、清・淵起龍釋、民國呂思勉評《史通釋評・載言》，頁43。

於各文論，我們只能藉之以離析干寶作《史議》的主旨：

> 干令昇《史議》，歷詆諸家，而獨歸美《左傳》，云：「邱明能以三十卷之約，括囊二百四十年之事，靡有孑遺。斯蓋立言之高標，著作之良模也。」（《史通·煩省篇》）〔註120〕
>
> 春秋左氏傳每有發論，假君子以稱之。……夫論者，所以辯疑惑，釋凝滯，若愚智共了，固無俟商榷。邱明「君子曰」者，其義實在於斯。司馬遷始限以篇，終各書一論。必理有非要，則強生其文，史論之煩，實萌於此。……豈知史書之大體，載削之指歸者哉？必尋其得失，考其異同，子長淡泊無味；承祚懦緩不切，賢才間出，隔世同科，……仲豫義理雖長，失在繁富，自茲以降，流宕忘返，大抵皆華多於實，理少於文，鼓其雄辭，誇其儷事。必擇其善者，則干寶、范曄、裴子野，是其最也；沈約、臧榮緒、蕭子顯抑其次也；孫安國都無足採。〔註121〕（《史通·論贊》）

由第一則可見干寶《史議》一書的中心主旨，乃在推行《左傳》一書，並以為編年體的涵蓋性遠遠高過其他史體；第二則，劉知幾推崇史書貴在「總歸其論」，而此論又貴在辯惑釋滯，即「尋其得失，考其異同」，《春秋左氏傳》假君子以論，正是史論家之表率；然史記受限凡篇必結的緣故，故有時不得不強生其文，繁而不當，後之學者紛效之；故在「尋得失」與「考異同」上則顯淡泊無味；陳壽（承祚）則不實以對，顯不敢言的怯懦；荀悅（仲豫）《漢紀》則犯了文華過於理實的毛病；就連統合各家，官編的《晉書》，在史論上亦過於華美無實義；唯干寶「擇其善者」，正合「辯惑釋滯」、「尋其得失，考其異同」的左傳史評精神。而「擇其善者」，不僅要能直，亦要能裁，此即《史通》所言「舉其宏綱，存其大體」，〔註122〕故何法盛《晉中興書》稱「評論切中，咸稱之善。」〔註123〕正是為此而來。由此可知，干寶《史議》的精神亦追隨《左傳》而生。

〔註120〕唐·劉知幾著、清·淵起龍釋、民國呂思勉評《史通釋評·煩省》，頁305。

〔註121〕唐·劉知幾著、清·淵起龍釋、民國呂思勉評《史通釋評·論贊》，頁 99～100。

〔註122〕「夫所謂直筆者，不掩惡，不虛美，書之有益於褒貶，不書無損於勸誡，但舉其宏綱，存其大體而已。非謂絲毫必錄，瑣細無遺者也。」唐·劉知幾著、清·淵起龍釋、民國呂思勉評《史通釋評·雜說》，頁637。

〔註123〕唐·李善等註《六臣註文選》收錄於《四部叢刊正編》於〈晉紀論武帝革命·干令升〉下註，（台北：台灣商務印書館1979年），頁942。

干寶今所留存的史議，散見各史論中，大體不出極力美讚《左傳》；並以捍衛《春秋》編年爲要務，雖說《史議》資料有限，但由後人對干寶《史議》（史評類）的評論，則可見《史議》的熠熠成就：

> 中國史學評論，就是在史學獨立發展與轉變過程中，逐漸萌芽與形成的。從《史記》的討論開始，其間經歷了譙周《古史考》對《太史公書》的批評，張輔的論史漢異同，傅玄論斷三史得失，孫盛雜語中的異同考評，干寶《晉紀》議史的討論史體，最後，裴松之的《三國志注》，總結了魏晉史學，並有所論辯。劉知幾的《史通》就是在這個基礎上形成的，其發展的軌跡雖然蜿蜒曲折，但其線索卻清晰可見。〔註124〕

史評由太史公開始，其間譙周、張輔不等程度評《史記》、《漢書》二書；傅玄、孫盛亦爲史書下評注；而干寶則以捍衛編年爲號召，論述紀傳與編年史書之異同，充分顯示其史評思想；因此些前輩的努力，發展至裴松之成魏晉史學的總結者。就干寶在此中所扮演的角色是：承太史公之後，史評的催生者，遂令後出之裴松之在史評上，得以承前人之成就，而大放於魏晉；至後發展到唐代，才能有劉知幾《史通》等……史評類專著的出現。

因之，我們可言：干寶是魏晉時代，承春秋、戰國之後，編年體與凡例的復興者，亦是史評催生者。正因此是非分明的史觀，致使干寶得與裴松之等人齊名。劉知幾評其：「自茲以降，流冗忘返，大抵皆華多於實，理少於文，鼓其雄辭，誇其儷事。必擇其善者，干寶、范蔚宗、裴子野。是其最也。」〔註125〕（《史通·論贊篇》），正是美讚干寶史評上的成就。

四、史論視角恢宏，足爲後世楷模

史論不同於「以史書爲考訂範疇」的史評，乃針對史書事例之一人、一事、一家、一代……所做的評論，干寶此類文體，至今留存者爲〈總論〉、〈論晉武帝革命論〉，其中以〈總論〉最勝，此篇的議論，幾成後代論西晉功過的標竿，極有價值。

吳懷祺在《中國史學思想史》一文中，以爲一部有價值的史書，應由三省思出發：

〔註124〕逯耀東《魏晉史學的思想與社會基礎》，頁326～327。
〔註125〕唐·劉知幾著、清·淵起龍釋、民國呂思勉評《史通釋評·論贊》，頁100。

一是這部史書能不能如實記載歷史的眞實。二是，這部史書能不能
反映社會的方方面面，從一個恢宏的角度把握社會的面貌。三是嚴
謹考訂，敢破陳説，恢復歷史的眞實面貌。〔註126〕

直言與恢宏的視角及敢言的氣魄，正是決定一部史書成敗的重要關鍵。而東
漢後經學式微，天人感應說受到質疑；時代動亂，群雄分裂割據，造成封建
秩序的破壞，名教已無法服膺人心；道教興起與玄學、佛教的加入，岌岌可
危地威脅著魏晉時期儒家思想的，以儒家思想自持的干寶置身其中，除細數
西晉敗亡在君臣失守、陰陽失據外；亦就玄談的學術風氣及貪腐的社會層面，
予以全面探討，其甘冒違逆同朝君上的風險，直言敢言，視角恢宏，還原歷
史眞象，企圖力振東晉的偏安，應是寫《晉紀》的主要原因。因之，《經義考》
融《史通》兩處見解，以證《晉紀》實錄的地位：〔註127〕

劉知幾……又曰：丘明能以三十卷之約，括囊二百四十年之事，靡
有子遺，觀左氏之書，爲傳之最，而時經漢魏，竟不列於學官，儒
者皆折此一家，而盛推二傳。……然自丘明之後，迄于魏滅，年將
千祀，其書寖廢，至晉太康年中，汲冢獲書，全同左氏，於是摯虞、
束皙引其義以相明，王接、荀顗取其文以相證，杜預申以注釋，干
寶藉爲師範，世稱實錄，不復言非。

朱彝尊此則的出現，顯示干寶《史議》影響所及，由唐及清；另值得一提是：
干寶承《左傳》力明《春秋》之眞象，並打破一篇一評及評一人或評一家之
言的格局，〔註128〕不再強作結語，而是總評一代興衰，若非能裁、善析、視
野見地宏觀者，豈能以一篇〈總論〉，即能概括西晉興亡，故《聖祖仁皇帝御
製文集》讚〈總論〉爲：「推晉之所以興，幾無疑義，然寶晉臣也，於尊親之
際，其尚有隱乎？」〔註129〕即是指此。因之，干寶的〈總論〉成爲後世評論

〔註126〕吳懷祺《中國史學思想史》（台北：文史哲出版社 2005 年），頁 118。
〔註127〕清‧朱彝尊《經義考》收錄於《文津閣四庫全書》，頁 324。
〔註128〕早在太史公時期，即有史論；至魏晉史論極具特色，同時代史論最多者孫盛
《晉陽秋》、習鑿齒《漢晉春秋》等，此類書多言注史事之外或評一人，或論
一事；而習鑿齒《漢晉春秋‧卷一》有三篇專論史事或論人者：〈晉宜越魏繼
漢不應以魏後爲三恪論〉、〈臨終上前論疏〉、〈別周魯通諸葛論〉）大抵不出評
一人或一事之功過，而干寶評一代功過者，應屬創新者。見《晉陽秋輯本》
收錄於《叢書集成初篇》（湯球輯本）、《漢晉春秋輯本》收錄於《叢書集成初
篇》（湯球輯本）。
〔註129〕宋‧王應麟《聖祖仁皇帝御製文集》收錄於《文津閣四庫全書》，頁 27。

東晉得失的一代表作，並跨時代地傳播著：〔註130〕

　　〈總論〉收入《昭明文選》史論部，唐初史臣修《晉書》時，以「史
　　臣曰」的形式引錄〈總論〉作爲《晉書・愍帝紀》的論贊，以之對
　　西晉治亂興亡進行歷史總結。唐朝魏徵主持撰修《群書治要》，卷二
　　十九《晉書・晉惠帝》注引〈總論〉有關西晉衰亡的論述一千餘字。
　　司馬光《資治通鑑》卷八十九《晉愍帝紀》建興四年十一月條非議
　　世風時政，論述西晉滅亡之因時，節錄〈總論〉作爲「臣光曰」。歷
　　代文獻也有把〈總論〉作爲帝王論收錄的，如歐陽詢《藝文類聚》
　　卷十一《帝王部・總載帝王》、徐堅《初學記》卷九《帝王總敘》也
　　都在有所節錄的基礎上對〈總論〉予以收錄。

干寶的〈總論〉是極精闢論述西晉滅亡的史論，未隨《晉紀》在唐修《晉書》
後被取代，後世引用頻繁，即是來自中肯的論述。此篇除《昭明文選》收入
史論部，餘各家皆放於與帝王相關的論述中，且集中於晉室開始走下坡的惠
帝與愍帝上，以昭示史官直言之責。這顯示干寶〈總論〉的史觀，受後代推
崇程度，已超越《晉紀》一書；又〈總論〉乃爲一朝把脈，須有足夠的視野
及總括能力，而我們見晉朝敢言者不少（劉毅、王導等），〔註131〕但能通透分
析全局者，唯史家能爲之，此即干寶〈總論〉於魏晉史論中，具有重要地位
之因。

五、《晉紀》名冠當代，爲著晉史參本

　　《晉紀》一出不僅受後世所推崇，更爲後出言史者主要參考本，即便至
後唐朝官修的《晉書》出現，多少降低《晉紀》在晉史上的地位，但無可否
認《晉書》出自《晉紀》資料者極多，〔註132〕因之，嚴格說來，《晉紀》實有

〔註130〕李傳印〈《晉紀・總論》的史學價值〉（史學月刊 2007 年第 8 期），頁 11～12。
〔註131〕王導、溫嶠俱見明帝，帝同溫前世所以得天下之由。溫未答，頃，王曰：「溫
　　　　嶠年少未諳，臣爲陛下陳之。」王乃具敘宣王（司馬懿）創業之始，誅夷名
　　　　族，寵樹同己，及文王之末高貴鄉公事。明帝聞之，覆面著床曰：「若如公言，
　　　　祚安得長！」（《世說新語・方正》）；上顧謂劉毅曰：「朕方漢何主？」對曰：「桓
　　　　靈。」帝曰：「吾雖不及古賢，猶剋己爲治，方之桓靈，不亦甚乎？」對曰：
　　　　「桓靈賣官，錢入於官，陛下賣官，錢入私門，以此言之，殆不若也。」（《晉
　　　　紀・注劉毅》）。
〔註132〕「唐宰相房玄齡等，修題御撰，案唐藝文志爲晉書者有：王隱、虞預、臧榮
　　　　緒、謝靈運、干寶等諸家，太宗以爲未善，命玄齡修之，與其事者，褚遂良、

其不可取代的重要價值：

> 宋何法盛時何高平、郗紹亦作晉中興書，數以示法盛，法盛有意圖
> 之，謂紹曰卿，名位貴達，不復俟此延譽。我寒士無聞于時，如袁
> 宏、干寶之徒，賴有著述流聲於後，宜以爲惠紹不與，至書成在齋
> 內廚中，法盛詣紹，紹不在，直入竊書，紹還已無復兼本，於是遂
> 行何書。(《冊府元龜》) 〔註133〕

魏晉時代藉著書而名聞貴達是時代風尙，故何法盛不惜盜郗紹著作，以求揚
名立萬，可見當代重視著作的情形；再者，由何高平、郗紹作《晉中興書》
之體例推論，令袁宏、干寶兩人聲聞於後之書，應爲《後漢紀》、《晉紀》，三
者皆史書，三人皆因其書名重當代。另同時代干寶《晉紀》亦爲文人所爭注：

〔註134〕

> 劉昭字宣卿平原高唐人，晉太尉寔九世孫也。……昭幼清警，通老
> 莊義，及長，勤學善屬文，外兄江淹早相稱賞……初昭伯父彤，集
> 衆家晉書，注干寶晉紀爲四十卷；至昭集後漢同異，以注范曄後漢，
> 世稱博悉，卒於剡令。(《南史‧劉昭傳》)

由〈劉昭傳〉我們得知，伯父劉彤注干寶《晉紀》，而劉昭則注《後漢書》，
頗有昭受彤影響之意，有才學爲江淹稱賞的是劉昭，既能受劉彤影響而著史
書，代表劉彤在當代地位自是不凡，其能於干寶成書後不久，即集衆家《晉
書》注《晉紀》，代表《晉紀》在當代聞名程度，自是質重當時的。

　另再見其對後代的影響：唐《史通》稱美：「若中朝之華嶠，陳壽，陸機，
束皙，江左之王隱，虞預，干寶，孫盛，……並史官之尤美，著作之妙選也。」
(《史通‧史官建置》) 〔註135〕，《史通》是唐朝極具代表的史學評論著作，劉
知幾遍覽史書，議辨分析，論其優劣，爲後出研究史評者具公信力的參考文
獻，就其對干寶史著的美讚，自能見出干寶史學的貢獻。尤有甚者，干寶的

許敬宗、令狐德棻、李延壽、敬播、趙宏智等二十人。」(宋‧陳振孫《文津
閣四庫全書‧史部‧目錄類‧冊二二四‧直齋書錄解題‧卷四‧注晉書一百
三十卷》，頁 710)；又因不滿撰晉史之各家，所採者乃兼取各家之長，而其
中唐太宗獨讚干寶，稱其「其書簡略，直而能婉，咸稱良史。」，故可知取法
比重。《晉書‧干寶傳》收錄於《二十五史》(新文豐)，頁 1394。
〔註133〕宋‧王欽若等撰《冊府元龜》收錄於《文津閣四庫全書》，頁 652。
〔註134〕唐‧李延壽《南史‧劉昭傳》收錄於《二十五史》(新文豐)，頁 821～822。
〔註135〕唐‧劉知幾著、清‧淵起龍釋、民國呂思勉評《史通釋評‧史官建置》，頁
357。

史書於清朝亦有仿效者：《文心雕龍義證・體性》註及文之風格，可「因性以練才」時，言：「清代文家如汪中學范任，周濟學干寶，李兆洛學蔡，諸子皆知度材準性，就其近似者而模仿之，久乃卓然名家，眞吾輩之前師矣。」〔註136〕可見干寶《晉紀》資料雖多亡失，乏人重視，但直書與能簡的精神，是後人效法的典範。

〔註136〕南朝梁・劉勰著；詹鍈義證《文心雕龍義證・體性》，頁 1038。

第五章　干寶子部與集部著作
思想探析

　　干寶集部著作，今可考者為《干寶集》屬別集；《百志詩》屬總集，皆見《隋書・經籍志》：「晉散騎常侍《干寶集》四卷（梁五卷）」〔註 1〕；「《百志詩》九卷（干寶撰）」〔註 2〕，然內文今皆亡佚不可考，故不作論述。本章重點將著重於干寶子部著作之研究。

　　干寶子部著作有《正言》、《立言》、《干子》及《搜神記》。其中《正言》、《立言》據王應麟《玉海》，曾言：「取自古之君子，立言以明道，修辭以成文，文以貫道，斯不朽矣」；同書亦言：「儒家又有袁子正論二十卷、正書二十五卷、干寶正言十卷。」〔註 3〕《唐書・藝文志》，則將此二書放於子部・儒家類。〔註 4〕可知此兩書應是儒家論君子立言明道之作，而內容今已全亡佚，不可考。

　　至於《干子》幾已亡佚，《玉函山房輯佚書》將《干子》一卷，列子部・儒家類，並言：〔註 5〕

> 《干子》一卷，……《隋志》儒家注，載梁有《干子》十八卷亡；……馬總《意林》引用子書之日有于子，今《意林》中亦缺，考杜佑《通典》載寶〈駁招魂議〉一篇，又《荊楚歲時記》、《太平御覽》並引

〔註 1〕唐・魏徵《隋書》收錄於《二十五史》（新文豐），頁 525。
〔註 2〕唐・魏徵《隋書》收錄於《二十五史》（新文豐），頁 531。
〔註 3〕分見宋・王應麟《玉海》收錄於《文津閣四庫全書》，頁 333、389。
〔註 4〕宋・歐陽脩《唐書・藝文志》收錄於《叢書集成初編》，頁 42。
〔註 5〕清・馬國翰《玉函山房輯佚書（四）》，頁 2662。

干寶《變化論》佚説之存僅此⋯⋯

此書將《駁招魂議》及《變化論》收於《干子》一書中，其中〈駁招魂議〉乃是東海國學官周生倡議——招魂並以衣冠葬因寇亂而死，屍柩不反的太傅公。干寶言：「知仁不可以假存而無者，獨可以僞有哉？未若之遭禍之地，備迎神之禮，宗廟以安之，哀敬以盡之。」周生以爲設靈堂除爲了斂屍，亦爲迎神而回。干寶回以：「塚壙本施骸骨，未有爲魂神也⋯⋯若乃釘魂於棺，閉神於槨，居浮精於沉魄之域，匿遊氣於壅塞之室，豈順鬼神之性，而合聖人之意乎？則葬魂之名，亦幾於逆矣。」周生又言：「黃帝駕崩，臣子斂衣冠而葬。」干寶應以：「孔子論帝曰：『生而人利其化百年，死而人畏其神百年，亡而人用其教百年。』此黃帝亦死，言仙謬也，就使必仙何議於葬。」干寶以爲禮乃知節義，不可僞形式而生，至後引孔子之言，更見鮮明，既人必成仙則何議於葬，故禮義非爲虛幻之名，而是盡人間節度而設，若乃過節則將害禮，所以干寶是禮義失則天下亂的儒家服膺者。〔註6〕

至於《變化論》馬氏本所引內容，多爲對大自然現象的觀察，如：「驪龍之睊見百里纖介」；「鷺目成而受胎，鶴影接而懷卵，鴛鴦交頸，野鵲交枝，蜂無王而盡死」；「螣蛇聽而有孕，白鷺視而有胎」，以今日角度多爲荒謬不經之聯想，但若藉此研究魏晉的群生百態、人文科學，無疑是一可採納的寶貴資料。〔註7〕

另於清・嚴可均收錄《全上古三代秦漢三國六朝文・全晉文》，收有〈山亡論〉一篇，此篇即是汪紹楹本《搜神記・卷六・103・山徙》，故將之列於《搜神記》，不另外論述延伸。

又《玉函山房輯佚書續編》亦引有《干子》一則，取自《意林》：「執杓而飲河者不過滿腹；棄室而灑雨者不過濡身，勢弱于己則虎步而凌之；勢強于己則躑行而事之，此姦雄之才也？亦且小人？」〔註8〕不知所引之前後因由爲何，但由其中可見對人事、理事的諷諭。

以上散論，實很難取出彼此思想上的關聯性，故若強以解析《干子》一書，則未免失之偏，在此僅陳述資料，不做思想理路之歸類與辨析。而干寶子部今僅存最具研究價值者唯《搜神記》一書，亦是後人搜羅至今最完整的

〔註6〕〈駁招魂議〉引自《玉函山房輯佚書（四）》，頁 2662～2663。
〔註7〕《變化論》文本，引自《玉函山房輯佚書（四）》，頁 2663。
〔註8〕清・王仁浚《玉函山房輯佚書續》（上海：古籍出版社 2002 年），頁 189。

干寶著作，本章即以此書爲主軸，探研干寶子部思想。

第一節　《搜神記》的著作背景

　　基本上史、子同軌，因之舉凡時代動亂、儒家式微與史官兼融子史，及世家大族私撰，皆助長兩部撰著的風行，這是兩者共同的時代背景。然子部志怪的盛行，應尚包含他教盛行、晉室南渡與外族接觸頻仍的特有經驗：

一、儒、道、佛三教並行

　　魏晉時期正處儒失、道熟、佛教入侵的階段，志怪小說在魏晉南北朝時代得以發展，事實上與此有絕對關聯。首先見道家思想，勞思光曾言：〔註9〕

　　　　漢代道家分爲三支：一支與方士合流，而有神仙長生之說，日後終
　　　　演成漢末之道教。一支通過韓非，成爲黃老刑名之術。另一支則由
　　　　玄理之欣賞，轉入玄談，遂成爲日後魏晉之放誕生活。

道家同爲道教、黃老刑名與玄學的重要養分；嚴格說來，此三者應是萌芽及發展於兩漢，成熟於魏晉，故魏晉多元思想的發展，是承漢朝而來。漢朝文、景二帝以黃老治國；至武帝儒家思想在漢朝董仲舒等人的極力護持下，爲提高國教的地位及影響力，亦將道家思想做了不等程度的吸收。另值得注意的是，董仲舒等人不僅吸收道家思想，亦兼合道教之手段：

　　　　漢初，黃老思想盛行。武帝用董仲舒議，罷黜百家，崇尚六經。儒
　　　　家成爲學術思想主流。道家潛行，變爲伏流。然董仲舒受齊人天人
　　　　之學，合陰陽、五行及各種方技而冶於一爐。……，非復儒家舊貌
　　　　了。……哀平之際，讖緯又起。讖者詭爲隱語，預決吉凶；是方士
　　　　們僞造的預言。緯者託爲孔子經傳之支流，衍及旁義。是儒士們汲
　　　　取方士的雜說，彙編而成。……及王莽頒布符命，光武重信圖讖，
　　　　緯候圖錄之書，遂盛行於東漢。當時學者竟稱七緯爲內學，六經爲
　　　　外學。〔註10〕

董仲舒等人將儒家思想與黃老及陰陽、五行、符命、讖緯結合，此時的儒家

〔註9〕勞思光《新編中國哲學史‧第二卷》（台北：三民書局 1987 年），頁 121～
　　　122。
〔註10〕張儐生《魏晉南北朝史》（台北：幼獅文化事業公司 1978 年），頁 529～
　　　530。

已非傳統孔孟重人事，少言天命的初始儒家，其已儒道合流，漢之儒者倚重人事之外不可解的世界立論，提高「天命」的高度，增加儒家的神秘性，遂使儒家思想成爲國教。

又魏晉正值士人受迫，禮教失據的時期，東漢傳入的佛教，在此時期亦發展成熟，因之，湯錫予曾言：

> 漢代佛教依附道術，中國人士，如襄楷輩，因而視之與黃老爲一家。……太平經雖反對佛教，而抄襲其學說，佛教徒所奉者雖非老子，而不免有人以之與黃老道術相附會。（《漢魏兩晉南北朝佛教史・漢代佛法之流布》）〔註11〕

> 中華方術與玄學既俱本乎道家自然之說。漢魏之際，清談之風大盛，佛經之譯出較多，於是佛教乃脫離方士而獨立。進而高談清淨無爲之玄致。其中演變之關鍵有二要義，一曰佛，一曰道。由此二義，變遷附益，而爲神仙方技枝屬之漢佛教，至魏晉遂進爲玄理之大宗也。（《漢魏兩晉南北朝佛教史・佛教玄學之濫觴》）〔註12〕

正因儒、道、佛三思想的交雜，引導魏晉南北朝不滿現世的讀書人，轉爲對「虛無」、「來世」、「神鬼」的寄望，此時期的文人大半相信鬼神，並樂於與鬼神共處，甚至發展成與鬼、神、人平等的特殊文化觀，因之，志人、志怪並行發展，實不足爲奇。

二、中外交流頻仍，廣拓志怪內涵

若熟讀魏晉志怪小說，可以發現所謂神鬼的範圍非全爲鬼神，更多是遠方珍異及異族風俗傳說，此與魏晉南北朝頻繁與異族交流有極大關係。

> 前漢末，匈奴大亂，五單于爭立，而呼韓邪單于失其國，攜率部落入臣於漢。漢嘉其意，割并州北界以安之，於是匈奴五千餘落，入居朔方諸郡，與漢人雜處。……多歷年所，戶口漸滋，彌漫北朔，轉難禁制。（《晉書・匈奴傳》）〔註13〕

〔註11〕湯錫予撰；國史研究室編印《漢魏兩晉南北朝佛教史・第一分・第四章漢代佛法之流布》（台北：漢聲出版社1973年），頁59。

〔註12〕湯錫予撰；國史研究室編印《漢魏兩晉南北朝佛教史・第二分・第六章佛教玄學之濫觴》（台北：漢聲出版社1973年），頁124。

〔註13〕唐・房玄齡《晉書・四夷傳》收錄於《二十五史》（新文豐），頁1646。

又問戎蠻猾夏。對曰：……自魏氏以來，夷虜內附，鮮有桀悍侵漁
之患，由是邊守遂怠，彰塞不設，而令醜虜內居，與百姓雜處。（《晉
書・卷五十二・阮種傳》）〔註14〕

早在永嘉之亂的前朝，中原即與外族交通，其中跡象最鮮明者當屬漢時異族
之首匈奴，早已不等程度與漢族交流；故曹魏時期漢夷雜處的現象在邊界時
時發生；至晉武帝時，更因不限人數廣納異族，遂使異族人數大增：

至太康五年（武帝），復有匈奴胡太阿厚率其部落二萬九千三百人歸
化。七年又有匈奴胡都大博及萎莎胡等各率種類大小凡十萬餘口，
詣雍州刺史扶風王駿降附。明年匈奴都督大豆得一育鞠等，復率種
落大小萬一千五百口、牛二萬二千頭……來降，並貢其方物，帝並
撫納之。（《晉書・匈奴傳》）〔註15〕

武帝來者不拒的結果，造成匈奴劉淵於公元二九〇年竄起，異族頭領先後自立
稱王，永嘉之亂遂生，而干寶所處朝代，嚴格說來實已進入五胡亂華前期。

魏晉在多方文化的交流中，受流風影響的程度，由《搜神記》中數則胡
化事例，即可清晰見得：

太康中，天下以氈為絈頭及絡帶、褲口。於是百姓咸相戲曰：「中國
其必為胡所破也。」夫氈，胡之所產者也，而天下以為絈頭、帶身、
褲口，胡既三制之矣，能無敗乎！（〈卷七・190・氈絈頭〉）

元康中，貴游子弟相與為散髮倮身之飲，對弄婢妾。逆之者傷好，
非之者負譏，希世之士，恥不與焉。胡、狄侵中國之萌也。其後遂
有二胡之亂。（〈卷七・201・貴游倮身〉）

「百姓戲稱」，代表欣然接受此種胡化的結果；「散髮倮身之飲」成為上流之
士的流行，「逆之者傷好，非之者負譏」，更顯胡化之深，而干寶的「能無敗
乎」及「胡、狄侵中國之萌」，顯示對異族頻繁的交流及欲捍衛正統禮法的決
心。至於特有風物民俗，如：〈卷十・256・火浣衫〉、〈卷十二・311・鮫人〉、
〈卷十二・307・貙虎化人〉、〈卷十二・310・越地冶鳥〉等，皆展現異族特
有文物，已不等程度影響漢族文化，然此部分就文學層面言，此交流正是文
化走向多元，小說題材豐富的開始。

〔註14〕唐・房玄齡《晉書・阮種傳》收錄於《二十五史》（新文豐），頁962。
〔註15〕唐・房玄齡《晉書・四夷傳》收錄於《二十五史》（新文豐），頁1647。

三、王室南渡，助長志怪之風

　　自古以來，南方即是巫覡盛行的區域：

　　　　王逸《楚辭章句・九歌》：「昔楚國南郢之邑，沅湘之間，其俗信鬼
　　　　而好祠。其祠心作歌樂鼓舞以樂諸神」。〔註16〕

　　　　《桓子新論》：「昔楚靈王驕逸輕下，簡賢務鬼，信巫祝之道，齋戒
　　　　潔鮮，以祀上帝，禮群神，躬執羽紱，起舞壇前。吳人來攻，其國
　　　　人告急，而靈王鼓舞自若，顧應之曰：「寡人方祭上帝，樂明神，當
　　　　蒙福佑焉，不敢赴救。」而吳兵遂至，俘獲其太子后姬以下，甚可
　　　　傷。」〔註17〕

南方人堅信鬼神，因之好設祠、多淫祀；再由楚靈王信鬼神、輕人事，即便
吳人來攻仍神色自若，一心堅信祭奉上帝，自能化險為夷，可見已迷信至不
可救的程度。另魯迅論志怪時提及：〔註18〕

　　　　中國本信巫，秦漢以來，神仙之說盛行，漢末又大暢巫風，而鬼道
　　　　愈熾；會小乘佛教亦人中土，漸見流傳。凡此，皆張皇鬼神，稱道
　　　　災異，故自晉訖隋，特多鬼神志怪之書。（魯迅《中國小說史略》）

所謂「漢末又大暢巫風，而鬼道愈熾」，可能有二情形：一東漢時局動亂；二
南渡，而此情形與西晉南渡東晉是相同的。自元帝（司馬睿）在建康即位建
立東晉（公元三一七年），整個行政中心遂往南移，晉室南渡落腳地為當年的
吳地，王導等東晉名臣，為求快速與之融合，除謙讓於吳地大族，並企求籠
絡以求偏安，故不惜勤學吳語，以求迅速吸收南方文化〔註19〕。因之，南方

〔註16〕漢・王逸《楚辭章句》收錄於《文津閣四庫全書》，頁 8。

〔註17〕宋・李昉等《太平御覽》收錄於《文津閣四庫全書》，頁 691（此書亡佚《太
　　　　平御覽》注引）。

〔註18〕魯迅《六朝之鬼神志怪書（上）》收錄於《中國小說史略》（香港：三聯書店
　　　　1996 年），頁 44。

〔註19〕《晉書・王導傳》記載：「司馬睿徙建康，吳人不附，王導藉機令帝觀禊以顯
　　　　威儀，並上言國君：「古之王者，莫不賓禮故老，存問風俗，虛己傾心，以招
　　　　俊乂。況天下喪亂，九州分裂，大業草創，急於得人者乎？顧榮、賀循，此
　　　　土之望，未若引之，以結人心。帝乃使導躬造循、榮，二人皆應命而至，由
　　　　是吳會風靡，百姓歸心焉。自此之後，漸相崇奉，君臣之禮始定。」循、榮
　　　　皆吳國名士，王導建言睿籠絡之；另《世說新語・排調》亦言：「劉真長始見
　　　　王丞相，時盛暑之月，馭相以腹熨彈幕局曰：「何乃淘！」淘乃吳語；又於《世
　　　　說新語・方正24》亦記有「王丞相初在江左，欲結援吳人，請婚陸太尉。」
　　　　一事，可見王導極力攏合吳人之用心。

鼎盛的神鬼文化，必然快速流靡：

> 王丞相令郭璞試作一卦，卦成，郭意色甚惡，云：「公有震厄！」王問：「有可消伏理不？」郭曰：「命駕西出數里，得一柏樹，截斷如公長，置床上常寢處，災可消矣。」王從其語。數日中，果震柏粉碎，子弟皆稱慶。大將軍云：「君乃復委罪于樹木。」（《世說新語‧術解》）〔註20〕

> 晉明帝解占冢宅，聞郭璞為人葬，帝微服往看。因問主人：「何以葬龍角？此法當滅族！」主人曰：「郭云：『此葬龍耳，不出三年，當致天子。』」帝問：「為是出天子邪？」答曰：「非出天子，能致天子問耳。」（《世說新語‧術解》）〔註21〕

江左重臣對災異的預防與重視及國君對占卜的看重，顯示東晉鬼神思想的份量，此與南渡文化的交流，絕對有必然助燃的關係；加上政治的變動，故招攬一些當地子弟以為所用，自是必要，因之，遂造成南北地方文化的大交流，而干寶與葛洪皆出身南方的寒門，〔註22〕正因晉室南渡，方得有機會仕進。因之，大陸學者張慶民言：

> 東晉的安穩發展，很大程度上取決于當地吳人，尤其是世家大族以及士人們的支持。在這種形勢下，吳地的士人，或者先祖根源在南方的士人們，便有了仕進的機會。干寶、葛洪等一大批先祖為吳人的士人，由此進入了東晉的朝廷或官署。這些人既熟悉本土的文化習俗，同時又出入于朝廷王府或地方官署，在文化上成為東晉上層與當地風俗信仰的橋梁。〔註23〕

干寶與葛洪兩人皆是南方人，葛洪收攬各家神仙傳說，完成《神仙傳》，自序

〔註20〕 余嘉錫《術解》收錄於《世說新語箋疏》，頁708～709。

〔註21〕 余嘉錫《術解》收錄於《世說新語箋疏》，頁706。

〔註22〕 見本論文〈第二章第二節干寶的家世‧祖籍考〉，「大抵而言，干寶原為新蔡人，後因任官之因徙海鹽，祖籍應為無爭議，但干寶後來落腳地即籍貫地，則有新蔡、海鹽的爭議。前者為日籍學者小南，以為：『新蔡不僅是祖籍，由其與周訪、翟湯、陶侃的關係，不排除干氏一族亦曾在尋陽安家，視其為尋陽人。』」新蔡屬河南省、海鹽屬浙江省、尋陽屬江西省，干寶出生與活躍地皆在南方；而葛洪於《抱朴子‧自敘》：「抱朴子者，姓葛，名洪，字稚川，丹陽句容人也。」丹陽為江蘇省。故二者皆南方平民出身。

〔註23〕 張慶民《魏晉南北朝志怪小說通論》（北京：首都師範大學出版社2000年10月），頁99～100。

言：「今復抄集古之仙者見於仙經、服食方及百家之書、先師所說、耆儒所論，以爲十卷。」〔註 24〕；干寶廣收志怪題材完成《搜神記》，序中自言：「仰述千載之前，記殊俗之表，綴片言於殘闕，訪行事於故老。」〔註 25〕兩人收攬資料，或取證於文獻，或得自於地方野老，前者貴由仙經、服食方、百家書及先師言論中搜索神仙資料，內容單一，多爲道教設教，以顯神威；而後者則除讖緯天命的儒道觀外，亦諸多人鬼共處具小說志趣的作品。兩人方向不一，但基於地緣，南方神怪文化自然成爲收錄大宗，因之，南方顯盛的神鬼文化，自是東晉與南北朝志怪文化的助燃者。

第二節　《搜神記》的內容編排與著作動機

中國神怪記錄何其多，據汪紹楹本《搜神記》共二十卷，共搜四百六十四則志怪事，〔註 26〕個人以爲此非漫無目的的搜集，由其卷數的安排，實有系統可循：卷一爲五帝至漢、卷二則爲漢至三國、卷三則爲漢、晉奇人高士的言行；卷四、卷五則是較無年代順序的地方奇聞異事；卷六、卷七則是以讖諱手法，分別有次序記載夏至三國、晉朝政事；卷八則爲讖諱儒家聖王及後代帝王事蹟；卷九則讖諱忠臣得位與叛軍失位的神異奇事；卷十則讖諱后妃、官夫人之事，並兼論地方奇聞異事；卷十一讖諱忠臣、孝子、貞婦等倫常事理；卷十二爲陰陽五行與儒道兼融的神鬼觀；卷十三爲名勝文物及動植物傳說、卷十四爲各地特有風俗民情、奇聞異事傳奇；卷十五爲死而復活事蹟記載；卷十六、卷十七爲人鬼相鬥奇，事異聞的記載；卷十八、卷十九爲人勝鬼妖的奇聞異事；卷二十言恩仇必報的鬼神情義。

大體而言，本書兼有儒、道、佛三家思想，就編排取向言，本章著力最重者，當屬讖諱政治現象及人倫階級者，多半集中在卷六、卷七至卷十一，共計一百九十六則，佔全書四成多，近一半比例；其中又以卷六、卷七讖諱各朝內部重要史事爲主軸（卷六共七十七則；卷七爲四十八則，則數分居二十卷中第一、第二名），其次則爲卷十一讖諱倫常言行者（共三十六則排名第三）。

〔註 24〕晉・葛洪《神仙傳・序》收錄於《文津閣四庫全書》，頁 83。

〔註 25〕清・嚴可均《全上古三代秦漢三國六朝文・全晉文》，頁 2193。

〔註 26〕以下有關干寶《搜神記》文本，乃以汪紹楹校注《搜神記》（台北：里仁書局1982 年）爲據。

再次則言人鬼之間交接之道者，爲卷十二（十九則）、卷十五（十七則）、卷十六（二十四則）、卷十七（十三則）、卷十八（二十七則）、卷十九者（九則），其中除強調傳統敬鬼神思想外，不乏惡鬼無道騙人者，但後三卷更多爲人以智取勝鬼怪的奇譚異事，顯見干寶承認儒道共立、神鬼人同存的現象界，既主張「明神道之不誣」的敬重；亦更有人爲努力的部分；其既承認鬼神又不迷信鬼神，天人的力量交感地影響著。干寶《搜神記・自序》言：

> 雖考先志於載籍，收遺逸於當時，蓋非一耳一目之所親聞睹也。亦安敢謂無失實者哉。……仰述千載之前，記殊俗之表，綴片言於殘闕，訪行事於故老，將使事不二跡，言無異塗，然後爲信者。……今之所集，設有承於前載者，則非余之罪也。若使采訪近世之事，苟有虛錯，願與先賢前儒分其譏謗。及其著述，亦足以明神道之不誣也。群言百家，不可勝覽，耳目所受，不可勝載。今粗取足，以演八略之旨，成其微說而已。幸將來好事之士，錄其根體，有以游心寓目，而無尤焉。（《搜神記・自序》）

可知干寶取材來源有二：「仰述千載之前，記殊俗之表、綴片言於殘闕」、「訪行事於故老」；前者來自文獻記載、後者來自採訪故老；兩者尚有「失實者哉」的風險，然干寶言「苟有虛錯，願與先賢前儒分其譏謗」，目的是爲闡揚「明神道之不誣」的意旨。據此可知干寶是以史官嚴謹的態度作《搜神記》；再者全書就數「政治現象的譏諱」及「人倫秩序」的論述，所佔則數最多，可知干寶著作動機，應仍以史官的「殷鑑」爲主，此即劉惔稱其「鬼之董狐」的部分；至於「以演八略之旨」與「游心寓目」，八略所指應是《七略》外的小說，顯然干寶所涉尚有小說「娛樂」的功用。因之，這代表通本《搜神記》應兼含子史兩部分，故《晉書・干寶傳》言其作《搜神記》乃是「博採異同，遂混虛實」，〔註27〕並非含混之言，實是有所憑依。

第三節　《搜神記》蘊含的思想內涵

文人寫志怪的動機，大抵不出或託個人信守於義理，或以爲當代記錄，更或以之爲時尚。而由干寶著作遍及，以其對此著作的嚴謹程度，與自承《易》注的一貫陰陽秩序思想的堅持，個人以爲其著作動機大抵偏於第一類，然《搜

〔註27〕唐・房玄齡，《晉書》，收錄於《二十五史》（新文豐），頁。1395。

神記》之所以聞名於後，亦有傳承之外的部分。首先先論述其託神鬼承漢儒董仲舒之後，宣揚君權與人倫秩序的部分：

> 受命之君，天意之所予也，故號爲天子者，宜視天如父，事天以孝道也。號爲諸侯者，宜謹視所候奉之天子也。號爲大夫者，宜厚其忠信，敦其禮義，使善大於匹夫之義，足以化也。士者事也，民者瞑也。士不及化，可使守事從上而已。(《春秋繁露・深察名號》)

〔註28〕

干寶以輔政者的身份立言，承《春秋繁露》的主旨，企欲建立：天→天子→諸侯→大夫→士→民的秩序，以下即力證此論。大體而言干寶在《搜神記》著重的思想，不外以下數椿：

一、承漢代儒教之餘緒

儒教思想自漢朝大盛，所標舉者乃倫理宗教，而所有宗教之初始大半與自然崇拜結合，因之，構建成天、地、人三者並行的宗教觀：

> 大宗伯之職，掌建邦之天神、人鬼、地示之禮，以佐王建保邦國。
> (《周禮・春官・大宗伯》)〔註29〕

> 天子七廟：三昭三穆，與大祖之廟而七。諸侯五廟：二昭二穆，與大祖之廟而五。大夫三廟：一昭一穆，與大祖之廟而三。士一廟。庶人祭于寢。(《禮記・王制》)〔註30〕

大宗伯一職正代表古君王負有交流天地的使命，而在君、天、地的祭祀間，正顯示巫覡文化自然崇拜的結果；〔註31〕而與人之祭，上探祖廟七世、五世⋯⋯，各以階級而異，由君至民皆各有祭，正是自然之天與倫理之天結合，

〔註28〕西漢・董仲舒撰；清・蘇輿義證《春秋繁露義證・深察名號》(台北：河洛圖書出版社 1974 年)，頁 201。

〔註29〕漢・鄭玄注；唐賈公彥疏《周禮・大宗伯》收錄於《十三經注疏》，頁 270。

〔註30〕漢・鄭玄注；唐孔穎達疏《禮記・王制》收錄於《十三經注疏》，頁 241。

〔註31〕「(高祖六年)長安置祠祝官、女巫。其梁巫，祠天、地、天社、天水、房中、堂上之屬；晉巫祠五帝、東君、雲中君、司命、巫社、族人先炊之屬；⋯⋯，九天巫，祠九天。皆以歲時祠宮中。其河巫祠河於臨晉，而南山巫祠南山、秦中。各有時日。」《二十五史・史記・封禪》(新文豐)，頁 532～533。由漢高祖時期巫覡文化仍存及所祭內容無所不包，可知自然崇拜至漢並未消失，最後更爲漢儒的天命觀吸收，所涉內容的廣泛，此係中國鬼神文化多采多姿之因。

所建構出的天人秩序觀。既是階級之祭，代表天命觀的必然性，而儒家推展
天命觀，至終目的乃在抑亂與揚君德：

> 惟不敬厥德，乃早墜厥命。（《尚書・周書・召誥》）〔註32〕

> 至誠之道，可以前知，國家將興，必有禎祥；國家將亡，必有妖孽；
> 見乎著龜，動乎四體。（《禮記・中庸》）〔註33〕

亦即國之興衰指涉在君德，上天會示以禎祥之兆；因之，漢儒董仲舒者流，
遂依此建構一嚴密倫理宗教：

> 國家將有失道之敗，而天乃先出災害以譴告之；不知自省，又出災
> 異以警懼之；尚不知變，而傷敗乃至。……自非大亡道之世者，天
> 盡于扶植而全安之，事在勉強而已矣。（《漢書・董仲舒傳》）〔註34〕

「自非大亡道之世者，天盡于扶植而安全之，事在勉強而已矣」，基本上上天
是擁戴天命者的，若非失德至極，則仍能保位。而干寶承此觀念，接收天命
思想，故言：「帝王之興必俟天命，苟有代謝，非人事也。」（《晉紀・晉武帝
革命論》）承續儒家的天人感應說，並以此讖緯人事。何謂「讖緯」？「讖」
者，乃在「詭爲隱語，預決吉凶」；〔註35〕而「緯」是用神學對儒經的解釋。
〔註36〕因之，可知讖緯的用意乃在建立一套帶神格化的儒家思想體系，爲君
王政治行預言之先，以達天人感應的正當性。

（一）主政者之天命讖緯

在《搜神記》中干寶大量運用此法，刻意將賢君與暴君做對比，亦爲乘

〔註32〕漢・孔安國傳：孔穎達疏《尚書・召詔・周書》收錄於《十三經注疏》，頁
222。

〔註33〕漢・鄭玄注：孔穎達疏《禮記・中庸》收錄於《十三經注疏》，頁895。

〔註34〕漢・班固《前漢書・董仲舒傳》收錄於《二十五史》（新文豐）頁，1138。

〔註35〕「何謂『讖』？是一種神秘的宗教性預言，所謂「詭爲隱語，預決吉凶」。
作者往往假托上帝、神靈，因而被看作是天神的啓示。內容主要是預言朝代
的興亡，爲所謂真命天子出世製造神學根據。這種迷信先秦已經出現。」見
牙含章、王友三《中國無神論史》（北京：中國社會科學出版社1992年），
頁197。

〔註36〕「『緯』是對『經』而言，是用神學對儒經的解釋。漢武帝置『五經博士』，『五
經』包括《詩》、《書》、《禮》、《易》、《春秋》。由於漢代提倡『孝治』，貴族
子弟先授《論語》、《孝經》，於是合稱『七緯』。……事實上，用神學解釋儒
經，始萌于漢初。……董仲舒以《公羊春秋》推演陰陽家的災異，又說孔子
修《春秋》『爲漢立法』，這正是儒經神學化的先導。」見牙含章、王友三《中
國無神論史》（北京：中國社會科學出版社1992年），頁198。

運而起得天命之新君請命：

1. 賢君之行止

此部分我們先看干寶所搜賢君之行止：

> 虞舜耕於歷山，得玉歷於河際之巖。舜知天命在己，體道不倦。舜
> 龍顏大口，手握褒。宋均註曰：「握褒，手中有『褒』字。喻從勞苦，
> 受褒飭，致大祚也。」（〈卷六・227 舜手握褒〉）

據汪紹楹考證，此則《搜神記》獨有，前數語至「體道不倦」乃干寶自言；
自「舜龍顏大口」之後，則出自《孝經援神契》，〔註37〕此書爲漢朝緯書，干
寶以「舜知天命」的天命觀直指核心；並引他書以示賢君接受天命後，是無
我地「從勞苦，受褒飭，致大祚」，清楚凸顯授天命之君乃在服億萬人之勞，
並非在享樂。

堯亦有不暇服藥延年的傳說：「偓佺者，槐山採藥父也。……以松子遺堯，
堯不暇服。松者，簡松也。時受服者，皆三百歲。」（〈卷一・5・偓佺〉）兩
位賢君自受命後，皆以子民爲先，可謂德治之典範。

再見湯以己爲牲之例：

> 湯既克夏，大旱七年。洛川竭。湯乃以身禱于桑林，剪其爪髮，自
> 以爲犧牲，祈福于上帝。於是大雨即至，洽于四海。（〈卷八・228・
> 湯禱雨〉）

此則天、君、民三者的關係是：天授君權，唯以民聽，故湯以己爲犧牲祈雨，
乃自認來自天意，若是己不善則天應懲己，無關子民，此思想是源自湯「下
詔罪己」的觀念。《墨子・兼愛》曾引此段，以示兼愛之意：〔註38〕

> 湯曰：「惟予小子履，敢用玄牡，」告於上天後曰：「今天大旱，即
> 當朕身履，未知得罪於上下，有善不敢蔽，有罪不敢赦，簡在帝心。
> 萬方有罪，即當朕身，朕身有罪，無及萬方。」即此言湯貴爲天子，
> 富有天下，然且不憚以身爲犧牲，以祠說於上帝鬼神。此即湯兼也。

「萬方有罪，即當朕身，朕身有罪，無及萬方」，一語道盡湯一人承擔天命的
絕對性與在天、民之間所扮演的角色，無疑人君爲民與天的重要橋樑，最後
「天雨」，乃因湯之君德再次獲得天證而來，此德孔子言仁，墨子言兼愛。另
武王亦有一則：「武王伐紂，至河上。雨甚，疾雷，晦冥，揚波於河。眾甚懼，

〔註37〕見晉干寶撰・汪紹楹校注《搜神記》，頁 110。
〔註38〕張純一編《墨子集解》（四川：成都古籍書店 1988 年），頁 116。

武王曰：『余在，天下誰敢干余者！』風波立濟。」（卷八‧230‧武王）武王敢對峙於天，乃因武王自期伐紂是替天行道，故天地無可阻擋，亦是天命觀的實踐。

2. 暴君、篡位者之行止

首先我們先論暴君夏桀：

> 夏桀之時，厲山亡。秦始皇之時，三山亡。周顯王三十二年，宋大邱社亡。漢昭帝之末，陳留昌邑社亡。京房《易傳》曰：「山默然自移，天下兵亂，社稷亡也。」……凡山徙，皆不極之異也。……《尚書‧金縢》曰：「山徙者，人君不用道士，賢者不興。或祿去公室，賞罰不由君，私門成群，不救；當為易世變號。」說曰：「善言天者，必質於人；善言人者，必本於天。……（〈卷六‧103‧山徙〉）

據汪紹楹引《法苑珠林》證得本條他書未見，僅《搜神記》獨有；就編排言，應是干寶欲藉「山默然自移」特有奇象，以申己見；其中引京房《易傳》山自移社稷亡的思想，來說明反常態必反常理，則天下必亂，以啟天人關係。又引《尚書‧金縢》之說，以為山徙異象來自「人君不用道士，賢者不興」，或諸侯得權「賞罰不由君，私門成群」的結果，亦即人君未能用賢與政策失當，將造成改朝換代的結局。此思想乃承續周公思想而來：

> 我不可不監于有夏，亦不可不監於有殷，我不敢知曰有夏服天命，惟有歷年；我不敢知曰，不其延。惟不敬厥德，乃早墜命。我不敢知曰，有殷受天命，惟有歷年；我不敢知曰：不其延。惟不敬厥德，乃早墜厥命。（《尚書‧周書‧召誥》）〔註39〕

周公以為：夏商不能延長國祚，來自「不敬厥德，乃早墜厥命」，亦即天命來自君德，德失命絕。因之《尚書‧君奭》大膽言出「天不可信，我道惟寧王德延，天不庸釋于文王受命。」〔註40〕並非天不可信，而是因天聽自有民聽，天受天命來自民聽，故天、君、民的關係，圍繞在「德」字，天象所顯來自君德之行。因之漢哀帝發病那年異象生：

> 零陵有樹僵地……民斷其本，……三月，樹卒自立故處。京房《易

〔註39〕漢‧孔安國傳；唐‧孔穎達疏《尚書‧周書‧召誥》收錄於《十三經注疏》，頁222。

〔註40〕漢‧孔安國傳；唐‧孔穎達疏《尚書‧周書‧君奭》收錄於《十三經注疏》，頁245。

傳》曰：「棄正作淫，厥妖木斷自屬。妃后有顓，木企反立，斷枯復
生。」(〈卷六・142・僵樹自立〉)

哀帝興寧二年正值多事之秋，「哀帝信方士，服藥發病，不能理事，褚太后復
臨朝稱制」〔註41〕，故「妃后有顓，木企反立」所指即爲此事。

然對一非受天命之反叛者而言，則天亦示現，三國東吳時大預言家徐光，
亦有一則附會孫綝造反的事蹟：

> 過大將軍孫綝門，褰衣而趨，左右唾踐。或問其故，答曰：「流血臭
> 腥，不可耐。」綝聞，惡而殺之。斬其首，無血。及綝廢幼帝，更
> 立景帝，將拜陵，上車，有大風颳綝車，車爲之傾。見光在松樹上，
> 拊手指揮，嗤笑之。綝問侍從，皆無見者。俄而景帝誅綝。」(〈卷
> 一・24・徐光〉)

徐光過孫綝門揭衣而起，往左右吐唾，因其預見孫綝將造反，以流血臭腥不
可耐諷其人格。於是孫綝怒殺徐光，待孫綝廢幼帝立景帝，獨其見徐光「拊
手指揮，嗤笑之」，至後果然死於景帝之手，此則即是附會造反者的下場，以
示天象所顯，非天命者難承其位。

3. 新君起運者之行止

另干寶亦收集不少現君不賢，後代能君將享天命，氣銳不可擋者：

> 晉世新蔡王昭，平犢車在廳事上，夜，無故自入齋室中，觸壁而出。
> 後又數聞呼噪攻擊之聲，四面而來。昭乃聚眾，設弓弩戰鬥之備，
> 指聲弓弩俱發，而鬼應聲矢數，皆倒入土中。」(〈卷十六・388・王
> 昭〉)

此時的新蔡王司馬昭，尚未一統天下，但已銳不可當，連鬼神皆能降之；再
者曹操亦同時遇上此情形：

> 曹公討袁譚，使人從廟換千疋絹，君不與。曹公遣張郃毀廟。……
> 君（度朔君）語主簿：「曹公氣盛，宜避之。」……「昔移入湖，
> 闊絕三年。」乃遣人與曹公相聞：「欲修故廟，地衰不中居，欲寄
> 住。」公曰：『甚善。』治城北樓以居之。數日，曹公獵，得物，
> 大如麖，……公以摩面，……夜聞樓上哭云：「小兒出行不還。」
> 公拊掌曰：「此子言眞衰也。」晨將數百犬，……犬殺之，廟神乃

〔註41〕張福裕、劉占武編著《中國歷史大事編年》(台北：黎明文化事業公司 1994
年)，頁176。

絕。(〈卷十七・407・度朔君〉)

袁紹生前爲曹操所敗，死後人民立廟尊爲度朔君，然而當曹操追殺袁紹之子袁譚時，因廟方未配合出絹濟曹公，曹公生氣以致欲毀其廟，而度朔君面對氣盛的曹操，卻只能對著主簿言「避之」；至後因欲修廟求助曹操，終暫得安居；怎奈走失之小兒成爲曹公手上玩物，只得再次求助於曹公代尋，曹操見此物已衰，正可乘勝追擊，遂毀其廟。氣盛的領導者，其氣足可降鬼服神，代表的是得勢者或將得位者乃奉天命而來，氣焰甚至能收服小廟鬼神。

此類附會極多：

> 魏景初元年，有燕生巨鷇于衛國李蓋家，形若鷹，吻似燕。高堂隆
> 曰：「此魏室之大異，宜防鷹揚之臣於蕭牆之內。」其後宣帝起，誅
> 曹爽，遂有魏室。(〈卷六・172・燕生巨鷇〉)

> 蜀景耀五年，宮中大樹無自折。譙周深憂之，無所與言，乃書柱曰：
> 「眾而大，期之會，具而授，若何復。」言曹者，大也。眾而大，
> 天下其當會也。具而授，如何復有立者乎？蜀既亡，咸以周言爲驗。
> (〈卷六・173・譙周書柱〉)

第一則鷇生，以此附會鷹揚之臣司馬懿將代曹魏而起；第二以大樹自折附會曹魏眾多而大，將要兼併統一天下，蜀將無以立。凡天之異象必有其因，漢儒常以此爲天命的前兆。

（二）著重陰陽五行

「陰陽五行」由鄒衍起始，自此開啓爲執政者代言的先路：

> 陰陽與五行合流，……鄒衍始鎔鑄……秦代已將五行配合五
> 帝、……五色、五味、天干、音律、……政教、明堂位……兩漢則
> 無論政治、儒學、數術，均受到陰陽五行說之影響，……魏、晉以
> 後，其勢力未之或歇。上至君王，下至庶民，大自國家政教，小至
> 個人行事，無不直接間接爲陰陽五行觀念所支配。〔註42〕

而干寶在此流風下，展現其陰陽五行觀。首先見〈卷十二・300・五氣變化〉一則，其未託言鬼神，純爲五行配儒家五德立論：

> 天有五氣，萬物化成。木清則仁，火清則禮，金清則義，水清則智，
> 土清則思，五氣盡純，聖德備也。……中土多聖人，和氣所交也；

〔註42〕王國良《魏晉南北朝志怪小說研究》(台北：文史哲出版社 1984 年)，頁 143。

絕域多怪物，異氣所產也。苟稟此氣，必有此形；苟有此形，必生
此性。故食穀者智慧而文，食草者多力而愚，……食氣者神明而長
壽，不食者不死而神。……本乎天者親上，本乎地者親下，本乎時
者親旁：各從其類也。……應變而動，是為順常；苟錯其方，則為
妖眚。故下體生于上，上體生于下，氣之反者也；人生獸，獸生人，
氣之亂者也；男化為女，女化為男，氣之貿者也。……爾則萬物之
變，皆有由也。……聖人理萬物之化者，濟之以道。其與，不然乎？

　　（〈卷十二・300・五氣變化〉）

據汪紹楹考證，本則未見他書有之；甚至《荊楚歲時記》引作「干寶《變化》
論」、《法苑珠林・變化篇》引本條作「干寶記云」，故汪氏推測，本書應有《變
化》篇，此則蓋篇首序論，為干寶精純的思想發揮。〔註43〕首先他由五行配
儒家五德，此觀念在孔穎達《禮記・中庸》已有，《白虎通・情性篇》亦強調
之：「人生而應八卦之體，得五氣以為常，仁義禮智信是也，六者者何謂也，
喜怒哀樂愛惡謂六情，所以扶成五性，性所以五，情所以六者何？人本含六
律五行氣而生，故內辭五藏六府，此情性之所由出入也。」〔註44〕，干寶更
進一步以為，若五氣盡純，則仁義禮智思盡備，乃聖人也。又萬物各以氣之
清濁而產生不同形現，亦即清者則氣交於和，則形現聖人；反之若異氣所生，
則為怪物現。亦即形之現，來自氣之所生，又萬物各依所從之類，而有不同；
亦因不同類各依其所生養，而各具特色，如：人類食穀者故多智慧，又「食
氣者神明而長壽，不食者不死而神」，此即學道煉丹者之來由。因之萬物各依
其性，各從其類，錯置則氣亂，修煉則氣和，亦可能超越現有，而成道成仙。

　　在此處干寶融合儒道，凡聖人必氣和、五德兼備者，修德者亦必修煉者，
終至成道成仙，此即「聖人理萬物之化者，濟之以道」之理。干寶身處魏晉
儒道佛交雜的時代，當葛洪學道，以《抱朴子》倡行理想，以《神仙傳》悠
遊於神道中，干寶仍在儒、道、佛中謹守份際，死守善道，唯在無可避免下，
將儒道與長生結合。

　　干寶另一思想重點為陰陽，此乃承《易》：「陰出地上，佐陽成物」之精
髓而來（《坤・爻辭六二》）。《周易》一書以為天地生陰陽，兩者非並立，呈

〔註43〕有關汪紹楹校注，見晉干寶撰・汪紹楹校注《搜神記》，頁147。
〔註44〕漢・班固等著《白虎通・情性篇》收錄於《百子全書》（台北：黎明文化事業
　　　　公司1993年），頁8185。

現的是陰輔陽主的關係，此部分在《搜神記》呈現諸多不同面相：

> 魏襄王十三年，有女子化爲丈夫。與妻，生子。京房《易傳》：「女
> 子化爲丈夫，茲謂陰昌，賤人爲王；丈夫化爲女子，茲謂陰勝陽，
> 厥咎亡。」一曰：「男化爲女，宮刑濫；女化爲男，婦政行也。」（卷
> 六‧115‧女子化男）

此則干寶引京房《易傳》，陰陽相倚，陰勝陽或陰陽未能適得其位，皆是亂象
之源。此處的陰陽指男女份際。另其亦曾說明男女陰陽相處之道：

> 靈帝建寧三年春，河內有婦食夫，河南有夫食婦。夫婦陰陽二儀，
> 有情之深者也。今反相食，陰陽相侵，豈特日月之眚哉。靈帝既沒，
> 天下大亂，君有亡誅之暴，臣有劫弒之逆，兵革相殘，骨肉爲讎，
> 生民之禍極矣。故人妖爲之先作。（〈卷六‧155‧夫婦相食〉）

夫婦陰陽二儀，應是相輔相成，今相食即相傷，則有傷天地生運之道。而《搜
神記》中的陰陽，除指夫婦，更有多方形貌的發揮：

> 「漢獻帝初平中，長沙有人姓桓氏，死，棺斂月餘，其母聞棺中有
> 聲，發之，遂生。占曰：「至陰爲陽，下人爲上。」其後曹公由庶士
> 起。（〈卷六‧166‧桓氏復生〉）

陰屍死復生爲陽，則是「下人爲上」，以附會曹操之起於平民。此處的陰陽乃
指陽陰界兩個不同空間的關係。其在〈卷十二‧309‧刀勞鬼〉一則，即對此
現象有所說明：

> 《老子》曰：「昔之得一者：天得一以清；地得一以寧；神得一以靈；
> 谷得一以盈；侯王得一，以爲天下貞。」然則天地鬼神，與我並生
> 者也，氣分則性異，域別則形殊，莫能相兼也。生者主陽，死者主
> 陰，性之所託，各安其生。太陰之中，怪物存焉。（〈卷十二‧309‧
> 刀勞鬼〉）

干寶引老子之言，以爲氣無所不在，氣和則道生，而「生者主陽，死者主陰」，
各從其類，各安其生，若錯置則異象生。另有一則：

> 太興初，有女子，其陰在腹，當臍下。自中國來至江東。其性淫而
> 不產。又有女子，陰在首，居在揚州，亦性好淫。京房《易妖》曰：
> 「人生子：陰在首，則天下大亂；若在腹，則天下有事；若在背，
> 則天下無後。」（〈卷七‧221‧太興初女子〉）

此處的陰陽指的是上下關係，陰位原在下，故言「陰在首」、「在腹」、「在背」

皆是反置，故禍事必現。故此則乃在昭示陽上陰下爲陰陽應有之份際，若陰陽上下錯置，則亂象生。另干寶一個極重要的陰陽思想是落在君臣觀上：

> 太興中，兵士以絳囊縛紒。識者曰：「紒在首爲乾，君道也。囊者爲坤，臣道也。今以朱囊縛紒，臣道侵君之象也。」爲衣者，上帶短，纏至於掖；著帽者，又以帶縛項：下逼上，上無地也。爲褲者，直幅無口，無殺，下大之象也。尋而敦謀逆，再攻京師。（〈卷七・223・絳囊縛紒〉）

以爲「紒」即髮，在頭上即是乾，爲君道；而囊袋則爲坤，屬臣道。今以紅囊縛在上的頭髮，爲下包上，是侵權，以此附會君臣失節；又著衣上短下長、著帽以帶縛項，是下逼上；下半身的褲子任其下大，則代表下侵上，以此附會王敦造反。

　　干寶廣收陰陽例證，或託之以男女，或借之以生死，或明上下之位，更多是別君臣之責，前者爲陽，後者爲陰，陽主陰輔，秩序若失，天下大亂，最終目的乃在主輔的秩序觀。

（三）五倫秩序的實踐

　　干寶藉《搜神記》，貫五倫之禮於其中，表現特有人神鬼秩序觀，此即其至終不統歸道教與佛教等，被視爲宣教作品的原因之一：

1. 君臣之情

　　君臣關係不脫《易》之「陰出地上，佐陽成物，臣道也，妻道也。臣之事君，妻之事夫，義成者也。」（《坤・爻辭六二》）的陰陽思想，此爲干寶思想的主線，干寶極爲重現。凡其所搜之忠臣之士，皆有令人動容的情操，志節可與天地並列。

> 溫序……任護軍校尉，行部至隴西，爲隗囂將所劫，欲生降之。序大怒，以節撾殺人。賊趨欲殺序，苟宇止之曰：「義士欲死節。」賜劍，令自裁。序受劍，銜鬚著口中，歎曰：「無令鬚污士。」遂伏劍死。更始憐之，遂葬到洛陽城旁，爲之築冢。長子壽，爲印平侯，夢序告之曰：「久客思鄉。」壽即棄官，上書乞骸骨歸葬，帝許之。（卷十六・382・溫序）

干寶將之收入《搜神記》原因無他，乃在標舉忠臣志節。溫序爲叛軍隗囂所俘，然隗囂別將苟宇，特以禮待之，賜寶劍令其自刎，乃敬溫序義士志節。

此則以託夢示鬼神之意，重心不在鬼神之能，而是在忠烈志節的闡揚。另一則：

> 王業字子香，漢和帝時，爲荊州刺史。每出行部，沐浴齋素，以祈
> 于天地，當啓佐愚心，無使有枉百姓。在州七年，惠風大行，苛慝
> 不作，山無豺狼。卒於湘江。有二白虎，低頭曳尾，宿衛其側。……
> 民共立碑，號曰「湘江白虎墓」。（〈卷十一・274・白虎墓〉）

人臣王業每日誠禱於天，果得天應，任內百姓無事，風調雨順。忠臣諒輔更以佐上司的身份，代禱於天：

> 後漢諒輔，……少給佐史，漿水不交。爲從事，大小畢舉，郡縣斂
> 手。時夏枯旱，太守自曝中庭，而雨不降。輔以五官掾，出禱山川，
> 自誓曰：「輔爲郡股肱，不能進諫納忠，薦賢退惡，和調百姓，至令
> 天地否隔，萬物枯焦，百姓喝喝，無所控訴，咎盡在輔。今郡太守
> 內省責己，自曝中庭，使輔謝罪，爲民祈福，精誠懇到，未有感徹。
> 輔今敢自誓，若至日中無雨，請以身塞無狀。」乃積薪柴，將自焚
> 焉。至日中時，……山氣轉黑起，雷雨大作，一郡沾潤。世以此稱
> 其至誠。（〈卷十一・271・諒輔〉）

諒輔爲官清廉，且是「大小畢舉」的能臣，因之令「郡縣斂手」，長官稱道。太守祈雨未至，諒輔再禱，且立誓若雨持續未至，則欲以身殉葬。禱詞先是自責「不能進諫納忠，薦賢退惡，和調百姓」，以致令天地人不調，至後果得天應，雨至。並非只有君上可以代禱，諒輔位又低下於太守，但因唯德是依，心繫百姓，故天與之應。

另一則不僅天應之，甚因德配天地，令神鬼都對之敬畏三分：

> 文王以太公望爲灌壇令。期年，風不鳴條。文王夢一婦人，……曰：
> 「吾泰山之女，嫁爲東海婦。欲歸，今爲灌壇令當道有德，廢我行。
> 我行必有大風疾雨。大風疾雨，是毀其德也。」文王覺，召太公問
> 之。是日果有疾雨暴風，從太公邑外而過。文王乃拜太公爲大司馬。
> （〈卷四・73・灌壇令〉）

姜太公爲灌壇令，因當道有德，泰山女極敬重，所以出嫁時繞道外境，以免疾風暴雨損害姜公治績。此則干寶收之，顯然欲借鬼神明示──人臣之德，爲天地共容，天人暢行無阻。

2. 父子之情

有關孝子言行，干寶除搜引《孝子傳》「曾子齧指」、「董永賣身葬父」外，更有「王祥的臥冰求鯉」及「郭巨埋兒養母」、「王裒雷至侍母墓」等故事〔註45〕；現即舉一則他書未見之例，〔註46〕以說明干寶搜集孝子言行之用心。孝子王佑病重與母親辭別，王佑向鬼神求情：

> 佑知其鬼神，曰：「不幸疾篤，死在旦夕。遭卿，以性命相託。」答曰：「人生有死，此必然之事。死者不繫生時貴賤。吾今見領兵三千，須卿，得度簿相付。如此地難得，不宜辭之。」佑曰：「老母年高，兄弟無有，一旦死亡，前無供養。」遂歔欷不能自勝。其人愴然曰：「卿位為常伯，而家無餘財。向聞與尊夫人辭訣，言辭哀苦，然則卿國士也，如何可令死。吾當相為。」⋯⋯於是疾三分愈，數日大除。⋯⋯初有妖書云：「上帝以三將軍趙公明、鍾士孝，各督數鬼下取人。」莫知所在。佑病差，見此書，與所道趙公明合。（〈卷五·98·趙公明參佐〉）

王佑任官家無餘財，病篤聲哀與母辭訣，鬼神感動，遂不忍徵之，得以免死；另藉由病癒，見妖書所言趙公明下令督促數鬼至陽間取人一事，皆無一不假，以託神鬼不可誣，唯人德可避之。

而天人感應的孝子觀，不乏獲利者，如郭巨原欲埋兒以侍母，後得上天賜「黃金一釜」（〈卷十一·283·郭巨〉）；楊伯雍因「性篤孝」，老天遂令「玉生石」，以娶得好婦」（〈卷十一·285·楊伯雍〉）；亦有劉殷至孝，「嘗夜夢人謂之曰：『西籬下有粟』。寤而掘之，得粟十五鍾。⋯⋯及王氏（曾祖母）卒，夫婦毀瘠，幾至滅性。時柩在殯而西鄰失火，風勢甚猛，殷夫婦叩殯號哭，火遂滅。後有二白鳩來，巢其樹庭。」（〈卷十一·284·劉殷〉）原是平凡百姓，因是孝子、孝孫，遂情感於天，令其衣食無缺。此作用無非教化百姓，使之能順從五倫之序。

3. 兄弟之情

干寶在《搜神記》中亦記載有孝弟侍兄嫂的友愛之情：

> 庾袞字叔褒，咸寧中，大疫，二兄俱亡，次兄毗復殆。癘氣方盛，父母諸弟，皆出次於外，袞獨留不去。⋯⋯乃曰：「袞性不畏病。」

〔註45〕以上數則見汪紹楹校注，見晉干寶撰·汪紹楹校注《搜神記·卷十一》。
〔註46〕據汪紹楹注語「本事他書未見」。見晉干寶撰·汪紹楹校注《搜神記》，頁64。

遂親自扶持，晝夜不眠；間復撫柩，哀臨不輟。如此十餘旬。疫勢

既退，……毗病得差，衮亦無恙。(〈卷十一・293・庾衮〉)

庾衮無畏大疫，獨留哭兄，遂孝悌感天，兄得以死而復活。再者，晉武帝咸

寧二年，顏含兄顏畿不當死而死，遂託夢將可復活，後果然復活，於是：

將護累月，飲食稍多，能開目視瞻，屈伸手足，不與人相當。不能

言語，飲食所須，托之以夢。如此者十餘年，家人疲於供護，不復

得操事。含乃棄絕人事，躬親侍養，以知名州黨。後更衰劣，卒復

還死焉。」(卷十五・368・顏畿附弟含)

而顏含「棄人事，躬親侍養」，以悌行聞名，並因之「以知名州黨」，可見干

寶揚名教之深意。干寶特意收錄，乃有意藉鬼神言儒家長幼兄弟之情，這對

八王之亂的兄弟紛擾，〔註47〕有其時代意義。另顏含亦有憂嫂之事：

顏含字宏都，次嫂樊氏，因疾失明。醫人疏方，須蚺蛇膽，而尋求

備至，無由得之。含憂歎累時。嘗晝獨坐，忽有一青衣童子，年可

十三四，持一青囊授含。含開視，乃蛇膽也。童子逡巡出戶，化成

青鳥飛去。得膽藥成，嫂病即愈。(〈卷十一・282・蚺蛇膽〉)

顏含心繫二嫂眼疾，以致「含憂歎累」，至終友愛兄嫂之情感天，青衣童子送

藥來，嫂遂得天助而癒。

4. 夫婦之情

　　干寶在注《易》時，即強調女德是輔的重要；此亦是其在《晉紀・總論》

的重點項目：

其婦女莊櫛織紝皆取成於婢僕，未嘗知女工絲枲之業，中饋酒食之

事也。先時而婚，任情而動，故皆不恥淫佚之過，不拘妒忌之惡。

〔註47〕「武帝臨崩，欲以汝南王亮與皇后楊駿同輔政，……賈后擅權，殺楊駿，廢

楊太后，徵亮入，與衛瓘同輔政。亮與楚王瑋不協，瑋詔賈后，誣亮瓘有廢

立之謀，后乃使帝詔瑋殺亮瓘，又坐瑋以矯殺亮瓘之罪，即日殺瑋。……趙

王倫在京師，素諂賈后，其嬖人孫秀說以太子之廢，……倫僭位，以惠帝為

太上皇，遷於金墉。於是同及河間顒、成都王穎共起兵討倫。……迎惠帝復

位，倫尋伏誅，……有校尉李含奔於長安，詐稱有詔使河間王顒討同，顒遂

上表請廢同，以成都王輔政，並檄長沙王乂為內主。……及乂先殺同，其計

不遂。…乂為張方所殺。……時顒遣張方救穎，方遂挾帝及穎歸於長安。顒

廢穎，立豫章王熾為皇太弟。……顒亦單騎逃太白山……途次為南陽王模所

殺。惠帝崩，懷帝即位，越討石勒而卒，此八王始末也。」(清・趙翼《八

王之亂》收錄於《二十二史劄記》)，頁141～142。

> 有逆於舅姑，有反易剛柔，有殺戮妾媵，有黷亂上下，父兄弗之罪
> 也，天下莫之非也，又況責之聞四教於古，修貞順於今，以輔佐君
> 子者哉。

指陳當代婦人罪狀：「不恥淫佚之過」、「有逆於舅姑」、「有反易剛柔」、「有黷亂上下」，期待女子的言行應是德貞居輔位且侍長上。此點亦是源於《易》之陰陽關係。至於孝媳侍奉長上，最有名者為東海孝婦的故事，此則本事干寶之前即有之，孝婦侍婆婆至孝，結果婆婆為免拖累孝媳而自殺，怎奈孝媳受誣為弒婆婆者，又遇上太守不察，遂成冤獄，後郡中「三年不雨。後太守至，于公曰：『孝婦不當死，前太守枉殺之，咎當在此。』太守即時身祭孝婦冢，因表其墓。天立雨，歲大熟。」（〈卷十一‧290‧東海孝婦〉）孝婦「守份」、「盡侍長上」，與上文干寶〈總論〉西晉婦女「有逆於舅姑」的行徑正好相反，干寶收錄此則人媳孝感天地，無非藉此一部冥史，回復天人感應之道，整治當代婦德之失。

再者，干寶在〈總論〉中撻伐魏晉婦女「先時而婚，任情而動，故皆不恥淫佚之過」，而無獨有偶，在《搜神記》中，處處可見干寶有計畫收錄婦女「貞德」的事跡。如韓憑一則即是：

> 宋康王舍人韓憑，娶妻何氏，美，康王奪之。妻密遺憑書，繆其辭
> 曰：「其雨淫淫，河大水深，日出當心。」……俄而憑乃自殺。……
> 妻亦投臺，……遺書於帶曰：「王利其生，妾利其死。願以屍骨，賜
> 憑合葬。」王怒，弗聽。使里人埋之，冢相望也。……宿昔之間，
> 便有大梓木生於二冢之端，旬日而大盈抱，屈體相就，根交於下，
> 枝錯於上。……宋人哀之，遂號其木曰「相思樹」。（〈卷十一‧294‧
> 韓憑妻〉）

韓憑妻未因宋康王奪之而對丈夫變節，最後更決意與夫共赴黃泉，兩人貞愛永隨遂感天而化為梓，使屈體相就永誓不離。個人以為干寶收錄此則，目的不在言敘愛情之美，而是強調韓妻的堅貞。

另干寶藉《搜神記》，亦大量收錄冥間守貞的故事。如：漢獻帝建安中，南陽賈文合，因冥間有司誤抓，於是在釋回人間的路上巧遇同遭遇之女子，兩人遂同行，文合見女甚悅之，於是有所要求，但為女子所拒：「文合曰：『悅子之心，願交歡于今夕。』女曰：『聞之諸姑，女子以貞專為德，潔白為稱。』文合反覆與言，終無動志。天明各去。」（〈卷十五‧361‧賈文合〉）女子在

陰間路，遇心儀可靠的賈文合，以「貞專爲德，潔白爲稱」斥退文合的求歡，干寶有意冥示女德之貴。

另一則紫玉的故事亦同，紫玉與韓重相愛，怎奈父親反對遂死，外出三年的韓重回來往弔，紫玉感動其不忘舊恩，遂邀入墓相聚，於是三天三夜行夫婦之道，韓重臨行，紫玉以美玉相贈，言：「既毀其名，又絕其願，復何言哉！時節自愛。若至吾家，致敬大王。」（〈卷十六・394・紫玉〉）紫玉面對摯愛重情義來會，所能贈者除明珠外，尙有最珍貴的貞節，因之言「既毀其名，又絕其願」，可見社會的期待是貞節，它成爲一女子自生至死永相隨的重要操守。

另一則更令人驚異：

漢桓帝馮貴人病亡。靈帝時，有盜賊發冢，……群賊共奸通之，至鬥爭相殺，然後事覺。後竇太后家被誅，欲以馮貴人配食。下邳陳公達議：「以貴人雖是先帝所幸，尸體穢污，不宜配至尊。」乃以竇太后配食。（〈卷十五・373・馮貴人〉）

漢室欲祭尊貴的先帝，受盜墓者所奸污的馮貴人，不及專政、專權的竇太后，最後選竇氏以代馮氏之屍陪祭，只爲馮屍「尸體穢污，不宜配至尊」，失貞其罪遠過於專權亂國者，干寶昭示婦以貞爲德的意向，就更明顯了。

另干寶於《搜神記》除強調婦女的貞德，亦著力描摹婦女盡人妻、人母之責：漢談生遇冥間女子結爲夫婦，生一子，要求漢談生三年不得以火照之，結果漢談生未能遵守，不及幻化爲人的妻子，被迫須離開，遂殷殷交代：「『與君雖大義永離，然顧念我兒，若貧不能自偕活者，暫隨我去，方遣君物。』……以一珠袍與之，曰：『可以自給。』裂取生衣裾，留之而去。後生持袍詣市，睢陽王家買之，……以爲女婿。表其兒爲郎中。」（〈卷十六・396・漢談生〉）漢談生之妻，克盡爲人母之責，恐離去後兒子無人照應，因之贈珠袍以解丈夫之匱乏，並安排丈夫與娘家人相見，由娘家代爲照顧夫小；另一則爲崔少府墓溫休的事蹟，溫休已死，父代爲許親給陽人盧充，盧充在不知情的情形下，進入府墓與溫休成婚，三日畢，崔父告知盧充：

「君可歸矣。女有娠相，若生男，當以相還，無相疑；生女，當留自養。」……別後四年，三月三日，……女抱兒還充，又與金鋺，並贈詩曰：「……不悟陰陽運，哲人忽來儀。會淺離別速，皆由靈與祇。何以贈余親？金鋺可頤兒。恩愛從此別，斷腸傷肝脾。」充取

兒、鋺及詩，忽然不見二車處。……。充後乘車入市賣鋺。高舉其
價，不欲速售，冀有識。欻有一老婢識此，還白大家（崔氏親姨母
也）……母即令詣充家，迎兒視之。……兒遂成令器，歷郡守二千
石。子孫冠蓋，相承至今。其後植，字子幹，有名天下。（〈卷十六·
397·崔少府墓〉）

冥間崔女一心繫念兒子，於是以金鋺贈兒。以上兩則都真切表現一位母親如
何在離開人世，尚且以夫、以子為念，盡人母、人妻之責，此無異是對《晉
紀·總論》所指魏晉婦女「其婦女莊櫛織紝皆取成於婢僕，未嘗知女工絲枲
之業，中饋酒食之事也」的另類撻伐。故值得注意是今日諸多研究《搜神記》
者，每言及〈韓憑妻〉、〈賈文合〉、〈紫玉〉、〈崔少府墓〉等此類男女相戀的
名篇，往往視為反禮教、追求自由愛情之作，〔註48〕今若將其放入干寶此縱
線脈絡，應明晰可見其乃不脫后妃之教、女德的規範。

　　因之，若言干寶以《晉紀》明人世得失，以昭示儒家五倫的中心思想，
則不難在《搜神記》中看見此思想的接續，亦即干寶是以《晉紀》為陽世史
記，以《搜神記》為陰世史鑑。

5. 朋友之情

　　干寶在朋友之情中，亦有所著墨，然未及君臣與夫婦者多：

漢范式……與汝南張劭為友，……二人並遊太學。後告歸鄉里，式
謂元伯曰：「後二年當還，將過拜尊親，見孺子焉。」乃共剋期日。
後期方至，元伯具以伯母，請設饌以候之。母曰：「二年之別，千里
結言，爾何相信之審耶？」曰：「巨卿信士，必不乖違。」……至期
果到。……元伯臨終，歎曰：「恨不見我死友。」……尋而卒。式忽
夢見元伯，玄冕垂纓，屐履而呼曰：「巨卿，吾以某日死，當以爾時
葬，永歸黃泉。子未忘我，豈能相及？」式恍然覺悟，悲歎泣下，

〔註48〕諸如此類的標舉，不勝枚舉：「一類是男女私相愛悅、結合的故事，其中既
　　　　有人與人的，也有人與神、人與鬼的。如《杜蘭香》、《王道平》、《河間郡男
　　　　女》、《紫玉》等。」王枝忠《漢魏六朝小說史》（浙江：古籍出版社1997年），
　　　　頁83；「當吳王認為韓重挖墳偷物時，紫玉又出現為他辯解，請吳王不要加
　　　　罪。這裡表現了一個少女生死如一的真摯愛情，說明古代人民對自由幸福的
　　　　婚姻是多麼熱烈地在追求。」劉葉秋《魏晉南北朝小說》，頁49；「為了支
　　　　持追求自由婚姻的精神，反對封建專制制度的迫害，像其他同類題材的小說
　　　　一樣，作者採用了志怪的形式即用死人復生或鬼魂現形，來實現青年男女的
　　　　美好理想……」侯忠義《中國文言小說史稿（上）》，頁54。

便服朋友之服，投葬日，馳往赴之。未及到而喪已發引。既至壙，
將窆，而柩不肯進。……遂停柩。移時，乃見素車白馬，號哭而來。……
既至，叩喪言曰：「行矣元伯，死生異路，永從此辭。」會葬者千人，
咸爲揮涕。（〈卷十一・299・范巨卿張元伯〉）

范式與張劭相約，兩年期至，范式設饌待之，張氏果然依約前來；後張氏臨
死不忘老友，范式果夢來相別，於是趕赴，張氏停柩等之，令隨行千人感動。
此則正可爲五倫之一，「朋友有信」做註解，唯此方面可得之資料不多，原因
無他，干寶中心思想是以《易》注，陽主陰輔的關係出發，以定尊卑，因之
五倫主輔依序爲：父子、夫婦、君臣、長幼，唯「朋友有信」爲平行關係，
前四倫依干寶在《搜神記》的比重爲：君臣關係遠遠高於其他，再次爲夫婦
關係，而言君止德，言臣、言婦之責多，故不難看出干寶做《搜神記》實是
爲輔執政者而來，干寶所處時代先有君臣失份的「八王之亂」，再有主導八王
初期亂源的「賈后專政」，因之強調此兩者，正是爲晉室把脈抓方而來。

（四）儀節服制的重視

《搜神記》花了不少篇幅言禮節失當，禍事必來的事蹟，而其中不外兩
大方向

1. 禮樂服飾的失據

干寶在《搜神記》精心收攬了極多篇幅，言讖緯，預言禮樂服制若未循
常，則亂象必現的故事：

靈帝建寧中，男子之衣，好爲長服，而下甚短。女子好爲長裙，而
上甚短。是陽無下而陰無上，天下未欲平也。後遂大亂。（〈卷六・
154・長短衣裙〉）

孫休後，衣服之制，上長下短。又積領五六，而裳居一二。蓋上饒
奢，下儉逼；上有餘，下不足之象也。（〈卷六・178・孫休服制〉）

晉武帝泰始初，衣服上儉下豐，著衣者皆厭腰。此君衰弱、臣放縱
之象也。至元康末，婦人出兩襠，加乎交領之上，此內出外也。爲
車乘者，苟貴輕　細，又數變易其形，皆以白篾爲純，蓋古喪車之
遺象。晉之禍徵也。（〈卷七・180・西晉服妖〉）

昔魏武軍中，無故作白帢。此縞素凶喪之徵也。……至永嘉之間，
稍去其縫，名「無顏帢」。……無顏者，愧之言也。覆額者，慚之貌

也。其緩彌甚者，言天下亡禮與義，放縱情性，及其終極，至於大
恥也。其後二年，永嘉之亂，四海分崩，下人悲難，無顏以生焉。（〈卷
七‧214‧無顏帢〉）

一、二則爲干寶整理出衣著上下失均、陰陽失據的證據，以附會東漢靈帝末
年、三國孫吳之亂象；第三則爲附會晉武帝而來，直陳上下失據即「君衰弱、
臣放縱」之象，可知干寶依然回到陰陽天命讖諱觀；最後一則，干寶痛陳「天
下亡禮與義，放縱情性，及其終極，至於大恥也」，則不難看出其欲回推儒家
本學，以禮樂教化端正人心的用心。再對應其於〈總論〉，痛陳君臣失禮、后
妃失德的激憤，即能得證干寶的思想取向。再者，陰陽失據，尊卑禮法不分，
又不免回到男女失分，以致女勢過強而失準之例：

初作屐者，婦人圓頭，男子方頭。蓋作意欲別男女也。至太康中，
婦人皆方頭屐，與男無異。此賈后專妒之徵也。（卷七‧187‧方頭
屐）

漢桓帝元嘉中，京都婦女作愁眉、啼妝、墮馬髻、折腰步、齲齒笑。
愁眉者，細而曲折。啼妝者，薄拭目下，若啼處。墮馬髻者，作一
邊。折腰步者，足不在下體。齲齒笑者，若齒痛，樂不欣欣。始自
大將軍梁冀妻孫壽所爲，京都翕然，諸夏效之。天戒若曰：「兵馬將
往收捕，婦女憂愁，踧眉啼哭；吏卒掣頓，折其腰背，令髻邪傾；
雖強語笑，無復氣味也。」到延熹二年，冀舉宗合誅。（卷六‧151‧
梁冀妻）

梁冀妻竟日愁眉、啼妝、墮馬髻、折腰步、齲齒笑，前三者爲婦之妝扮，後
二者「折腰步」與「齲齒笑」則是不莊重的舉止，已違女教傳統。因之，干
寶將之視爲反禮法之裝束、言笑，爲國亂象之前兆，以示儆警之意。再者：

晉惠帝元康中，婦人之飾有五佩兵。又以金、銀、象角、瑇瑁之屬，
爲斧、鉞、戈、戟而載之，以當笄。男女之別，國之大節，故服食
異等。今婦人而以兵器爲飾，蓋妖之甚者也。於是遂有賈后之事。（〈卷
七‧193‧婦人兵飾〉）

男女有別，男陽女陰，服飾配製有一定規範，而婦人以兵器之屬爲飾，則已
反陽剛陰柔之常理。而禮樂是儒家的首重，因之有關樂制，亦以尊禮爲首要：

漢時，京師賓婚嘉會，皆作魁櫑，酒酣之後，續以挽歌。魁櫑，喪
家之樂；挽歌，執紼相偶和之者。天戒若曰：「國家當急殄悴，諸貴

樂皆死亡也。」自靈帝崩後，京師壞滅，户有兼屍蟲而相食者。魁櫺、

挽歌，斯之效乎？（〈卷六・164・嘉會挽歌〉）

東漢末年哀樂不分，歡樂盡興時奏以哀樂輓歌，因之天戒出，至後果真天下亂。干寶所搜的禮樂規範是與陰陽觀念緊密結合的，既貫人事，又兼天命，在在強調儒家倫理的秩序觀。

2. 學胡崇外之失節

在《搜神記》中，干寶亦記載不少外來文化的影響，一概以異象衝擊國本視之，並冠以預言之讖緯：

胡床、貊槃，翟之器也；羌煮、貊炙，翟之食也。自太始以來，中國尚之。貴人富室，必畜其器，吉享嘉賓，皆以爲先。戎、翟侵中國之前兆也。（〈卷七・181・翟器翟食〉）

元康中，貴游子弟相與爲散髮保身之飲，對弄婢妾。逆之者傷好，非之者負譏，希世之士，恥不與焉。胡、狄侵中國之萌也。其後遂有二胡之亂。（〈卷七・201・貴游保身〉）

第一則胡器、胡食晉武帝泰始時即引入，達官顯貴者貴爲風尚，以此附會戎、翟及五胡之亂；第二則晉惠帝元康年間，權貴子弟多尚胡人飲酒弄婢之風，以附會二胡——羯族石勒與匈奴族劉曜的叛變。胡人文物風俗傳至大中國，干寶以獨尊的儒家禮制觀輕鄙外族，並預言天命，以爲胡事入國，國勢將失，亂象將起，至終又落入護持王室禮制及秩序不墜的天命觀。

二、亦融亦破道教思想

干寶身處魏晉幾經離亂的時代，時道、佛思想已然成熟，其在魏晉佛、道倡行的時代，力倡儒學卻作《搜神記》，看似矛盾，事實上正顯示干寶對道家思想的吸收：

（一）融道教氣化之說，以證鬼神

《搜神記・卷十二・300・五氣變化》一則，干寶已清楚展現五氣配五德的「五氣變化論」，而此思想乃是儒家與道教思想的合體，廣爲漢儒所運用。而事實上氣化說早在孔子即已提起：

宰我曰：「吾聞鬼神之名，不知其所謂。」子曰：「氣也者，神之盛也；魄也者，鬼之盛也。合鬼與神，教之至也。」……明命鬼神，

以爲黔首，則百姓以畏，萬民以福；聖人以是爲未足也，築爲宮室，設爲宗桃，以別親疏遠邇。教民反古復始，不忘其所由生也，眾之服自此，故聽且速也。(《禮記·祭義》)〔註49〕

由孔子與宰我的問答，得知孔子以爲神鬼是氣化的結果，而教化之盡乃在合鬼神與人事，故孔子主張的秩序觀，是跨天人的，而干寶吸收於鬼神思想中：

妖怪者，蓋精氣之依物者也。氣亂於中，物變於外。形神氣質，表裡之用也。本於五行，通於五事。雖消息升降，化動萬端。其於休咎之徵，皆可得域而論矣。(〈卷六·102·妖怪〉)

本則爲《搜神記》所獨有，故以之析論干寶思想，應有其精確性。〔註50〕干寶承孔子神鬼思想亦言氣化，而道教更爲氣化的服膺者。只是前者幾不言，亦不倡之；反倒道教以此爲生命的起始，加上與五行緊密的結合，致使氣化成道教之首重。干寶承漢儒之後，大量吸收道教氣化論，唯道教以氣化煉丹提神，言仙化境；干寶卻以之解妖怪生成之來，以爲妖怪之象，是陰陽氣化的結果，爲一現象產物。因之，並非所有鬼神皆有通天本領，此思想事實上不違孔子的「不語怪力亂神」的眞意，干寶藉道教氣化不入長生之學，但卻以之解爲現象使然，遂使鬼神由神格化降爲人格化。因之，干寶收羅而至的鬼神，盡是人間百態，更甚糊塗不及人者處處有之，此即小說界推崇干寶《搜神記》具「世情化」，〔註51〕讚美其爲民間創作先聲之因。此亦即《搜神記》一書，不列宣傳宗教信仰之書，至後視爲筆記小說文學類書之由。

依此而論干寶並非無神論者，只是以爲神鬼乃氣之使然，此意向在「懷瑤家有犬」中，即見明朗化：

晉惠帝元康中，吳郡婁縣懷瑤家，忽聞地中有犬聲隱隱。……長老

〔註49〕 漢鄭玄注；唐孔穎達疏《禮記·祭義》收錄於《十三經注疏》(台北：藝文印書館 1955 年)，頁 813～814。

〔註50〕 本則汪紹楹未加註本事出處，然本條注有「《法苑珠林》引此於《妖怪》篇首，云：『妖怪者，干寶記云。』似寶書有《妖怪》篇，此蓋篇首敘論。」故可推本則屬干寶個人思想者成份極高。見晉干寶撰·汪紹楹校注《搜神記》，頁 67。

〔註51〕 無論干寶「游心寓目」小說創作觀的提出，還是其「遂混虛實」小說敘事技巧的嘗試，都是對小說本體娛樂功能的挖掘，不乏開啓之功；而他在具體敘事操作中以神怪形象爲載體，描述普通男女飲食大欲、婚姻戀愛、家庭倫理以及社會各階層眾生相等世態人情以反映社會現實的世情化傾向，更是走在同時代小說家前列，成爲魏晉時期神怪小說世情化的典範之作。(龔舒·曾紹皇〈從《搜神記》看魏晉神怪題材的世情化傾向〉(《懷化學院學報·第 24 卷第 4 期 2005 年 8 月》)，頁 87。

或云：「此名犀犬，得之者，令家富昌。宜當養之。」以目未開，還置竅中，覆以磨礱。宿昔發視，左右無孔，遂失所在。瑤家積年無他禍福。至太興中，吳郡太守張懋，聞齋內床下犬聲，求而不得。既而地坼，有二犬子。取而養之，皆死。其後懋爲吳興兵沈充所殺。……《夏鼎志》曰：「掘地而得狗，名曰貫；掘地而得豚，名曰邪；掘地而得人，名曰聚。聚，無傷也。此物之自然，無謂鬼神而怪之。然則貫與地狼，名異，其實一物也。」《淮南畢萬》曰：「千歲羊肝，化爲地宰；蟾蜍得苽，卒時爲鶉。」此皆氣化以相感而成也。（〈卷十二・302・地中犬聲〉）

懷瑤與張懋住屋同時出現地下有犬的情形，結果前者未養未得禍，後者盡養之，反遭來橫禍。干寶引《夏鼎志》言：「此物之自然，無謂鬼神而怪之」；再引《淮南畢萬》言萬物生化乃來自「氣化以相感而成」，此處干寶的神鬼觀，以氣之化形論之，故並無過多的命定或預設。因之他亦將阮瞻與文穎遇鬼，對鬼事的重新估量收入：

阮瞻字千里，素執無鬼論者，物莫能難。每自謂此理足以辨正幽明。忽有客通名詣瞻，……瞻與之言良久，及鬼神之事，反復甚苦。客遂屈。乃作色曰：「鬼神古今聖賢所共傳，君何得獨言無。即僕便是鬼。」於是變爲異形，須臾消滅。瞻默然，意色太惡。歲餘，病卒。（〈卷十六・378・阮瞻〉）

漢南陽文穎，字叔長，建安中爲甘陵府丞。……夢見一人跪前曰：「昔我先人，葬我於此，水來漸墓，棺木溺，漬水處半，然無以自溫。聞君在此，故來相依。欲屈明日暫住須臾，幸爲相遷高燥處。」鬼披衣示穎，而皆沾濕。……即寤，語諸左右，曰：「夢爲虛耳，亦何足怪。」……向寐復夢見，謂穎曰：「我以窮苦告君，奈何不相愍悼乎？」……穎曰：「雖云夢不足怪，此何太適。」……率十數人，將導順水上，果得一枯楊，曰：「是矣。」掘其下，未幾，果得棺。……穎謂左右曰：「向聞於人，謂之虛矣。世俗所傳，不可無驗。」爲移其棺，葬之而去。（〈卷十六・383・文穎〉）

文穎、阮瞻皆是無鬼論者，阮瞻同鬼論說至令鬼盛怒而現形，一向辯說無礙的阮瞻，則因鬼化爲異形，黷面來示，以致震驚而病卒；文穎向來以爲鬼神乃虛，後以「世俗所傳，不可無驗」來推翻自己向之所信。而據《大明一統

志・嘉興府・陵墓・干瑩墓》注語：「吳散騎常侍寶之父也。寶嘗著《無鬼論》，瑩卒，以幸婢殉。後十年妻死合葬，婢猶存。寶始悟幽冥之理，撰《搜神記》三十卷。」〔註52〕又據《山堂肆考》記載：〔註53〕

> 干寶兄弟嘗病氣絕，積日不冷，後遂寤云：見天地間鬼神事如夢，
> 覺不自知死，寶以此遂撰集，古今神祇靈異人物變化，名《搜神記》，
> 以示劉惔，惔曰：卿可謂鬼之董狐。

可知干寶原為無神論者，做《搜神記》乃因見證親人之事而幡然改悟，而承認鬼神。近代學者以為干寶父、兄事乃後人附會，原因無他，因其自身父兄事《搜神記》皆無收錄，〔註54〕此論點雖可議，然不能因其未提，即斷言干寶為無神論者；又本處藉由干寶的氣化論，識得干寶視鬼神為氣化之產物，故可證干寶的思想，並非無神論者，而是有神論者，只是此神非全知全能，乃氣化之所形。

（二）破道教的鬼神信仰

雖說干寶為有神論者，但其對鬼神的觀念並非同於道教者流，盡信仙術神鬼，其秉持「氣之所形」的觀念，以破道教在鬼神上的迷思：

1. 破迷信，疑法術

干寶《搜神記》收集一些破除迷信的故事：

> 張助，於田中種禾，見李核，欲持去。顧見空桑中有土，因植種……
> 後人見桑中反復生李，轉相告語。有病痛者，息陰下，言：「李君令
> 我自愈，謝以一豚。」……盲者得視，遠近翕赫。……間一歲餘，
> 張助遠出來還，見之驚云：「此有何神，乃我所種耳。」因就斫之。

〔註52〕 明・李賢《大明一統志・卷三十九》（台北：文海出版社 1965 年），頁 2772。
〔註53〕 明・彭大翼《山堂肆考》收錄於《文津閣四庫全書》，頁 517。
〔註54〕 茲舉曹道衡論干寶家女婢事之考證為述：「原來西晉以來，講到開墓發現活人的事不只一次。如：《三國志・魏書・明帝記》《裴注》引《傅子》：『時太原發冢破棺，棺中有一生婦人，將出與語……視其冢上樹木可三十歲，……』」同書又引顧愷之《啟蒙注》：『魏時有人開周王冢者，得殉葬女子，經數日而有氣，數月而能語……。』……然而這個故事，干寶這立志要『發明神道不可誣』的當事人，偏偏隻字未提，卻又將此事歸之杜預之子杜錫。……持『神不滅』之說者，總愛編撰這些神鬼故事來為自己的論點辯護。當時的統治者，對維護『神不滅』故說，也是竭力支持的，……」見（曹道衡《中古文學史論文集》（台北：洪葉文化事業有限公司 1996 年），頁 233）故曹道衡以為父婢事是「神不滅」者的附會。

（〈卷五·100·新井〉）

張助不經意種下李核，結果百姓誤以爲神樹，後張助毅然將其砍下，以破神格化之說。漢仙女杜蘭香因母許配，晉愍帝時至人間尋夫婿張碩，後因人神不同路，故給食後約定來日再見。臨行前張碩問：「『禱祀何如？』香曰：『消魔自可愈疾，淫祀無益。』香以藥爲消魔。」（〈卷一·30·杜蘭香〉）此則極特殊，「消魔」解爲藥引，無疑昭示神鬼須敬，但並非敬之以迷信，正顯「神鬼不可誣」的眞意。

更甚干寶亦收錄不少對鬼神法術的質疑：

> 漢武時，蒼梧賈雍爲豫章太守，有神術。出界討賊，爲賊所殺，失頭，……雍胸中語曰：「戰不利，爲賊所傷。諸君視有頭佳乎？無頭佳乎？」吏涕泣曰：「有頭佳。」雍曰：「不然，無頭亦佳。」言畢，遂死。（〈卷十一·267·賈雍〉）

賈雍有神術又是忠臣，但至終難免一死，干寶收此，則目的除顯忠烈志節，亦言說神鬼之術並非萬能。另有一則爲「東海人黃公，善爲幻，制蛇御虎。常佩赤金刀。及衰老，飲酒過度。秦末，有白虎見於東海，詔遣黃公以赤刀往厭之。術既不行，遂爲虎所殺。」（〈卷二·39·鞠道龍附黃公〉）造成黃公法術消失的原因有二：一老、二飲酒過度。法術的消失，在於後天不修，此部分可解；但另一部分，老，似乎是不可免的必然，則是否意味長生不老的不可期，既不可期道家追之何爲？

再者一則東吳孫休有病，找來男覡欲試法術，刻意以鵝埋之，並於家外裝飾若婦女墓，令巫者解之，後巫者不解言曰：「實不見有鬼，但見一白頭鵝立墓上。所以不即白之，疑是鬼神變化作相。當俟其眞形，而定不復移易。不知何故，敢以實上。」（〈卷二·46·白頭鵝〉）男覡有法術可見鵝形，但卻無法見之孫休欲試探的眞相，此無異代表法術無法洞悉一切，既法術不可期，學道者追之何益？無疑干寶欲藉《搜神記》昭告魏晉談玄訪道之人，成天追法術並不能眞正洞悉生命究竟。

2..強化人鬼神平行的關係

干寶在《搜神記》中舉述不少對人神鬼三者的交際關係：

> 臨川陳臣家大富。……一町筋竹，白日忽見一人，長丈餘，面如方相，從竹中出，逕語陳臣：「我在家多年，汝不知，今辭汝去，當令汝知之。」去一月許日，家大失火，奴婢頓死。一年中，便大貧。（〈卷

十七‧408‧竹中長人〉)

陳臣大富，卻因不知敬鬼神，遂令鬼神含怨離去，至終得禍，此正切合干寶著作旨意「神鬼不可誣」的意涵。若據此以干寶對鬼神態度僅爲敬之，則未免低估《搜神記》的活化性。東漢太守劉伯祖，因與屋上狐妖相處甚好，於是狸妖每告以朝廷人事命令。後劉氏升官入司隸府，「神隨逐在承塵上，輒言省內事。伯祖大恐怖，謂神曰：『今職在刺舉。若左右貴人，聞神在此，因以相害。』神答曰：『誠如府君所慮，當相捨去。』遂即無聲。」（〈卷十八‧424‧劉伯祖狸神〉）據汪紹楹注引，此則本事他書未見，又有《北堂書鈔》、《太平御覽》引自《搜神記》之明證，〔註55〕干寶孤本搜羅此則，用意何在？「神鬼不可誣」固然重要，但其更欲表達的是，「神鬼亦可親」，可若友朋共同議事，爲對方設想。因之，干寶所謂的「敬」並非畏之而懼之，非上對下的，而是平行關係，甚至必要時，是可以以人的力量對抗鬼魅的。首先舉二則，人因己懼而爲鬼神所欺的故事：

> 魏黃初中，頓丘界有人騎馬夜行，見道中有一物，……人遂驚懼，墮馬。魅便就地捉之，驚怖暴死。良久得甦，……乃更上馬，前行數里，逢一人，相問訊已，……遂共行。語曰：「向者物何如？乃令君怖懼耶？」對曰：「其身如兔，兩眼如鏡，形甚可惡。」伴曰：「試顧視我耶？」人顧視之，猶復是也。魅便跳上馬，人遂墮地，怖死。家人怪馬獨歸，即行推索，乃于道邊得之。宿昔乃蘇，說狀如是。（〈卷十七‧406‧頓丘鬼魅〉）

夜行者爲鬼魅所驚，能「嚇死」兩次而後醒，代表兩次皆爲鬼魅所捉弄，可見鬼魅並非眞正能傷人，傷人者來自其人自懼。另有一則更明顯昭示人的能力非不及鬼魅，只是因疑心而自毀：

> 瑯琊秦巨伯，年六十，嘗夜行飲酒，道經蓬山廟。忽見其兩孫迎之，扶持百餘步，便捉伯頸著地，罵：「老奴，汝某日捶我，我今當殺汝。」……伯乃佯死，乃置伯去。伯歸家，欲治兩孫。兩孫驚愕，叩頭言：「爲子孫，寧可有此。恐是鬼魅，乞更試之。」伯意悟。數日，乃詐醉，行此廟間。復見兩孫來，扶持伯。伯乃急持，鬼動作不得。……伯著火炙之，腹背俱焦坼。出著庭中，夜皆亡去。伯恨不得殺之。後月餘，又佯酒醉夜行，懷刃以去。家不知也。極夜不

〔註55〕見晉‧干寶撰‧汪紹楹校注《搜神記》，頁222。

> 還。其孫恐又爲此鬼所困，乃俱往迎伯，伯竟刺殺之。(〈卷十六・
> 390・秦巨伯〉)

秦巨伯第一次爲鬼所擒，能佯死得逃；第二次更具有擒拿鬼神的功力，但卻令鬼神逃之；至終疑心又起，故「懷刃以去。家不知也」，以致造成誤殺兩孫的悲劇。可見干寶的神鬼，並非全知全能，此二則正呼應干寶所言妖怪是「氣亂於中，物變於外」及「休咎之徵，皆可得域而論」之說，故人處其間是可能因無所懼而運智，全身而退的。故干寶收集不少膾炙人口人勝鬼魅的故事：

> 東萊有一家，姓陳，家百餘口。朝炊，釜不沸。……忽有一白頭公，
> 從釜中出。便詣師卜。卜云：「此大怪，應滅門。便歸，大作械。械
> 成，使置門壁下，堅閉門在內，有馬騎庵蓋來扣門者，慎勿應。」……
> 果有人至，呼不應。主帥大怒，令緣門入。從人窺門內，見大小械
> 百餘。……帥大惶悔，語左右云：「教速來，不速來，遂無一人當去，
> 何以解罪也？從此北行，可八十里，有一百三口，取以當之。」後
> 十日，此家死亡都盡。此家亦姓陳云。(〈卷十七・409・釜中白頭公〉)

陰官受命來抓陳家人，陳家人早有準備，所以得以避開此場風暴。可見人與神鬼之間並非受制、聽命或屈從的關係，雖說有神鬼存在，且「神鬼不可誣」，但人卻可盡人事以避禍全福。在《搜神記》中亦不乏大鳴大放描摹人無懼，鬼魅自毀的例證：

> 桂陽太守李叔堅，爲從事。家有犬，人行，家人言：「當殺之。」叔
> 堅曰：「犬馬喻君子，犬見人行，效之，何傷。」頃之，狗戴叔堅冠
> 走，家大驚。叔堅云：「誤觸冠，纓掛之耳。」狗又於竈前畜火，家
> 益怔營。叔堅復云：「兒婢皆在田中，狗助畜火，幸可不煩鄰里。此
> 有何惡。」數日，狗自暴死，卒無纖芥之異。(〈卷十八・李叔堅〉)

> 魏齊王芳正始中，中山王周南爲襄邑長。忽有鼠從穴出，在廳事上，
> 語曰：「王周南，爾以某月某日當死。」周南急往，不應。鼠還穴。
> 後至期復出，更冠幘皁衣而語曰：「周南，爾日中當死。」亦不應。
> 鼠復入穴。須臾復出，出復入，轉行數語如前。日適中，鼠復曰：「周
> 南，爾不應死，我復何道。」言訖，顚蹶而死，即失衣冠所在。就
> 視之，與常鼠無異。(〈卷十八・437・王周南〉)

第一則當眾人驚於「犬人行」、「狗戴冠」、「狗畜火」等現象，李叔堅皆以常人之理推之，至終鬼魅無得施展，自暴而死；第二則鼠來告死期，王周南皆

不應，最後鼠「顛蹶而死，即失衣冠所在」。可見，妖者惑也，人不惑自能見真象、保全身。其他如定伯賣鬼（〈卷十六‧393‧宋定伯〉）；又宋大賢遇鬼殺鬼——「瞋目磋齒，形貌可惡」則「鼓琴如故」，鬼「於市中取死人頭來」則以爲枕，至後大賢殺之。（〈卷十八‧426‧宋大賢〉），皆膾炙人口。再有一則是干寶收錄人勝自然之神的例子：

> 晉扶風楊道和，夏於田中值雨，至桑樹下，霹靂下擊之，道和以鋤
> 格，折其股，遂落地，不得去。……（〈卷十二‧305‧霹靂被格〉）

楊道和以鋤戰勝雷神霹靂，此則據汪紹楹校注爲《搜神記》獨有，〔註 56〕或許來自干寶所聽聞，然經其採集，則不難看出干寶收錄的動機，建立在於人與神鬼之間的平行關係，是可確認的。

3. 強調鬼神與德性的依存性

干寶敬鬼神而又不信鬼神的觀念，伏流著一重要因子，即德性。亦即凡不懼鬼神者必是有德正行者，茲舉數例說明：妖人假餘姚鄉里貴人虞定國，佔蘇姓人家女兒便宜，並交代日後若有事可相託，後蘇公找得虞定國本人，虞氏大驚說著：「都未嘗面命，何由便爾？此必有異。」、「僕寧肯請人之父而淫人之女。若復見來，便當斫之。」後果得怪，並收服之。（〈卷十七‧403‧虞定國〉）據汪紹楹注引，疑虞定國即虞國也，任太守，〔註 57〕依妖人附虞氏之勢力，虞氏應任有官職非僅有錢無權者，故其言「僕寧肯請人之父而淫人之女。若復見來，便當斫之。」虞定國展示愛民之心，以正義喝斥鬼魅的失德，並憑一己的正義遂抓得鬼魅。相對者另有一則：

> 吳時，嘉興倪彥思，……忽見鬼魅入其家，……彥思夜於被中竊與
> 嫗語，共患此魅。魅即屋梁上謂彥思曰：「汝與婦道吾，吾今當截汝
> 屋梁。」即隆隆有聲。……彥懼屋壞，大小悉遣出，更取火，視梁
> 如故。……郡中典農聞之曰：「此神正當是狸物耳。」魅即往謂典農
> 曰：「汝取官若干百斛穀，藏著某處。爲吏污穢，而敢論吾。今當白
> 於官，將人取汝所盜穀。」典農大怖而謝之。（〈卷十七‧405‧倪彥
> 思附典農盜穀〉）

〔註 56〕 晉‧干寶撰：汪紹楹校注《搜神記》，頁 151。

〔註 57〕 「按《會稽典錄》，虞國字季鴻，爲日南太守。《水經注》二九云：「虞國舊宅，在餘姚官倉。」此云「以其鄉里貴人」，疑即是虞國。「定」爲字之誤衍。見晉‧干寶撰‧汪紹楹校注《搜神記》，頁 209。

此則有二事值得深究：首先倪彥思爲鬼魅所制，因其懼鬼魅在先，以致鬼魅製造斷梁假象，其信以爲眞，遂令鬼魅得寸進尺，至後因懼神鬼爲神鬼所舞弄；另典農有視狸與制狸之能，但卻因自己貪污而受制於鬼魅的恐嚇，而不敢言。故可知人只要心存正念與正行，是可與神鬼較智同行的。再舉三國時代太守王基家中有怪象，請管輅占卜，卜出此異象乃是屋久魅魅作祟，因勸曰：

> 夫神明之正，非妖能害也。萬物之變，非道所止也。久遠之浮精，必能之定數也。今卦中見象而不見其凶，故知假托之數，非妖咎之徵，自無所憂也。昔高宗之鼎，非雉所雊；太戊之階，非桑所生。然而野鳥一雊，武丁爲高宗；桑穀暫生，大戊以興。焉知三事不爲吉祥？願府君安身養德，從容光大，勿以神奸，污累天眞。（〈卷三・53・管輅〉）

此處強調「神明」乃指靈明本性，是鬼妖所不能害；並舉武丁祭商湯時烏鴉叫，武丁引以爲戒，遂行修德之務，故至後成爲賢君商高宗；太戊時桑谷並生，太戊修德自省，成就殷高宗盛世，此意味修德自省，即便有異象也鬼魅不生。所以管輅勸以安身養德，保以天眞。可見天生靈明本性，若能藉修德拭擦，自能鬼魅離身。

4. 將鬼神與殊俗風物結合

干寶在《搜神記》收集不少特殊現象或不同族群與動植物的特有習性，將這些非鬼神之物放入《搜神記》，目的在有意貫徹——神鬼與特殊風物皆是「氣之所生」，乃一自然現象，以示神鬼並非全知全能的主宰者。

> 秦時，南方有落頭民，其頭能飛。……吳時，將軍朱桓得一婢，每夜臥後，頭輒飛去，……將曉復還。……桓以爲大怪，畏不敢畜，乃放遣之。既而詳之，乃知天性也。時南征大將，亦往往得之。又嘗有覆以銅盤者，頭不得進，遂死。（〈卷十二・306・落民頭〉）

> 蜀中西南高山之上，有物，與猴相類，……名曰「猳國」，一名「馬化」，……若取得人女，則爲家室。其無子者，終身不得還。……若有子者，輒抱送還其家。產子皆如人形。……及長，與人不異，皆以楊爲姓。故今蜀中西南多諸楊，率皆是猳國馬化之子孫也。（〈卷十二・308・猳國馬化〉）

此兩則干寶論述觀點，皆以少數民族視之，就其特有習性爲述，因之即便見

著「落頭民」有身無頭或楊氏先祖貙國之民，皆不以爲怪，而以平常心視之，已降低鬼神主導的地位。

而十三、十四卷，則大半集中在特有動植物與文物及風俗者，如：「土蜂名曰蜾蠃，……常取桑蟲或阜螽子育之，則皆化成己子。」(〈卷十三‧333‧蜾蠃〉)；「木蠹生，羽化爲蝶。」(〈卷十三‧334‧蝤〉)「舌垤山，帝之女死，化爲怪草，……服怪草者，恆媚於人焉。」(〈卷十四‧352‧怪草〉)「蔡邕……至吳，吳人有燒桐以爨者，邕聞火烈聲，曰：「此良材也。」因請之，削以爲琴，……而其尾焦，因名「焦尾琴」。」(〈卷十三‧338‧焦尾琴〉)「暨陽人任谷，……忽有一人，著羽衣，就淫之。……谷遂有姙。……羽衣人復來，以刀穿其陰下，……谷遂成宦者……」(〈卷十四‧349‧羽衣人〉)，干寶此安排乃在顯示：鬼神不怪，一如特有風俗民情一般，只是特有氣化現象，並無關涉主宰的全知全能性。

三、佛教思想間接的注入

在《搜神記》著作背景中，提及魏晉時代是儒衰道盛佛入的時代，因之《搜神後記》中，我們時時可見沙門事蹟；更甚在同朝代謝敷的《觀世音應驗記》、王延秀的《感應傳》、朱君台的《徵應傳》，都已被視爲釋氏輔教之書的同時，〔註58〕干寶的《搜神記》卻只言鬼神，但不言佛，未提沙門，亦不言輪迴，但大量運用「果報」觀，如：第二十卷共十六全數皆果報說，其中報恩者十一則，報仇者四則，集報恩與報仇於一身者一則。

報恩者，如：牝虎送野肉謝接生婆蘇易(〈卷二十‧450‧蘇易〉)、孝子噲參救玄鶴傷，而銜明珠以報(〈卷二十‧鶴銜珠‧451〉)……等，茲舉一例：

> 漢時弘農楊寶，年九歲時，至華陰山北，見一黃雀，爲鴟梟所搏，墜於樹下，爲螻蟻所困。寶見愍之，取歸，……有黃衣童子，向寶再拜曰：「我西王母使者，使蓬萊，不慎爲鴟梟所搏。君仁愛見拯，實感盛德。」乃以白環四枚與寶，曰：「令君子孫潔白，位登三事，當如疑環。」(卷二十‧452‧黃衣童子)

楊寶因仁愛有加，救得西王母娘娘的使者黃衣童子，最後銜珠來報。至於報仇者：

〔註58〕薛惠琪《六朝佛教志怪小說研究》(台北：文津出版社1995年)，頁6。

　　臨川東興，有人入山，得猿子，便將歸。猿母自後逐至家。此人縛
　　猿子於庭中樹上，以示之。其母便搏頰向人，欲乞哀狀，直謂口不
　　能言耳。此人既不能放，竟擊殺之。猿母悲喚，自擲而死。此人破
　　腸視之，寸寸斷裂。未半年，其家疫死，滅門。（卷二十・460・猿
　　母猿子）

東興人於猿母前殺猿子，無視猿母苦苦哀求，遂使猿母哀絕，至後此人得滅
門的報應。其他如：虞蕩殺麈則死（〈卷二十・461・虞蕩〉）、陳甲殺蛇，腹
痛而亡（〈卷二十・462・華亭大蛇〉）等。

　　另有一則（〈卷二十・463・邛都大蛇〉），集恩仇報於一身：

　　邛都縣下，有一老姥，……每食，輒有小蛇，……姥憐而飴之食。
　　後稍長大，遂長丈餘。令有駿馬，蛇遂吸殺之。……令又遷怒，殺
　　姥。蛇乃感人以靈，言：「瞋令，何殺我母？當爲母報讎。」……是
　　夜，方四十里，與城一時俱陷爲湖。土人謂之爲「陷湖」。唯姥宅無
　　恙，訖今猶存。

邛都大蛇恩報自小餵養的老姥，怎奈老姥因牠而死，至終大蛇令縣內所轄之
城陷爲湖，獨老姥之宅無恙。恩仇分明，顯示人間情義。

　　干寶唯儒教是依，不言道仙，不入佛語，果報所著眼者爲現世，實不全
同於佛教多世輪迴之果報，其果報思想的源頭，爲何？首先檢索足以代表儒
家思想的果報觀：

　　惟不敬厥德，乃早墜命。（《尚書・周書・召誥》）〔註59〕

　　亳有祥桑谷共生于朝，一暮大拱。帝太戊懼，問伊陟。伊陟曰：「臣
　　聞妖不勝德，帝之政其有闕與？帝其修道。」太戊從之。而祥桑枯
　　死而去。」（《史記・殷本紀》）〔註60〕

　　「積善之家必有餘慶，積不善之家必有餘殃。」（《易經・坤卦・文
　　言》）〔註61〕

此類殷周時期先儒的現世報應，來自天命天德的一貫體系，這類「善慶惡殃」
的報應說，不言來世不言鬼神；《禮記・中庸》亦提及妖孽者現：「國家將興，

〔註59〕漢・孔安國傳；唐・孔穎達疏《尚書・周書・召誥》收錄於《十三經注疏》，
　　　　頁222。
〔註60〕漢司馬遷《史記・殷本紀》收錄於《二十五史》（新文豐），頁51。
〔註61〕魏・王弼注：唐・孔穎達疏《周易・坤・文言》收錄於《十三經注疏》，頁20。

必有禎祥；國家將亡，必有妖孽；見乎蓍龜，動乎四體。」〔註62〕此類思想
應非子思時期的產物，《禮記》思想有不少是漢儒所爲，經讖緯洗禮的漢儒，
也只藉讖緯示天，未直涉鬼神。《新語》亦同：

> 惡政生於惡氣，惡氣生於災異，蝮虫之類隨氣而生，虹蜺之屬因政
> 而見，治道失于下，則天文度于上；惡政流于民，則蟲災生于地。」
> （《新語·明誡》）〔註63〕

漢儒只限把惡政帶至災異現前，強調唯德是依，並不重於著墨鬼神意志之懲；
直言鬼神有意志，反倒是墨子的「明鬼」思想，較能說明此部分：

> 是以天下亂，此其故何以然也。則皆以疑惑鬼神之有與無之別，不
> 明乎鬼神之能賞賢而罰暴也。（《墨子·明鬼下》）〔註64〕

> 是故子墨子曰：「嘗若鬼神之能賞賢如罰暴也。蓋本施之國家，施之
> 萬民，實所以治國家利萬民之道也。是以吏治官府之不絜廉，男女
> 之爲無別者，有鬼神見之；民之爲淫暴寇亂盜賊，以兵刃毒藥水火，
> 退無罪人乎道路，奪人車馬衣裘以自利者，有鬼神見之。是以吏治
> 官府不敢不絜廉，見善不敢不賞，見暴不敢不罪，民之爲淫暴寇亂
> 盜賊，……由此止，是以天下治，故鬼神之明，不可爲幽閒廣澤山
> 林深谷，鬼神之明必知之。」（《墨子·明鬼下》）〔註65〕

> 古之今之爲鬼，非他也，有天鬼，亦有山水鬼神者，亦有人死而爲
> 鬼者。（《墨子·明鬼下》）〔註66〕

墨子的天是一賞罰的天，〔註67〕以爲天下之亂在於不信鬼神，若人人心中信
鬼神能賞賢與罰暴，則爲官自廉，男女自有分際，淫暴、寇亂、盜賊自不會
產生；另墨子亦言，鬼神並非統爲一天，而是無所不在，因之，墨子欲藉鬼
神爲現世執法的意圖，可知矣。這實不同於先秦孔孟仁義治國的思維，此部

〔註62〕漢·玄注；唐·孔穎達疏《禮記·中庸》收錄於《十三經注疏》，頁895。

〔註63〕漢·陸賈《新語·明誡》收錄於《四部備要》（台北：中華書局1981年），頁
8。

〔註64〕張純一撰《墨子集解·明鬼》收錄於《墨子大全》（北京圖書館出版社 2002
年），頁198。

〔註65〕張純一撰《墨子集解·明鬼》收錄於《墨子大全》，頁212～213。

〔註66〕張純一撰《墨子集解·明鬼》收錄於《墨子大全》，頁216。

〔註67〕「天蓋有不仁不祥者，曰當若子之事父、弟之不事兄、臣之不事君也，故
天下之君子，與謂之不祥者。」張純一撰《墨子集解·天志》收錄於《墨子
大全》，頁182。

分的天已是可懲人之天。故宋人章如愚言志異類小說多有：「雜兼儒墨之道，通眾家之意」的特色，〔註68〕是可證的。

　　干寶身處魏晉道佛盛行之時，鬼神思想極普遍，故以儒之五德氣化，承殷周與漢儒德化與讖緯天意之餘緒，墨家直指鬼神的果報，又加以當時佛教藉果報風潮以達「宣揚儒教」目的助長，而建構成果報觀，是極合理的。故嚴格說來干寶的果報觀思想，並非直接來自佛教，亦顯見其不入佛教之跡；但無可否認，最後一卷是受此時代風潮影響，順勢而發，故宗炳《明佛論》貼切言之：「干寶、孫盛之史無語稱佛，而妙化實彰。」〔註69〕干寶向來不直接承認道佛外教，但間接吸收，去取之間自以揚儒爲尚。

第四節　《搜神記》的時代價值

　　《搜神記》在後人研究中，偏向子部小說題材與神話的故事的研究；且小說研究又進一步以主題式呈現，並逐漸細究於「主題式」的研究，如：《搜神記》中的女性角色研究或動物類型故事的研究；尤甚者又朝民間文學與兒童文學的方向拓展，這代表《搜神記》的研究群相，已走向更深化層面，無可諱言此方面的研究成果的確可觀，但卻有失之一隅的遺憾，因整部《搜神記》是子部與史部的結合，故本節打算將重心放回《搜神記》的原始思想探源，以期掌握個中的傳承與價值的脈動：

一、承漢儒亦反漢儒，大開省思之路

　　干寶承漢儒董氏之餘緒，行陰陽天人之說，以完成儒家傳統的使命，使國君在天人間，達到：「人主立於生殺之位，與天共持變化之勢。」（《春秋繁露・王道通》）〔註70〕的應有權勢，此點陶建國所言是明晰的：〔註71〕

〔註68〕　宋・章如愚《群書考索》（京都：中文出版社1982年），頁99。
〔註69〕　「仁聖於石勒虎之世，謂虎曰，臨淄城中有古阿育王寺處。猶有形像承露盤在深林巨樹之下，入地二十丈，虎使者依圖搜求，皆如言得。近姚略叔父爲晉王，於河東蒲坂，古老所謂阿育王寺處，見有光明，鑿求得佛遺骨於石函銀匣之中，光曜殊常，隨路迎睹於灞上比丘，今見存幸寺。由此觀之，有佛事於齊晉之地久矣哉，所以不說於三傳者。亦猶干寶、孫盛之史，無語稱佛，而妙化實彰，有晉而盛於江左也。」此段話無疑間接證明干寶雖未直言佛事，但亦受其影響。宗炳《全上古三代秦漢三國六朝文・全宋文・明佛論》（中國香港分館：商務印書館，出版年不詳），頁2550。
〔註70〕　西漢・董仲舒撰；清・蘇輿義證《春秋繁露義證・天辨在人》（台北：河洛圖

道家之法天，法道，乃係法自然而爲，不妄自造作。董氏雖尊天而法天，乃將天由形上之道，轉化成具體之神格；亦即由自然之天，轉變爲神格之天。此董氏離老莊，而羼入五行家之迷信也。與道教脫離老莊而入於神道之情形相同。唯道教所重在成仙，而董氏所重在教化。一重天事，一重人事，此蓋緣於董氏本係儒家之徒也。

道教與儒家，分別吸收老莊的養份，前者重成仙、天事，後者重教化、人事，而干寶承漢儒之後，以人事言鬼神，承認神格之天，此部分佔多數；但另一方面《搜神記》亦言人鬼之間交接之道者，無關讖緯，而是更多精釆的人鬼神之交流，表現出鬼神人性化，更甚不及人的部分，內涵極活潑，沒有過多的政治目的，強化的是人意志的作用，而神、鬼、天已退爲人之下的第二線，此時的天已非神格、全知全能，人的命運完全取決於自己。因之，干寶敬鬼神而又不全信鬼神的觀念中，伏流著一重要因子——德性，凡不懼鬼神者必是有德正行者，德正的良官虞定國，以正義來喝斥鬼魅的失德（卷十七·403·虞定國）；太守王基家中有怪象，管輅以「見象而不見其凶」、「願府君安身養德，從容光大，勿以神奸，污累天眞」之語勸王氏，顯示人事面對鬼神的正當性。此種面對鬼神的超然，更接近先儒對天的詮釋：

子疾病，子路請禱。子曰：「有諸？」子路對曰：「有之。誄曰『禱爾于上下神祇。』子曰：「丘之禱久矣。」（《論語·述而》）〔註72〕

子曰：「天何言哉？四時行焉，百物生焉，天何言哉？」（《論語·陽貨》）〔註73〕

萬章曰：「堯以天下與舜，有諸？」孟子曰：「否。天子不能以天下與人。」「然則舜有天下也，孰與之？」曰：「天與之。」「天與之者，諄諄然命之乎？」曰：「否。天不言，以行與事示之而已矣。」（《孟子·萬章上》）〔註74〕

孟子曰：「夫仁，天之尊爵也，人之安宅也。」（《孟子·公孫丑上》）〔註75〕

書出版社 1974 年），頁 233。
〔註71〕陶建國《兩漢魏晉之道家思想》（台北：文津出版社 1990 年），頁 292。
〔註72〕魏·何晏注；宋·邢昺疏《論語·述而》收錄於《十三經注疏》，頁 65。
〔註73〕魏·何晏注；宋·邢昺疏《論語·陽貨》收錄於《十三經注疏》，頁 157。
〔註74〕漢·趙歧注；宋·孫奭疏《孟子·萬章章句》收錄於《十三經注疏》，頁 168。
〔註75〕漢·趙歧注；宋·孫奭疏《孟子·公孫丑章句》收錄於《十三經注疏》，頁 66。

孔孟承認天，但著重的是人事的努力，不去強化天的意志性：第一則病中的孔子言「丘之禱久矣」，並非眞禱之，而是已盡人事之努力，無愧天地，即是禱；第二則孔子刻意不言「天」之主宰，將之回歸於自然現象，以自然觀得失；第三則孟子的「天不言，以行與事示之而已矣」，說明天是否以天下給人，唯取決於受命者的行事，故孔孟之天絕不神格化；第四則以「仁」爲尊爵，他們努力的是「不敬厥德，乃早墜厥命」（《尚書・周書・召誥》）〔註76〕的人事方向。

　　何以干寶既信漢儒的天命讖緯，但又另一部分走回先儒之天，強調人事的努力？這條線索必須由《晉紀》上推索，干寶在〈論晉武帝革命〉一文中，以「帝王之興，必俟天命，苟有代謝，非人事也」爲起始，論晉武帝革命爲天命；在〈總論〉亦承認愍帝與懷帝皆徵祥得位，但又以「樹立失權，託付非才，四維不張，而苟且之政多矣」，來大加撻伐西晉之亡；更甚語重心長言「所由來者漸矣，豈特繫一婦人之惡乎」，全面檢討西晉敗亡之因；至末干寶對天命與人事提出中肯的質疑「皇極不建，禍辱及身，豈上帝臨我而貳其心，將由人能弘道，非道弘人者乎？」通篇言天命，但更重糾舉人事之非，顯示處於東晉偏安的干寶，已意識到司馬氏失德創國，天命觀已無法全然概括一切，於是這位「以史殷鑑」的史官，企盼藉漢儒建立秩序觀，維護五倫的初衷不變，但將漢儒偏向的天命，留存於人事的努力，於是身爲後儒的自省是，負起評史知興替的職責。干寶的自省，經後代學者梁啓超的驗證，確實顯示他史觀的高度：〔註77〕

　　　　自西京儒者翼奉、眭孟……之徒，既已盛說五行，夸言讖緯。及光
　　　　武好之，其流愈甚。東京儒者張衡、郎顗最稱名家，……於是所謂
　　　　風角、遁甲、七政、元氣、六日、七分、逢占……雲氣諸術，盛行
　　　　於時。……然其術至三國而大顯，始儼然有勢力於社會，若費長方、
　　　　于吉、管輅、左慈輩，其尤著者也。其後郭璞著《葬書》，注《青囊》，
　　　　爲後世堪輿家之祖。而嵇康亦有〈難宅無吉凶論〉，則其風水說之盛
　　　　行可知。……凡千年以來，誣周怪誕之說，汨溺人心者，皆以彼時
　　　　確然成一科學，雖謂魏晉六朝間，爲陷溺社會之罪府可也。

〔註76〕漢・孔安國傳；唐・孔穎達疏《尚書・周書・召誥》收錄於《十三經注疏》，頁222。
〔註77〕梁啓超《中國學術思想變遷之大勢》（台北：華正書局1981年），頁61。

由梁啓超一席話，可以感受漢儒思想在後代留下的災禍，是令神鬼道術泛濫而無法禁；因之，連魏晉提出「越名教，任自然」的名士嵇康，都承認宅有吉凶，故提出〈難宅無吉凶論〉，而干寶身處道佛思想盛行的魏晉，卻能敬之而不全信之，脫離傳統的天人感應說，逐漸趨向更能掌握的人事努力，可見干寶恢宏的視界。故干寶的神鬼有天命的部分；亦有神鬼愚昧，人勝鬼神的部分。唯神人格化後，文學於神鬼人三界馳騁，多變、活潑的小說題材自此展開，此即《搜神記》之所以在志怪類佔一席之地的原因。

二、爲史傳與小說過渡的重要橋樑

有關《搜神記》各家史書依四庫分類，卻隨時代背景不同，而有所變異，但不出由史部轉子部的模式。以下大致舉述說明：唐・長孫無忌所編《隋書・經籍志》，將《搜神記》列史部，視爲雜傳，並言：

> 漢時，阮倉作列仙圖，劉向典校經籍，始作列仙、列士、列女之傳，皆因其志尚，率爾而作，不在正史，後漢光武，始詔南陽撰作風俗，……郡國之書，由是而作。魏文帝又作列異，以序鬼物奇怪之事，嵇康作高士傳以敘聖賢之風，因其事類相繼，而作者甚眾，名目轉廣，而又雜以虛誕怪妄之說，推其本源，蓋亦史官之末事也。……今取其見存，部而類之，謂之雜傳。〔註78〕

可知《隋書・經籍志》的歸類，凡非正史記載之人物，如列士、列女與高士，皆列雜傳類與列仙等同級；又據「後漢光武，始詔南陽撰作風俗」，可知此類街談巷議，地方風俗之說，亦與列仙、高士同列；至魏神鬼之事轉多，且虛誕怪妄更甚列士、列仙，皆歸屬史部之下，視爲「史官之末事」，統列史部・雜傳。個人以爲「史官之末事」，並非指作者皆出史官之手，而是表明著傳態度，已非正史之列。

北宋劉昫等編修的《舊唐書・經籍志》，仍承襲《隋書・經籍志》的看法，將《搜神記》放於史部・雜傳，視爲鬼神類，〔註79〕；至北宋歐陽脩撰《唐書・藝文志》則將之置於子部・小說家類，與張華《博物志》、《列異傳》、劉義慶《幽明錄》同列，葛洪的《神仙傳》則列道家類。〔註80〕至此志異類題

〔註78〕唐・長孫無忌等撰《隋書・經籍志》收錄於《叢書集成初編》，頁54～55。
〔註79〕北宋・劉昫等修《舊唐書・經籍志》收錄於《叢書集成初編》，頁45。
〔註80〕北宋・歐陽修《唐書・藝文志》收錄於《叢書集成初編》，頁54。

材，由史部雜傳分流爲子部小說，已脫離史部非主流的地位，獨立成爲作者主導性較高，更可自由取材，甚或創作的文體；而與《博物志》、《列異傳》等同列，則代表鬼神之屬亦含奇聞異事；另再由其與《神仙傳》的區隔，凸顯其欲降低神格的特性。

　　就通本《搜神記》的比例言，讖緯政治現象及人倫秩序者佔四成，其餘則依次爲人鬼交接與人勝鬼神的部分；另一部分則爲各地特有風俗民情、奇聞異事傳奇。〔註81〕而讖緯的部分，即是《搜神記》爲儒家設教的部分；至於《唐書・藝文志》將之視爲「小說類」的部分，即是讖緯之外的其他。因之，此正凸顯《搜神記》的價值來自史部與子部兩方，亦即《搜神記》肩負史傳「以史爲鑑」與小說自由收攬與創作的功能。以下即搜證應驗《搜神記》兩方兼融的假設，是否成立。前者一如胡應麟稱許干寶《搜神記》者：

　　　　令升遭門閭之異，爰摭史傳雜說，參所知見，冀擴人于耳目之外。
　　　　顧世局故常，適以說怪視之。不知劉昭《補漢志》、沈約《宋志》
　　　　與《晉志》、《五行》，皆取錄于此。蓋以其嘗爲史官，即怪亦可證
　　　　信耳。〔註82〕

《搜神記》的鬼怪傳說，後來卻爲劉昭《補漢志》、沈約《宋志》與《晉志》等正史所收錄，乃因「蓋以其嘗爲史官，即怪亦可證信耳」，干寶以史家治學精神考證、採集母本，因之，即便鬼神之事，亦經多方證驗，方能受諸多正史所信賴。再據沈士龍、胡震亨之言：

　　　　余得《搜神記》、《搜神後記》讀之，乃知晉德不勝怪而底于亡也。
　　　　何者？令升雖始自前載，晉實半之；元亮則晉十九矣。何東西百五
　　　　十年間，天孽人變，駴人耳目，若斯多也？豈司馬家以兩世凶黠，
　　　　奸有神器，其陰畫秘算，默爲天地之害者，不得不借此開洩，用爲
　　　　非德受命者鑒耶？〔註83〕

《搜神記》、《搜神後記》兩書所記神怪，屬晉朝者最多，源自「司馬家以兩世凶黠，奸有神器，不得不借此開洩，用爲非德受命者鑒耶？」亦即《搜神記》的目的，乃在對聖主給予警示的作用。

　　後者據明・胡應麟之言：「凡變異之談盛於六朝，然多是傳錄舛訛，未必

〔註81〕以上詳細統計見本章——第三節《搜神記》的內容編排與著作動機。
〔註82〕晉・干寶撰・汪紹楹校注《搜神記》，頁253～254。
〔註83〕晉・干寶撰・汪紹楹校注《搜神記》，頁253。

盡幻設語。至唐人乃作意好奇，假小說以寄筆端。」（《少室山房筆叢・二酉綴遺》）〔註84〕所謂六朝小說「未必盡幻設語」，乃指撰寫者對小說的定義是雜於史傳與小說之間，因之，六朝小說有考證史料的眞實性，亦有作者個人虛幻的想像與期待；然小說發展至唐代，「作意好奇」，則已正式列入小說創作之列。因之，魏晉小說是史傳轉爲小說的一重要過度，爲唐作意小說的前身。

然須確立一方向的是：魏晉時期此類作品大抵尚在收集取捨階段，應尚未至大量創作的時期，故干寶《搜神記》言：「博採異同，遂混虛實」，虛實兼之，正是史、子學間的重要過渡。此點劉葉秋曾言：「按照一般的常識談，小說並非歷史。可是魏晉南北朝小說，無論內容和形式，都受到先秦兩漢史傳的影響，實際是史傳的一股支流。」（《魏晉南北朝小說》）〔註85〕魏晉時期史家所記巷議街談之作，著作態度皆嚴謹，但又因編採過程集眾家之選，故編纂內容往往活潑又多元，兼具史傳與小說兩大特質，實爲小說與史傳的轉型關鍵。

三、志怪小說發展的巨椽

干寶《搜神記・序》言寫作動機，應有二階段「收遺逸於當時」、「游心寓目」，〔註86〕前者尚停留在「以明神道之不誣」的史家雜傳收攬階段，但後者「游心寓目」應是將《搜神記》視爲小說，離開讖緯的治世之道，以一消遣娛樂方式問世者。此部分發展至後，即是唐傳奇創作的重要素材，若就比例言，其分布在《搜神記》二十卷中，應屬卷十三、十四文物風俗考探、卷十五至二十死而復活、人鬼交際與果報的部分，多不爲政治目的而設教。

通本《搜神記》干寶首重讖緯是明確可見，至於供「游心寓目」的部分，則是干寶反向省思的另一種意態的表現，「小說」早期是巷議街談之作；魏晉干寶時代仍是「史官末事」；但至北宋它獨立於子部；至明清成爲文學主流，

〔註84〕明・胡應麟撰《少室山房筆叢・二酉綴遺》，頁 486。

〔註85〕劉葉秋《魏晉南北朝小說》（台北：木鐸出版社 1988 年），頁 26。

〔註86〕「收遺逸於當時，蓋非一耳一目之所親聞睹也，亦安敢謂無失實者哉！……今之所集，設有承於前載者，則非余之罪也。若使採訪近世之事，苟有虛錯，願與先賢前儒分其譏謗。及其著述，亦足以明神道之不誣也。……幸將來好事之士，錄其根體，有以游心寓目，而無尤焉。」清・嚴可均《全上古三代秦漢三國六朝文・全晉文》，頁 2193。

可見其逐漸受重視的情形。而此發展，並非一蹴可幾，乃是隨時代逐步演進而來。就以《搜神記》來說，其故事題材的活潑與豐富性，至後成為諸多文學作品的基本素材，如〈韓憑夫婦〉：

> 《列異傳》：「宋康王埋韓馮夫妻，宿夕，文梓生。有鴛鴦，雌雄各一，恆棲樹上，晨夕交頸，音聲感人。」《藝文類聚・卷九二・鴛鴦》〔註87〕

> 妻遂自投臺，左右攬之，衣不中手而死。遺書於帶曰：「王利其生，妾利其死。願以屍骨，賜憑合葬。」王怒，弗聽。使里人埋之，冢相望也。王曰：「爾夫婦相愛不已，若能使冢合，則吾弗阻也。」宿昔之間，便有大梓木，生於二冢之端，旬日而大盈抱，屈體相就，根交於下，枝錯於上。又有鴛鴦，雌雄各一，恆棲樹上，晨夕不去，交頸悲鳴，音聲感人。宋人哀之，遂號其木曰：「相思樹」。相思之名，起于此也。（汪紹楹注本《搜神記・韓憑夫婦》）

由〈鴛鴦〉至〈韓憑夫婦〉，故事性更透，悽惋之情更深，可能干寶在採集過程，受訪者所加；亦可能干寶在概括陳述故事過程中，有心的潤飾；此即干寶不得不承認「虛實混同」（《晉書・干寶傳》）的部分。然再由干寶「游心寓目」一語，應可確立志怪脫離史部，得以在子部發揮的因子，已隱然埋下。而〈鴛鴦〉化為〈韓憑夫婦〉後，故事的展衍性影響所及超乎想像，據王國良考探：〔註88〕

> 唐代以韓憑夫妻、青陵臺、鴛鴦相關事物入詩文的，更不在少數。……李白白頭吟、李賀春歸昌谷詩、李德裕鴛鴦篇、李商隱青陵臺絕句……等，或借青陵臺起興，或讚嘆韓憑夫婦之多情與哀怨，……而李賀惱公詩、溫庭筠會昌豐盛歌，更直接將鴛鴦稱為「韓憑」了。

> 明劉基蝶戀花詞，有「魂斷飛入韓憑夢」之句；李夢陽有青陵臺詩；馮夢龍編新列國志，則將宋康王淫於婦人的史實與傳說結合。其第九十四回「馮驩彈鋏客　齊王糾兵伐桀宋」，載入康王搶奪韓憑妻，韓氏夫婦自殺，以及精魂化為相思樹上兩鴛鴦的情節。

〔註87〕唐・歐陽詢《藝文類聚》收錄於《文津閣四庫全書》，頁 423。
〔註88〕王國良《六朝志怪小說考論》（台北：文史哲出版社 1988 年），頁 235、237。

青陵台爲當年宋王納韓憑妻，使韓憑運土所築之臺，由王國良先生的探析，可知「韓憑夫婦」的故事，經《列異傳》的〈鴛鴦〉衍化爲〈韓憑夫婦〉後，不僅化爲交頸鴛鴦，更因所棲之樹，遂名相思樹，而更加深兩人情誼的凝聚性，因之，至唐朝更成爲詩歌題材，至明更影響小說。再據王國良考探〈韓憑夫婦〉的事跡，「從魏晉時期見諸載記後，經歷南北朝而下，以迄明、清。……騰播所及，除中土之外，更遠至敦煌、西夏、越南、日本。」〔註89〕更見《搜神記》的影響性。

再見〈東海孝婦〉：

> 東海有孝婦，少寡無子，養姑甚謹。姑欲嫁之，終不肯。姑謂鄰人曰：「孝婦事我勤苦，哀其無子守寡，我老，久累丁壯，奈何！」其後姑自經死。姑女告吏：「婦殺我母」，吏捕孝婦……孝婦自誣服……于公以爲此婦養姑十餘年，以孝聞，必不殺也。太守不聽，于公爭之弗能得……因辭疾去。太守不聽竟論殺孝婦，郡中枯旱三年。」

（《漢書·于定國傳》）

至干寶《搜神記·東海孝婦》一句「郡中枯旱三年」發展成：

> 太守即時身祭孝婦冢，因表其墓。天立雨，歲大熟。長老傳云：「孝婦名周青。青將死，車載十丈竹竿，以懸五旛。立誓於眾曰：「青若有罪，願殺，血當順下；青若枉死，血當逆流。」既行刑已，其血青黃，緣旛竹而上標，又緣旛而下云。」

先是「郡中枯旱三年」；至《搜神記》又加「既行刑已，其血青黃，緣旛竹而上標，又緣旛而下」；之後遂成元名劇《竇娥冤》三咒之二咒。〔註90〕因之，干寶的《搜神記》對後代劇作題材的發揮，具有極大的助益性。

由第一章我們得知《搜神記》的研究現況，大抵以神怪小說故事與民間文學之研究最輝煌，這無非意味《搜神記》留給後人的價值，史鑑不及小說，此大概是干寶當初所謂「幸將來好事之士錄其根體，有以游心寓目而無尤焉」，留予後人隨興之作，卻意外大開小說之路，所始料未及。就連清·蒲松

〔註89〕王國良《六朝志怪小說考論》（台北：文史哲出版社 1988 年），頁 244。
〔註90〕【梅花酒】你道是咱不該這招供寫的明白，本一點孝順的心懷，倒做了惹禍的胚胎。我只道官吏每還覆勘，怎將咱屈斬首在長街！第一要素旗鎗鮮血灑，第二要三尺雪將死屍埋，第三要三年旱示天災：咱誓願委實大。吳國欽校注《關漢卿戲曲集（上）》（台北：里仁書局 1998 年），頁 43。

齡作《聊齋志異》於〈自誌〉尚須謙言：「才非干寶，雅愛搜神；情類黃州，喜人談鬼」﹝註91﹞干寶在志怪小說上的地位，可見一斑。

四、地方風物研究之重要參考文獻

《搜神記》收集不少特殊現象或不同族群與動植物的特有習性，以示神鬼與特殊風物乃「氣之所生」，藉此凸顯神鬼並非全知全能的主宰者。如南方的落頭民，干寶面對此現象言「既而詳之，乃知天性也」（〈卷十二‧306‧落民頭〉）、亦如與猴相類的「猳國」子孫，最後是與人無異，並考得其乃蜀中西南楊姓子孫（〈卷十二‧308‧猳國馬化〉）、亦有特有昆蟲（〈卷十三‧333‧蠮蠃〉）、（〈卷十三‧334‧蝟〉）；植物（〈卷十四‧352‧怪草〉）、文物（〈卷十三‧338‧焦尾琴〉）等，而此部分最後皆成為後代研究天文、地理、風物、民俗的引用資料。

翻檢四庫：清‧官修《御定佩文韻府》引《搜神記》者有 232 個，內容舉凡動植物、風俗傳說、天文地理，無所不包；明‧張幼學等《山堂肆考》引《搜神記》者有 49 個，內容舉凡天文（風、雲……）、地理（山、海、池、谷……）、時令、文學、典禮；清‧官修《御定子史精華》引《搜神記》者有 30 個，內容舉凡地部（山、水、潮、澤……）、設官部（宰輔、……）、言語部（詼諧……）、人事部（風俗……）、樂部（歌舞……）……；北宋‧官修《太平御覽》，匹配者 118 個，舉凡天、時序、地、職官、禮義、治道、服章、神鬼，後世引用量之多與細目分類之詳贍，儼然是一部百科辭典。

﹝註91﹞清‧蒲松齡《聊齋志異‧自誌》收錄於《四部刊要》（台北：漢京文化事業有限公司 1984 年）。

第六章　結　論

　　干寶生卒年，若據王盡忠的 283～351 之說，則分別經歷八王之亂、賈后專政、永嘉之禍、王敦、蘇峻之變與諸多流民及外族的叛亂，於是在紛擾轉型中，干寶博雜的思想，正見證西、東晉的興亡。身爲輔臣的干寶，著作遍及四部，主要思想由《易》注的陰陽起始，依次展開陽主陰輔的秩序觀，頗有藉此「興儒學」、「明教化」、「固國本」的用意。

　　經部著作不外三大重點：一爲《周易》系書；二爲禮法系書；三爲《春秋》系書。干寶以《周易》注通貫君一統的思想；以禮法制度明示王者之尊；以《春秋》、《左傳》昭顯編年紀事的直書精神。其中值得注意的是，干寶《易》注義理、象數兼融，傳承的是《周易》「主輔之德」、「時中」、「變易爲非常，不易乃常道」的原內涵；創新的是大量以周朝史事詮釋《易》理，重點集中在：文王之德、武王革命之得位、周公輔政三事。前二者強調的是王者的德治精神；後者強化能臣居次位，安於輔君的重要。據此可知，干寶以史注《易》，目的乃在強調後出德治政權的正當性，並欲規範的是君臣上下秩序的合宜性；前者爲晉室篡立正名，後者爲西晉后妃、宗子、臣屬之亂把脈，因之，干寶擔負輔者之任的主要思想，已在《易》注中建立。

　　史部方面，干寶《晉紀·總論》將西晉敗亡之因，總結於：「豈特繫一婦人之惡乎？」通篇史論，過不限一人、一事，針對帝王、后妃、臣屬之非，展開全面性檢討；再對應干寶於《晉紀·總論》讚美周朝德政，起於「妃后躬行四教」，再推及《詩經》〈鹿鳴〉至〈天保〉踐行君臣、兄弟、故友之情的篇章的，則可證干寶所指涉陰輔之德，乃是由后妃起始，廣及宗子、臣屬的總合。因之，《易》、史兩相接軌，干寶「主輔思想」一系貫串；而《晉紀·

總論》昭昭明示：「二祖（晉宣景二帝）逼禪代之期，不暇待三分八百之會也，是其（晉）創基立本，異於先代（周）者也。」的直書內涵，即是干寶《易》注，「時中」、「德治」的發揮；再由《晉紀》中心思想為「君德」、「臣德」與「返儒貶玄」，則可知史著不離《易》注主旨，君主臣輔，禮治在主輔上下秩序間展開，至終以「不易為常道」，鞏固王室的地位而努力，故失序談玄，必然為干寶所撻伐。

　　而子部盡顯風華的是《搜神記》。《搜神記》北宋前被視為史部・雜傳，後轉為子部・小說，因之，同時具備史鑑與小說的雙重性。而其背後來自傳承與反思兩大思想面向：前者為讖緯的傳承，即「鬼之董狐」的部分，具有知興替的政治警世性，後者則是「神鬼人格化」的部分；前者是干寶護衛儒家正統的一系傳承，後者一為減低鬼神的全知全能性，以期降低佛、道兩大宗教的影響力；二為對漢儒過偏天命觀的質疑。此部分若對照《晉紀》則盡出無遺。《晉紀・論晉武帝革命》言：「帝王之興，必俟天命，苟有代謝，非人事也」、《晉紀・總論》：「皇極不建，禍辱及身，豈上帝臨我而貳其心，將由人能弘道，非道弘人者乎？」干寶既信天命亦質疑，這是干寶思想承漢儒亦進化於漢儒之處，干寶以一史官的自省，欲鞏固五倫秩序的主架構不變，但天命概括人事的全知全能，已令其質疑，於是回歸初儒，強化人事的比重，已成為干寶反思的主要內涵。

　　據此即可整理干寶的思想脈絡：一是傳承：承儒家君一統的思想、反玄的部分；一是反思：反漢儒失之偏的天命觀與反道佛神鬼至尊的部分。大前提其擁儒的思想不變，然凡融合必是矛盾與轉型的開始，干寶承舊有儒家思想的部分，以今日審視其成就，並不高：注《易》象數、義理混同，尚有不能自圓的部分，因之，張惠言評其：「注易盡用京氏占侯之法以為象，而援文武周公遭遇之期運一一比附之，易道猥染，自此始也。」（《易義別錄》）〔註1〕；名重當代的《晉紀》，最後為唐本《晉書》所取代；反觀，至今屹立不搖者為——《晉紀・總論》論西晉功過的史論地位及《搜神記》供後人推崇的小說地位，此兩方面的成就，正是干寶反向思想所造就。

　　若就思想革命的格局言，干寶力量不大，因其大半思想是謹承漢儒之後，欲以天人感應、災異觀來鞏固王權，此部分在其象數《易注》與《搜神記》的讖緯中處處可見，亦即其尚未走出「儒生效忠者乃以五德天命之術，附會

〔註 1〕 清・張惠言《易義別錄・周易干氏》收錄於《皇清經解》，頁 13468。

造作」〔註2〕的天命束縛，所以格局仍是受制的；但他的史家的反省卻令其在史論與小說上得到意外斐然的成就。前者的成就，正如大陸學者李傳印所標舉的建立「獨立的史學理論」，〔註3〕所指為干寶呈現歷史真象，完成客觀的論斷，發揮「借鏡」的史家精神。

干寶因反向思想的省思，故在〈總論〉上提出天人感應外人事自省的檢討，在此其已走出漢儒一心護衛君位的天命觀，落實於君臣共檢，踐行德治的進化思想，故人稱實錄。此精神影響廣及後代，唐・劉知幾即提出「孫盛實錄取嫉權豪，干寶直言受譏朝士」一語，〔註4〕撻伐當時朝廷史官，「儻有五始初成，一字加貶，言未絕口」的譁眾不實，可見其受干寶的影響至深。

至於《搜神記》部分，唯有比較同時代的志怪小說，方能見其殊異。侯忠義將魏晉志怪小說分三類：志怪類（《列異傳》、《搜神記》、《搜神後記》等）；博物類（《博物志》、《玄中記》）；神仙類（《神異記》、《神仙傳》、《拾遺記》）〔註5〕。博物類著重文物記載；神仙類多為道家宣教揚德之書；而《搜神記》有許多資料取自《列異傳》，但收羅之廣卻在其上，為當時志怪類集大成者。〔註6〕又加上這些作者，諸如：張華、郭璞、葛洪、王嘉等，其中郭璞好占、葛洪熱衷方術求道之列，至於王嘉則為道士，因之，眾作品中，多以方術仙道為主重心；而張華與干寶背景最相似，曾領著作，然因嗜通圖

〔註2〕 蕭公權《中國治思想史（上）》收錄於《蕭公權全集之四》（台北：聯經出版社1982年），頁316。

〔註3〕 「〈總論〉站在儒家立場上，著力宣揚『數達於德』的精神，並在實錄編年史實的基礎上，把歷史撰述的目標定在了實現『德』的高度上，並使之成為一種新的相對獨立的史學理論。這樣〈總論〉既切實提升了歷史對現實政治義理借鑒的功用，又把歷史認識立足於客觀史實之上，有效發揮了歷史對現實的借鑒作用。」李傳印〈晉紀・總論的史學價值〉《史學月刊2007年第8期》，頁14。

〔註4〕 「知幾以監修者多，甚為國史之弊，蕭至忠又嘗責知幾著述無課，知幾於是求罷史任，奏記於至忠曰：……昔董狐之書法也，以示於朝，南史之書弒也，執簡以往，而近代史局，皆通籍禁門，幽居九重，欲人不見，尋其義者，蓋緣杜彼顏面，訪諸請謁故也。然今館中作者，多士如林，皆願長喙，無聞讜舌，儻有五始初成，一字加貶，言未絕口，而朝野俱知，筆未栖毫，而縉紳咸誦，夫孫盛實錄取嫉權豪，干寶直言受譏朝士，人之情也，能無畏乎，其不可三也。」（宋・王欽若撰《冊府元龜》收錄於《文津閣四庫全書》，頁505。

〔註5〕 侯忠義《漢魏六朝小說史》（遼寧：春風文藝出版社1989年3月），目錄。

〔註6〕 「作者身居史官，得見大量古書，兼之廣泛採訪，『群言百家，不可勝覽；耳目所受，不可勝載（序）』，因此搜集材料非常豐富，遠超《列異傳》。」李劍國《中國小說通史・先唐卷》（北京：高等教育出版社2007年6月），頁192。

緯，遍覽方伎之書，至後志怪之作則多轉向災祥異物的博物研究；其後佛教思想更形發達，因之諸多有名志怪小說，如：《宣驗記》、《冥祥記》等，則走向釋道教宣之書。〔註7〕這與《搜神記》護持儒學，從天命又省思人事，所展現纖緯、反思的反差思想是不同的。

　　黃山谷酬答詩〈廖袁州次韻見答并寄黃靖國再生傳次韻寄之〉一詩，形容干寶與徐鉉爲「史筆縱橫窺寶鉉」，而史容注爲「干寶作《搜神記》，徐鉉作《稽神錄》，當時謂寶鬼之董狐。」〔註8〕黃山谷、史容的時代子、史已分家，山谷以「史筆」讚美小說《搜神記》，實顯示干寶以史家之筆寫小說的獨特性。又據李劍國統計，干寶《搜神記》一書，引用文獻至少四十餘種，其中佔了極多數爲：《左傳》、《史記》、《後漢書》、《續漢書》、《三國志》等正史之書，〔註9〕故研究《搜神記》者，萬不得逕跳過「史鑑」的部分，而將其全然視爲「游心寓目」的純創作，〔註10〕此爲後出研究《搜神記》者務須留心的，因干寶思想的脈絡是兩條兼之，若只取其一，都將失之客觀。一如唐朝李邕，力諫中宗信妖人鄭普思，並任其爲秘書監的不宜，曾言：「若以普思可致鬼道，則墨翟、干寶各獻於至尊矣，而二王得之永有天下，亦非陛下今日可得而求」〔註11〕顯然是將《搜神記》視爲談妖惑眾的小說，實未見干寶殷

〔註7〕 「釋氏輔教之書，……有宋劉義慶《宣驗記》，齊王琰《冥祥記》，隋顏之推《集靈記》，侯白《旌異記》四種，大抵記經像之顯效，明應驗之實有，以震聳世俗，使生敬信之心。」魯迅《中國小說史略·第六篇·六朝之鬼神志怪書（下）》（香港：三聯書店1999年），頁55。

〔註8〕 〈廖袁州次韻見答并寄黃靖國再生傳次韻寄之〉：「春去懷賢感物多，飛花高下冒絲窠，傳聞治境無庚虎，更道豐年鳴白鼉，史筆縱橫窺寶鉉，詩才清壯近陰何，寄聲千萬相勞苦，如倚胡牀得按摩。」宋·黃庭堅撰；宋·史容注《文津閣四庫全書·山谷外集詩注》，頁612。

〔註9〕 據李劍國調查，干寶《搜神記》採用前人的著作約有四十種左右，計有：「《左傳》、古本《竹書紀年》、《呂氏春秋》、《淮南子》、《史記》、《列仙傳》、《孝子傳》、《漢書》、《風俗通義》、《論衡》、《列異傳》、謝承《後漢書》、司馬彪《續漢書》、《三國志》、《博物志》、《玄中記》。」李劍國《中國小說通史·先唐卷》，頁191。

〔註10〕「干寶的《搜神記序》、《進搜神記表》並沒有表明其創作動機是爲了紀實，而恰恰是爲了表明他是有意「撰記古今怪異非常之事」，恰恰是爲了表明他的小說理論是小說創作難免失實，小說應使人能夠『游心寓目』。」王恆展〈博采異同　遂混虛實──論干寶小說理論與實踐〉（《山東師範大學學報（人文社會科學版2006年第51卷第5期》），頁49。

〔註11〕「見用妖人，中宗即位，以妖人鄭普思爲秘書監，李邕上書諫曰：『陛下今若以普思有奇術，可致長生久視之道，則爽鳩氏久應得之，永有天下，非陛下

殷護儒的史鑑用心，已失之偏。

今人言干寶的《搜神記》或以爲：「不是爲了政治觀念的傳達，而是爲世情化而來」；〔註12〕亦有以爲「宣揚宗教迷信」而設；〔註13〕前者高估干寶思想反思力道，後者則全然否定干寶思想的高度，都未能將干寶思想做最確切的定位。只因《搜神記》的價值來自干寶背後兩條順、逆思想的交會，既設教於漢儒之讖緯，具政治的層面；亦反思於人神鬼情態的平等性與世情性，絕非「宣揚宗教迷信」的單一性所能概括，故大陸學者楊淑鵬《干寶與《搜神記》研究》，以爲干寶作《搜神記》：「試圖以道教觀念爲核心，整合史學和儒學思想因素；來觀照尋求治世之道」；〔註14〕個人以爲，尚有失焦處，干寶應是以道教的事例爲藍本，核心在儒學，而史學則是它「神道設教」的手段，此即其多元於同時代道教、佛教宣教之書，而入文學藝術之門與世情化盡展的原因。

以下即簡要統歸本論文的價值：

一、干寶生平部分：藉由《廣博物志》中，《晉紀》完成年爲咸康六年（340）的線索發現，以提供後出研究干寶卒年者，於李劍國先生所推的 336 年之外，另外一可能研究方向。

二、干寶思想部分：藉由干寶思想「面」向的探析，以提供研究其思想者，順儒「陽主陰輔」與反天命，重人事的兩條縱線脈絡的思維。

三、干寶《易》注方面：黃慶萱《魏晉南北朝易學考佚》已極完整將干

今日可得而求；若以普思可致仙方，則秦皇、漢武久應得之，永有天下，亦非陛下今日可得而求；若以普思可致佛法，則漢明梁武久應得之永有天下，亦非陛下今日可得而求；若以普思可致鬼道，則墨翟干寶各獻於至尊矣，而二王得之永有天下，亦非陛下今日可得而求，此皆事涉虛妄，歷代無効，臣愚不願陛下復行之於明時。』」明・陳耀文撰《天中記》收錄於《文津閣四庫全書》，頁 179。

〔註12〕「《搜神記》的動機似乎不是爲了豪情壯志的抒發，也不是爲了政治觀念的傳達，體現出來的卻是一種充滿人性關懷的世情化傾向。」（龔舒・曾紹皇〈從《搜神記》看魏晉神怪題材的世情化傾向〉（《懷化學院學報・第 24 卷第 4 期 2005 年 8 月》），頁 88。

〔註13〕「干寶自言『發明神道之不誣』，因此，其中不少作品或講神仙道術，或談巫鬼妖怪，或誇殊方異物，或言佛教靈異，其目的都是爲了證明神仙及幽冥世界的實有和神鬼的威靈，宣揚宗教迷信思想。」沈星怡〈干寶與蒲松齡創作思想之比較〉（蒲松齡研究，study on Pu Songling 編輯部郵箱 2007 年 02 期）

〔註14〕楊淑鵬《干寶與《搜神記》研究》（西北師範大學 2006 年碩士論文），摘要。

寶《易》注做詳盡註解，而個人在此前輩基礎上，列表逐條分析干寶「以史注《易》」的思想面向，或可提供後出研究干寶《易》注者，更臻完善的資料。

四、干寶史學方面成就：以干寶《易》注所得「陽主陰輔」的縱線脈絡，印證干寶《晉紀》〈總論〉、〈晉武帝革命論〉與各條史注，顯示干寶史官眞正殷鑑的價值，此種以縱線思想爲核心的註解，或可提供逐條註解《昭明文選》此二篇者，另類參考價值。

五、干寶子學方面成就：提供研究《搜神記》者子學之外，史學殷鑑的思維，正視其在魏晉小說的地位 —— 是先鋒，但並非無關政治面純創作的事實，以重新評估《搜神記》在小說創作上的進化速度，並給予應有的時代定位與高度。

參考書目

（專書依作者朝代，其餘則依出版年排列）

一、專 書

（一）經

1. 【漢】孔安國注、【唐】孔穎達疏，《尚書》，收錄於《十三經注疏（一）》，台北：藝文印書館，1955 年。

2. 【漢】董仲舒，《春秋繁露》，收錄於《文津閣四庫全書‧經部‧春秋類‧第六二冊》，北京：商務印書館 2005 年。

3. 【漢】京房，《京氏易傳》，收錄於《文津閣四庫全書‧子部‧術數類‧第二六七冊》，北京：商務印書館，2005 年。

4. 【漢】陸賈，《新語》，收錄於《四部備要》，台北：中華書局，1981 年。

5. 【漢】‧班固等著，《白虎通》，《百子全書（冊二十七）》，台北：黎明文化事業公司，1993 年。

6. 【漢】鄭玄注，《周易鄭注》，收錄於《叢書集成初編》，北京：中華書局，1985 年出北京新一版。

7. 【漢】鄭玄注，《易緯乾鑿度》，收錄於《文津閣四庫全書‧經部‧易類‧第十七冊》，北京：商務印書館，2005 年。

8. 【漢】鄭玄箋、【唐】孔穎達疏，《毛詩正義》，收錄於《十三經注疏（二）》，台北：大化書局，1989 年。

9. 【漢】鄭玄注、【唐】孔穎達疏，《禮記注疏》，收錄於《十三經注疏（五）》，台北：藝文印書館，1955 年。

10. 【漢】趙歧注、【宋】孫奭疏，《孟子》，收錄於《十三經注疏（八）》，台北：藝文印書館，1955 年。

11. 【魏】何晏注、【唐】孔穎達疏，《京氏易傳》，收錄於《十三經注疏（一）

周易》，台北：藝文印書館，1955 年。

12. 【魏】何晏集解、【梁】皇侃義疏，《論語集解義疏》，收錄於《文淵閣四庫全書・經部一八九・四書類》，台北：商務印書館，1983 年。

13. 【晉】杜預注、【唐】孔穎達疏，《春秋左傳正義》，收錄於《十三經注疏（七）》（北京：北京大學出版社，1999 年 12 月第一版）

14. 【晉】韓康伯注、【唐】孔穎達疏，《周易注疏》，收錄於《文津四庫全書・經部・易類・第一冊》，北京：商務印書館，2005 年。

15. 【晉】范寧，《春秋穀梁傳范氏集解》，收錄於《四部備要》，台北：中華書局，1981 年。

16. 【唐】陸德明撰，《經典釋文》，收錄於《文津閣四庫全書・經部・六三冊・孝經類》，北京：商務印書館，2005 年。

17. 【宋】胡安國，《胡氏春秋傳》，收錄於《文津閣四庫全書・經部・春秋類・第五一冊》北京：商務印書館，2005 年。

18. 【宋】李光，《讀易詳說》，收錄於《中國古代易學叢書・第四冊》，（出版地不詳）中國書店，1992 年七月第一版第一次印刷）。

19. 【宋】鄭剛中，《周易窺餘》，收錄於《中國古代易學叢書・冊五》，（出版地不詳）中國書店，1992 年七月第一版第一次印刷。

20. 【宋】楊萬里，《誠齋易傳》，收錄於《叢書集成初編》，北京：中華書局，1985 年出北京新一版。

21. 【宋】丁易東，《易象義》，收錄於《文津閣四庫全書・經部・易類・第六冊》，北京：商務印書館，2005 年。

22. 【元】趙汸撰，《春秋左氏傳補注》，收錄於《宋元明清十三經注疏匯要・第九冊》，北京：中共中央黨校出版社，1996 年。

23. 【明】潘士藻，《讀易述》，收錄於《文津閣四庫全書・經部・易類・第十冊》，北京：商務印書館，2005 年。

24. 【清】沈炳震撰，《九經辨字瀆蒙》，收錄於《文津閣四庫全書・經部・孝經類・六七冊》，北京：商務印書館，2005 年。

25. 【清】江永，《禮書綱目》，收錄於《四庫全書珍本十二集》，台北：台灣商務，1981 年。

26. 【清】惠棟，《周易述》，收錄於《文津閣四庫全書・經部・易類・第一七冊》，北京：商務印書館，2005 年。

27. 【清】惠棟，《易漢學》，收錄於《文津閣四庫全書・經部・易類・第十七冊》，北京：商務印書館，2005 年。

28. 【清】秦蕙田撰，《五禮通考》，收錄於《文淵閣四庫全書・經部・禮類・一三〇冊》，台北：商務印書館，1983 年。

29. 【清】余蕭客撰，《古經解鉤沉》，收錄於《孔子文化大全》，山東：山東友誼書社，1993年12月第1版第1次印刷。

30. 【清】孫星衍撰，《周易集解》，收錄於《無求備齋易經集成·冊八十八》，台北：成文出版社有限公司，1976年。

31. 【清】張惠言，《易義別錄》，收錄於《皇清經解·卷一千二百四十二》，台北：復興書局，1972年11月再版。

32. 【清】嘉慶二十年重刊宋本·清·阮元校勘，《周禮注疏》，收錄於《十三經注疏（三）》，台北：大化書局，1989年。

33. 【清】阮元校勘，《春秋左傳正義》，收錄於《十三經注疏六》，台北：大化書局，1989年。

34. 【清】方成珪，《干常侍易注疏證》，收錄於《叢書集成續編》，台北：新文豐出版公司，1989年。

35. 【清】皮錫瑞，《經學歷史》，台北：漢京文化事業有限公司，1983年9月。

36. 【清】杭辛齋《學易筆談》，台北：廣文書局，1971年。

37. 【清】李道平，《周易集解纂疏》，收錄於《孔子文化大全·經典類》，濟南：山東友誼書社，1992年10月第1次印刷。

(二) 史

1. 【漢】司馬遷，《史記》，收錄於《二十五史》，台北：新文豐出版公司，1975年。

2. 【三國】陳壽撰；宋·裴松之注，《三國志集解書》，收錄於《二十五史》，台北：新文豐出版公司，1975年。

3. 【晉】袁宏撰·王雲五主編，《後漢紀》，收錄於《國學基本叢書四百種》，台北：商務印書館印行，1968年。

4. 【南朝宋】范曄，《後漢書》，收錄於《二十五史》，台北：新文豐出版公司，1975年。

5. 【唐】房玄齡，《晉書》，收錄於《二十五史》，台北：新文豐出版公司，1975年。

6. 【唐】魏徵，《隋書》，收錄於《文津閣四庫全書·史部·九一冊·正史類》，北京：商務印書館，2005年。

7. 【唐】長孫無忌，《隋書·經籍志》，收錄於《叢書集成初編》，北京：中華書局，1985年。

8. 【唐】劉知幾著、【清】淵起龍釋、【民國】呂思勉評《史通釋評》，台北：華世出版社，1981年。

9. 【唐】李延壽，《北史》，收錄於《二十五史》，台北：新文豐出版公司，

1975 年。

10. 【唐】李延壽，《南史》，收錄於《二十五史》，台北：新文豐出版社，1975
年。

11. 【宋】劉昫等修，《舊唐書・經籍志》，收錄於《叢書集成初編》，北京：
中華書局，1985 年。

12. 【宋】歐陽脩、宋祁撰，《唐書》，收錄於《文津閣四庫全書・史部・正
史類・九四冊》，北京：商務印書館，2005 年。

13. 【宋】司馬光撰，《資治通鑑》，收錄於《文津閣四庫全書・史部・編年
類・一一八冊》，台北：商務印書館，1983 年。

14. 【宋】鄭樵撰，《通志》，收錄於《文津閣四庫全書・史部・別史類・一
三一冊》，台北：商務印書館，1983 年。

15. 【宋】陳振孫，《直齋書錄解題》，收錄於《文津閣四庫全書・史部・目
錄類・二二四冊》，北京：商務印書館，2005 年。

16. 【元】徐碩撰，《至元嘉禾志》，收錄於《文淵閣四庫全書・史部・二四
九・地理類》，台北：商務印書館，1983 年。

17. 【元】馬端臨，《文獻通考》，台北：台灣商務印書館，1987 年。

18. 【明】楊時偉，《諸葛忠武書》，收錄於《文津閣四庫全書・史部・傳記
類・一五三冊》，北京：商務印書館，2005 年。

19. 【明】李賢《大明一統志》，台北：文海出版社，1965 年。

20. 【清】朱彝尊撰，《經義考》，收錄於，《文淵閣四庫全書・史部・四三五・
目錄類》，台北：商務印書館，1983 年。

21. 【清】李鍇，《尚史》，收錄於《文淵閣四庫全書・史部・別史類・第四
○四冊》，台北：台灣商務印書館，1983 年。

22. 【清】趙翼撰，《二十二史箚記》，收錄於《叢書集成簡編》，台北：台灣
商務印書館印行年，2005 年。

23. 【清】章學誠，《文史通義》，收錄於《叢書集成初編》，北京：中華書局，
1985 年出北京新一版。

24. 【清】湯球輯本，《晉陽秋輯本》，收錄於《叢書集成初篇》，北京：中華
書局，1985 年。

25. 【清】湯球輯本，《漢晉春秋輯本》，收錄於《叢書集成初篇》，北京：中
華書局，1985 年。

26. 【清】王先謙，《後漢書集解》，收錄於（《二十五史》)，台北：新文豐出
版社，1975 年三月。

27. 【清】王先謙，《漢書補注》，收錄於《二十五史》，台北：新文豐出版社，
1975 年三月。

28. 【清】丁國鈞,《補晉書藝文志》,收錄於《叢書集成初編》,北京:中華書局,1985 年。

29. 【清】沈翼機等編撰,《浙江通志》,收錄於《文淵閣四庫全書‧史部‧二八三‧地理類》,台北:商務印書館,1983 年。

(三)子

1. 【漢】劉歆;晉‧葛洪,《西京雜記》,收錄於《文津閣四庫全書‧子部‧小說類‧冊三四四》,北京:商務印書館,2005 年。

2. 【漢】王逸,《楚辭章句》,收錄於《文津閣四庫全書‧集部‧楚辭類‧冊三五四》,北京:商務印書館,2005 年。

3. 【漢】王符撰,《潛夫論》,收錄於《百子全書(七)》,台北:黎明文化事業公司,1993 年。

4. 【魏】嵇康,《嵇中散集》,收錄於《人人文庫》,台北:臺灣商務印書館,1972 年。

5. 【魏】王弼,《老子註》,台北:藝文印書館,1975 年。

6. 【晉】干寶撰‧汪紹楹校注《搜神記》,台北:里仁書局 1982 年。

7. 【晉】葛洪撰,《抱朴子》,收錄於《文淵閣四庫全書‧子部三六五‧道家類》,台北:台灣商務印書館,1983 年。

8. 【晉】葛洪,《神仙傳》,收錄於《文津閣四庫全書‧子部‧道家類‧冊三五三》,北京:商務印書館,2005 年。

9. 【唐】竇林,《元和姓纂》,收錄於《文淵閣四庫全書‧子部一九六‧類書類》,台北:台灣商務印書館,1983 年。

10. 【唐】釋道宣,《續高僧傳》,收錄於《中華大藏經‧冊六一》,北京:中華書局,1993 年。

11. 【唐】歐陽詢,《藝文類聚》,收錄於《文津閣四庫全書‧子部‧類書類‧冊二九四》,北京:商務印書館,2005 年。

12. 【宋】李昉等著,《太平御覽》,收錄於《文津閣四庫全書‧子部‧二九六冊‧類書類》,北京:商務印書館,2005 年。

13. 【宋】王欽若等撰,《冊府元龜》,收錄於《文津閣四庫全書‧子部‧類書類‧冊三〇四》,北京:商務印書館,2005 年。

14. 【宋】鄭樵撰,《通志》,收錄於《文淵閣四庫全書‧子部一三一‧別史類》,台北:台灣商務印書館,1983 年。

15. 【宋】孫逢吉,《職官分紀》,收錄於《文津閣四庫全書‧子部‧三〇六冊‧類書類》,北京:商務印書館,2005 年。

16. 【宋】王應麟,《玉海》,收錄於《文津閣四庫全書‧子部‧類書類‧冊三一三》,北京:商務印書館,2005 年。

17. 【宋】吳炯撰，《五總志》，收錄於《文津閣四庫全書·子部·二八六冊·雜家類》，北京：商務印書館，2005 年。

18. 【宋】祝穆，《古今事文類聚》，收錄於《文津閣四庫全書·子部·類書類·冊三〇八》，北京：商務印書館，2005 年。

19. 【明】凌迪知撰，《萬姓統譜》，收錄於《文淵閣四庫全書·子部二六三·類書類》，台北：台灣商務印書館，1983 年。

20. 【明】彭大翼，《山堂肆考》，收錄於《文津閣四庫全書·子部·類書類·冊三二三》，北京：商務印書館，2005 年。

21. 【明】陳耀文撰，《天中記》收錄於《文津閣四庫全書·子部·類書類·冊三二一》，北京：商務印書館，2005 年。

22. 【清】蒲松齡，《聊齋志異》，收錄於《四部刊要》，台北：漢京文化事業有限公司，1984 年。

23. 【清】何焯撰·蔣維鈞編，《義門讀書記》，收錄於《文淵閣四庫全書·子部·一六六·雜家類》，台北：台灣商務印書館，1983 年。

24. 【清】乾隆二十九敕，《欽定大清一統志》，收錄於《文津閣四庫全書·史部·一六三冊·地理類》，北京：商務印書館，2005 年。

25. 【清】孫灝·顧棟高等編纂，《河南通志》，收錄於《文淵閣四庫全書·子部·二九六·地理類》，台北：台灣商務印書館，1983 年。

（四）集

1. 【梁】蕭統編、【唐】李善注，《文選》，台北：華正書局，1994 年。

2. 【宋】黃庭堅撰；宋·史容注，《山谷外集詩注》，收錄於《文津閣四庫全書·集部·別集類·冊三七二》，北京：商務印書館，2005 年。

3. 【宋】呂南公，《灌園集》，收錄於《文津閣四庫全書·集部·別集類·冊三七五》，北京：商務印書館，2005 年。

4. 【宋】王應麟，《聖祖仁皇帝御製文集》，收錄於《文津閣四庫全書·集部·別集類·冊四三四》，北京：商務印書館，2005 年。

5. 【宋】章如愚《群書考索》，京都：中文出版社，1982 年。

6. 【金】王若虛，《滹南集》，收錄於《文淵閣四庫全書·集部·別集類·冊一二九》，台北：台灣商務印書館，2005 年。

7. 【明】楊榮，《文敏集》，收錄於《文淵閣四庫全書·集部一七九·別集類》，台北：台灣商務印書館，2005 年。

8. 【明】董穀，《碧里雜存》，收錄於《叢書集成初編》，秦皇島市：中華書局，1985 年。

9. 【明】賀復徵，《文章辨體彙選》，收錄於《文津閣四庫全書·集部·總集類·冊四七〇》，北京：商務印書館，2005 年。

10. 【明】馮惟訥撰,《古詩紀》,收錄於《文津閣四庫全書・集部・四六一冊・總集類》,北京:商務印書館,2005 年。

11. 【清】朱鶴齡撰,《愚菴小集》,收錄於《文淵閣四庫全書・集部二五八・別集類》,台北:台灣商務印書館,1965 年。

12. 【清】嚴可均,《全上古三代秦漢三國六朝文》,中國書局香港分行,出版年不詳。

13. 【清】黃奭,《黃氏逸書考》,京都:中文出版社,1986 年 10 月。

14. 【清】馬國翰,《玉函山房輯佚書》,日本京都:株式會社中文出版社,1979 年。

15. 【清】王仁俊,《玉函山房輯佚書續》,上海:古籍出版社,2002 年。

二、近人著作

1. 湯錫予撰《漢魏兩晉南北朝佛教史》,台北:漢聲出版社,1973 年。

2. 薩孟武,《中國社會政治史》,台北:三民書局,1975 年 7 月。

3. 黃慶萱,《魏晉南北朝易學考佚》,台北:幼獅文化事業公司,1975 年 11 月出版。

4. 張儐生,《魏晉南北朝史》,台北:幼獅文化事業公司,1978 年。

5. 陳飛龍,《抱朴子內篇今註今譯》,台北:文史哲出版社,1980 年。

6. 陳飛龍,《葛洪之文論及其生平》,台北:文史哲出版社,1980 年。

7. 梁啟超,《中國學術思想變遷之大勢》,台北:華正書局,1981 年。

8. 張蓓蓓,《東漢士風及其轉變》,台北:國立臺灣大學出版委員會,1982 年。

9. 蕭公權,《中國思想史》,收錄於《蕭公權全集之四》,台北:聯經出版社,1982 年。

10. 屈萬里,《先秦漢魏易例述評》,收錄於《屈萬里全集・第八冊》,台北:聯經出版社,1984 出版。

11. 王國良,《魏晉南北朝志怪小說研究》,台北:文史哲出版社,1984 年。

12. 勞思光,《新編中國哲學史》,台北:三民書局,1987 年。

13. 楊柳橋,《荀子詁釋》,新竹:仰哲出版社,1987 年。

14. 胡樸安,《周易古史觀》,台北:仰哲出版社,1987 年 11 月。

15. 張純一,《墨子集解》,四川:成都古籍書店,1988 年。

16. 侯忠義,《漢魏六朝小說史》,遼寧:春風文藝出版社,1989 年 3 月。

17. 陶建國,《兩漢魏晉之道家思想》,台北:文津出版社,1990 年。

18. 朱伯崑,《易學哲學史》,台北:藍燈文化事業股份有限公司,1991 年。

19. 劉澤華，《士人與社會》，天津：天津人民出版社，1992 年。

20. 牙含章、王友三，《中國無神論史》，北京：中國社會科學出版社，1992年。

21. 余嘉錫，《世說新語箋疏》，台北：華正書局有限公司，1993 年十月版。

22. 黃凡，《周易商周之交史事錄》，汕頭：汕頭大學出版社，1995 年。

23. 薛惠琪，《六朝佛教志怪小說研究》，台北：文津出版社，1995 年。

24. 萬繩楠，《魏晉南北朝文化史》，台北：雲龍出版社，1995 年六月初版。

25. 曹道衡，《中古文學史論文集》，台北：洪葉文化事業有限公司，1996 年。

26. 魯迅，《中國小說史略》，香港：三聯書店，1996 年。

27. 劉玉建，《兩漢象數易學研究》，南寧：廣西教育出版社，1996 年 9 月。

28. 楊明照撰，《抱朴子外篇校箋》，收錄於《新編諸子集成（第一輯）》，北京：中華書局，1997 年。

29. 王枝忠，《漢魏六朝小說史》，浙江：古籍出版社，1997 年。

30. 喬治忠，《眾家編年體晉史》，天津：古籍出版社，1998 年。

31. 逯耀東，《魏晉史學及其他》，台北：東大圖書股份有限公司，1998 年。

32. 劉葉秋，《魏晉南北朝小說》，台北：木鐸出版社，1988 年。

33. 王國良，《六朝志怪小說考論》，台北：文史哲出版社，1988 年。

34. 吳國欽校注，《關漢卿戲曲集》，台北：里仁書局，1998 年。

35. 張慶民，《魏晉南北朝志怪小說通論》，北京：首都師範大學出版社，2000 年 10 月。

36. 逯耀東，《魏晉史學的思想與社會基礎》，台北：東大圖書股份有限公司，2000 年。曾春海，《兩漢魏晉哲學史》，台北：五南圖書出版股份有限公司，2002 年 1 月。

37. 吳懷祺，《易學與史學》，台北：大展出版社，2004 年 12 月。

38. 李劍國，《中國小說通史·先唐卷》，北京：高等教育出版社，2007 年 6 月。

三、學位論文

【台灣地區】

1. 金克斌，《魏晉志怪小說中的世界──以搜神記為中心的研究》，東海大學歷研所碩士論文，1984 年。

2. 崔俊夏，《枕中記南柯太守傳與九雲夢之比較研究》，台灣師範大學中研所碩士論文，1985 年。

3. 林翠萍，《《搜神記》與《嶺南摭怪》之比較研究》，成功大學中研所碩士論文，1995 年。

4. 蔡麗雲,《中國民間動物故事類型研究》,文化大學中研所碩士論文,1996年。

5. 林佳慧,《從非小說到小說——「志怪」論述研究》,中央大學中研所碩士論文,1999年。

6. 林淑珍,《論《搜神記》的民間童話質素》,台南大學國民研究所碩士論文,2001年。

7. 賴采蘋,《《搜神記》中的動物類型研究——以動物與人類的關係爲中心》,中正中研所碩士論文,2003年。

8. 陳佩玫,《《搜神記》的民間故事類型研究——以「地陷爲湖」及「羽衣仙女」型故事的演變爲主之考察》,政大中研所碩士論文,2004年。

9. 蘇榮彬,《神道設教——《搜神記》感應類故事研究》,中興中研所碩士論文,2005年。

10. 楊淑鵬,《干寶與《搜神記》研究》,西北師範大學碩士論文,2006年。

【大陸地區】

1. 吳曉,《《搜神記》中的民間文學作品研究》,湘潭大學碩士論文,2000年。

2. 溫振興,《《搜神記》連詞研究》,山西大學碩士論文,2003年。

3. 王冠波,《論干寶及其搜神記》,內蒙古大學碩士論文,2004年。

4. 張榮和,《論《三國志注》之嗜奇愛博——裴松之《三國志注》特徵初探》,曲阜師範大學碩士論文,2004年碩。

5. 侯興祥,《搜神記如性形象研究》,寧夏大學碩士論文,2004年。

6. 余作勝,《《搜神記》精怪故事研究》,四川師範大學碩士論文,2005年。

7. 劉秀芬,《《搜神記》介詞系統及其歷史定位》,山西大學碩士論文,2005年。

8. 張亞南,《搜神記研究》,山東大學碩士論文,2005年。

9. 任曉卉,《二十卷本《搜神記》故事類型及其文化意蘊研究》,北京師範大學碩士論文,2006年。

10. 沈曉梅,《魏晉南北朝志怪小說中的女性形象研究》,廣西師範大學碩士論文,2006年。

11. 蔚立娜,《《搜神記》經典故事原型及嬗變研究》,遼寧大學碩士論文,2006年。

12. 苗太琴,《《搜神記》人稱代詞研究》,東北師範大學碩士論文,2006年。

13. 吳冬,《《搜神記》名詞同義詞研究》,長春理工大學碩士論文,2006年。

四、單篇論文

1. 葉友琛,《虛浮世界的清流──《周易干寶注》述評》,《周易研究》,1997 年第 4 期,總第三十四期。

2. 王盡忠,〈干寶生平略考──紀念干寶逝世 1650 周年〉,《中州今古》,2001 年第六期。

3. 李劍國、南開大學文學院中文系編,《魏晉南北朝文學與文化論文集‧干寶考》,天津:南開大學出版社,2002 年 8 月第一版第一刷。

4. 龔舒、曾紹皇,〈從《搜神記》看魏晉神怪題材的世情化傾向〉,《懷化學院學報》,第 24 卷第 4 期 2005 年 8 月。

5. 王恆展,〈博采異同 遂混虛實──論干寶小說理論與實踐〉,《山東師範大學學報》(人文社會科學版),2006 年第 51 卷第 5 期。

6. 江師建俊,〈阮籍「達莊」、郭象「隱莊」、王坦之「廢莊」在魏晉莊學發展中的意義〉,《六朝學刊》,第二期 95 年 8 月。

7. 沈星怡,〈干寶與蒲松齡創作思想之比較〉,蒲松齡研究,study on Pu Songling 編輯部郵箱,2007 年 02 期。

8. 李傳印,〈《晉紀‧總論》的史學價值〉,史學月刊,2007 年第 8 期。

9. 秦平,〈晉代經學之華章:范寧《春秋穀梁傳集解》──以經典解釋學方法為視角〉,第三屆儒道國際學術研討會──魏晉南北朝。

五、工具書

1. 劉汝霖,《東晉南北朝學術編年》,台北:長安出版社,1979 年。

2. 張可禮,《東晉文藝繫年》,濟南:山東教育出版社,1992 年。

3. 吳文治,《中國文學史大事年表》,合肥:黃山書社,1993 年。

4. 陳慶麒編纂,《中國大事年表》,台北:台灣商務印書館股份有限公司 1994 年 6 月。

5. 張福裕、劉占武編著,《中國歷史大事編年》,台北:黎明文化事業公司 1994 年。

6. 杜建民,《中國歷代帝王世系年表》,山東:齊魯書社 1995 年 2 月第 1 次印刷。

7. 曾蓓襆、王孝平編,《中國歷史大事記》,台北:年輪文化事業股份有限公司 1998 年。

六、多媒體資料

1. 《文淵閣四庫全書電子版》,迪志文化出版有限公司 1999 年。
   網址:http://www.sikuquanshu.com

2. 全國博碩論文資訊網,國家圖書館,網址:http://www.ncl.edu.tw

3. 中國學位論文文摘數據庫，萬方數據股份有限公司。
   網址：http://hk.wanfangdata.com/wf/cddb/cddbft.htm
4. 中國學術期刊電子雜誌社，金珊資訊有限公司。
   網址：http://www.csis.com.tw